Ti'Paille en queue

William Luret

Ti'Paille en queue

EDITIONS FRANCE LOISIRS

Edition du Club France Loisirs,
avec l'autorisation des Editions Anne Carrière

Editions France Loisirs,
123, boulevard de Grenelle, Paris
www.franceloisirs.com

ISBN : 2-7441-7903-5

A Madeleine et Maurice.

Avertissement

« Déportation » : le mot évoque les convois des camps de la mort. Il choque. Pourtant, il a été employé en septembre 1975 par le Pr Denoix, directeur général de la Santé, dans une lettre adressée à Michel Debré, député de La Réunion. Ce haut fonctionnaire se scandalisait des convois d'enfants de l'île que l'on acheminait en métropole. Le terme est exact, mon enquête n'est pas sensationnaliste, ce récit est le produit d'une investigation minutieuse. Et surtout mon intention était d'écouter ceux que l'on n'a jamais écoutés, ces enfants déracinés qui se sont tus trop longtemps. Voix étouffées par la raison d'Etat.

Des lambeaux de vies déchirées sont éparpillés dans ce livre. Par pudeur et par respect pour l'intégrité de leurs témoignages, j'ai voulu changer les noms des enfants, les lieux d'où ils viennent, effacer les signes de reconnaissance. Ces masques, paradoxalement, sont une protection nécessaire aujourd'hui à la vérité et à la transparence que je voulais atteindre. Le style qui est le mien, entre reportage et roman, me permettait cet artifice. Cette histoire est vraie, hélas !

1

Mon joli ti'paille en queue [1],
Li volé volé volé,
Li çava la mer, chercher poisson.
Un jour maman paille en queue,
La dit son p'tit :
Ecoute maman paille en queue,
Na pas besoin, faire vot' futé,
Vot' zaile la p'encore poussé,
La plume lé com'en coton
Ce joli ti'paille en queue,
Na pas écouté son maman.
La été mangé par le requin.

Clotilde fredonne. L'air ancien pleure sa tristesse, le créole danse les couplets.

1. Paille en queue, ou phaéton : oiseau marin des mers chaudes, à la longue queue de plumes blanches effilées.

La gramoune [1] se balance, songeuse, dans le fauteuil en rotin. Il voltige, le bel oiseau blanc. Jailli au détour de la mélodie, revoilà le temps où elle était jeune fille, perle de rosée sur un brin d'herbe. Et le refrain s'est fêlé. Le joli matin soudain embrume ses yeux, sa gorge s'étrangle, sa poitrine se serre. Le temps a passé. Les paroles familières sont si lointaines, presque étrangères.

Mais les mauvais esprits, vite, s'échappent dans un rire éclatant, la joie n'attend pas, ne désespère jamais. La vie, elle en rit.

— C'est la chanson qu'on chantait aux marmailles [2] le soir, avec mon Albert. Not' chanson à nous à La Réunion, not' berceuse, sitôt la mer la aval' le soleil. Des fois, c'étaient des chants de son régiment, *Les gars de la Marine*... Mais moi, j'adorais *Ti' fleur fanée* :

Vi souviens mon nenère adorée
Le ti' bouquet qui vous la donné à moin

1. Gramoune : grand-mère.
2. Les marmailles : les enfants.

Na longtemps qu' li lé fané
Si vi souviens comme ça lé loin
Depuis ça le temps la passé,
Y reste plus qu'un doux souvenir,
Quand mi pense, mon cœur lé brisé,
Tout ici bas, comm' ça y doit finir.

Quand Jacqueline, sa première, est née, Clotilde avait seize ans et demi. Avant elle, elle avait perdu un garçon. Alors qu'elle jouait avec un gamin de son âge à pousser une roue de vélo avec un bâton et à la tenir debout le plus loin possible. Elle courait, sautait, tombait dans les ornières, se relevait, la robe poussiéreuse, les paumes et les genoux en sang. Insouciante. Le petit, ballotté dans son ventre, s'était échappé. Quand il était rentré du travail, Albert l'avait grondée, une grosse colère, et puis il l'avait serrée fort dans ses bras.

Albert ! La grand-mère n'en voulait pas, il boitait d'une jambe. Elle disait : « C'est pas un homme pour toi, il est bancal, pas un bon mari ! » La fillette trépignait et pleurait toutes les larmes de son corps quand on se moquait de lui. Il avait bâti une petite case en rentrant du régiment et cherchait une femme. Clotilde gloussait et rougissait, flattée sous la caresse de ses compliments, intimidée par cet échalas, costaud et bien droit dans l'uniforme. La grand-mère criait : « Nou va li casser lot' jambe, comme ça, li viendra pli voir aou ! » Alors Albert s'est fâché : « Si zot' i' veu pa k' mi vien, toi, vien aou. » Clotilde s'est arrêtée de pleurer. Et les enfants ont arrondi son ventre.

— Bien obligé pour garder l'homme, bien obligé. Na fé ça kna faut faire. N'avait rien pour défend'. Après, la continué, la continué.

Un grand sourire l'illumine, fière, bonne mère, bonne épouse. Albert était journalier à Beaufond, l'usine sucrière. Il conduisait les camions. Ils ont acheté un lopin dans les Hauts et planté des cannes. L'usine réglait le sucre fait, à la fin janvier. Quand tout était fini de payer, le crédit, les coupeurs, les engrais, il leur restait « une ti'te semaine bazar », de quoi faire de grosses courses au marché et chez le Chinois, au village en bas. Les bananes, ils les vendaient au bazardier, qui montait les régimes sur l'épaule et redescendait à pied les charger dans sa camionnette. Le chemin n'existait pas encore.

— Nou viv' kom' ça : doucement, doucement.

La case, faite de planches de tamarin et de terre battue pétrie d'herbe sèche, au toit de paille de vacoas tressé sur un faisceau de branches, c'est tout ce qu'il lui avait donné, avec son courage, ses bras et ses jambes pour le labeur. Ses bras qui appelaient sans cesse sur son torse les belles mangues juteuses, ses mains qui les cueillaient à la nuit tombée... Ils se sont fait huit marmailles, bien braillards, bien solides.

Un jour, son Albert était allé à Saint-Benoît, le bourg d'en bas. Elle l'attendait, les enfants nichés dans ses jupes, tout en cuisant le manioc dans la marmite. Le matin, elle avait vu passer les pailles en queue, qui filaient en silence, à coups d'aile furtifs, au ras des arbres. Mauvais présage. Au-dessus de l'océan, le ciel roulait et grondait, une écume de boue grise, secouée de soubresauts. L'air était muet, immobile, souffle coupé. Pas un bruit, à peine un bruissement de feuilles. Les mille cris, les murmures, les chants de la forêt s'étaient éteints. Les criquets, les crapauds, les oiseaux, toutes les bêtes, attendaient atterrées. Soudain, des pois translucides tambourinèrent dans les bananiers. La terre rouge buvait les gouttes, bavait des bulles. Les palmes de la case dégoulinaient de fils d'eau, qui tissèrent des rigoles, des cascades, des vagues cinglantes dévalaient. Un cyclone [1] ! Vite, Clotilde fourra les enfants sous la table, à l'abri. Ils se serraient, effrayés. D'un coup, l'obscurité tomba, les nuages noirs se mirent à tourbillonner, comme un manège fou. Albert surgit du sentier, trempé, la chemise collée à la peau, les cordes noires de ses cheveux dans les yeux. Clotilde éclata d'un grand rire : on aurait dit le diable. Il était parti avec ses beaux habits, il revenait tout en sac kaki, ruisselant, hagard. Il s'était changé chez le

1. Le cyclone Jenny arriva subitement à La Réunion le 28 février 1962 vers midi, sous des rafales de vent soufflant à 250 km/h. De nombreux pêcheurs, partis le matin par beau temps, ne sont jamais revenus. On dénombra 37 morts et 16 000 sans-abri.

z'arab [1] de Saint-Benoît, qui lui avait prêté des vêtements secs. Les rires redoublèrent. Le vent furieux rugissait, cognait les murs qui tremblaient, secouait les palmes du toit qui battaient le tambour. Les cannes dansaient un séga [2] endiablé. Un bananier s'abattit, les feuilles en lambeaux, puis un autre et encore un autre. Les palmiers se tordaient, telles de fluettes tiges de roseau. Des feuilles et des branches cassées volaient dans les bourrasques. Brusquement, un coup de bélier éventra la case, éparpillant des mottes de terre et de paille aux quatre coins du champ. Tirant les enfants qui hurlaient, Albert et Clotilde se réfugièrent dans la cabane du poulailler. D'un seul coup, les vents retombèrent. Le silence.

De la maison ne restait plus qu'un monticule de boue, de planches, de branches, de palmes, d'ustensiles enchevêtrés. Clotilde en extirpa les gonis [3] cousus, et les

1. Z'arab : commerçant d'origine arabe, spécialisé dans le commerce de tissus et de vêtements.
2. Séga : danse traditionnelle.
3. Goni : sac de toile de jute bourré de paille de vétiver, servant de matelas.

mit à sécher au soleil. Elle lava les assiettes boueuses, les bols, les plats, savonna les vêtements. Albert clouait un pied fracturé de la table, retrouvée sous un manguier déraciné. Les cannes gisaient, fauchées dans le champ pelé comme la tête d'un pouilleux. La récolte était perdue, les trois quarts du champ devraient être replantés. Et pas de cannes avant deux ans. Il fallut balayer l'amas de feuilles, abattre les arbres blessés, sauver les régimes de bananes pour les faire mûrir, ramasser les noix de coco et le bois à brûler, courir derrière le cochon, rattraper les lapins, les poules, les canards échappés de l'enclos. Il en manquait plusieurs, perdus.

— Tout' la band' ma'mailles lé là ! Bon Dié la sauv' à nou ! s'exclama Albert en riant.

— Bon Dié i' aim' à nou vraiment ! Pour de la chance, c'est de la chance, comme tu dis ! s'esclaffa Clotilde.

— Nou viv' kom' ça, doucement, doucement.

2

Les Lianes, les Hauts de Saint-Joseph

Ils réconfortent le vieux Clodomir, blême, tremblant de rage. De toute sa vie, jamais leur père n'a pleuré et ce matin, il hoquette, sanglote. Des larmes lourdes détrempent les sillons de ses joues, sans même qu'il prenne la peine de les essuyer. Toute la misère de sa pauvre vie déborde dans ses yeux d'enfant perdu. Clovis et Claude se balancent d'un pied sur l'autre, déchirés, pleins de pitié. Ahuris, malhabiles aussi. Le vétiver, les bêtes ne laissent jamais d'instants pour penser à soi, ni regarder autour de soi. Tous deux, d'ailleurs, sont encore célibataires, pas de femme, le labeur les accapare, et les filles se moquent des maouls [1]. Pas le temps de s'amuser. Pas de dimanches à perdre au bal-la-poussière [2], à danser *Marinella* sur le Pathé-phone ou la musique de l'accordéon à bouche [3], à grignoter des pistaches dans le cornet de papier journal.

Hier, Clodomir a retrouvé Eliette recroquevillée dans une flaque rougeâtre, ses vêtements arrachés, la jupe déchirée, relevée sur ses cuisses bleuies de coups, le crâne fracassé vomissant une bouillie visqueuse. Une poupée de Celluloïd qu'un monstre a écartelée. Souillée. Le vieux a pris sa main blanche et froide et murmuré entre ses dents : « Ma petite fille. »

Il n'a plus que ses fils avec lui, Clovis et Claude. Toutes les femmes sont parties de la maison – la mère morte en couche quinze ans plus tôt, Gisèle et Lina, juste mariées aux gars des voisins, des planteurs des Hauts. Et Eliette... Seul reste Jean-Michel, bientôt huit ans, et orphelin

1. Maoul : terme péjoratif, synonyme de « plouc » et désignant les petits blancs agriculteurs des Hauts.

2. Bal-la-poussière : bal en plein air, sur la terre battue.

3. Accordéon à bouche : harmonica, encore appelé « musique la gueule ».

à présent. Eliette en avait quinze quand elle l'a mis au monde. Sur un chemin, Clodomir avait croisé le fautif, de retour de permission. « Tu es responsable, tu le prends », avait grogné le vieux. L'autre l'avait nargué avec aplomb : « Je la connais pas, Eliette. » C'en était resté là. Et le petit a poussé à la maison, un temps avec sa mère. Quand elle s'est retrouvée encore enceinte, elle s'est installée en ménage chez son Maximin et a laissé Jean-Michel au grand-père et aux deux frères. Mais l'enfant qu'elle attendait est arrivé mort-né.

A l'enterrement, peu de gens sont venus. Clodomir, ses filles et ses fils en pleuraient d'amertume. « Quand t'es pas marié, vraiment marié, l'église et tout, t'as plus de voisin, plus personne, t'es plus qu'un chien », marmonnait une vieille en guise d'oraison. Au cimetière, le curé a expédié sa bénédiction.

Le surlendemain, les gendarmes de Saint-Joseph sont montés aux Lianes et ont raconté la nuit maudite. Ils avaient questionné les mauvais garçons du coin, qui savaient, mais aucun n'avait dénoncé les coupables. Selon les gendarmes, il y avait un bal-mariage à la ferme, de l'autre côté de la ravine. Eliette dormait, Maximin n'était pas là, Jean-Michel chez son grand-père. La nuit était noire. Des vauriens qui revenaient du bal ont cogné à la porte.

— Qui c'est ? avait demandé Eliette, inquiète.

— C'est Maximin ! avait répondu l'un d'eux à voix basse. Ouvre-moi !

— N'ouvre pas, c'est pas lui ! a crié le petit des voisins, venu dormir à côté d'elle ce soir-là.

Ils avaient enfoncé la porte d'un coup d'épaule, s'étaient jetés sur Eliette et l'avaient traînée dehors. Deux ou trois s'étaient élancés après le gamin qui s'était enfui, l'avaient trouvé perché dans un arbre, attrapé et assommé. Pendant ce temps, les autres s'acharnaient sur Eliette. Elle se débattait, hurlait, les uns lui tenaient les jambes et les bras tandis que les autres se vautraient sur elle à tour de rôle. Une fois repus, ils l'avaient tuée à coups de pic sur la tête. Des bêtes sauvages.

Quand le petit voisin est revenu à lui, Clodomir est allé le voir à l'hôpital.

— T'as vu qui a fait ça ?

— Y en avait plusieurs, mais y en a un que j'ai reconnu, a raconté le petit, encore épouvanté. C'est Firmin.

Clodomir le connaissait, ce Firmin, un va-nu-pieds, un misérable, qui servait de journalier chez les fermiers d'à côté. Le vieux s'y est rendu, ils lui ont appris la fin de Firmin, le soir d'avant. Il y avait un cari de bichiques [1] à table, un repas des grandes occasions. Tout le monde se régalait et parlait des monstres qui avaient assassiné Eliette, et du petit qui, disait-on, les avait vus. Firmin écoutait, les yeux vides.

— Pourquoi tu manges pas ?

— J'ai pas envie de manger, je mange pas !

Il s'est levé, est allé s'enfermer dans sa hutte, au fond du bois, a avalé un paquet

1. Bichiques : alevins de « cabots » et de « boucheronde » des rivières de l'est.

de poudre à rats et s'est tiré un coup de fusil sous le menton.

— On l'a pas pleuré, ce lâche, disent en chœur les deux frères.

Les saisons du vétiver ont recouvert les jours d'habitudes et de soucis, les ont écrasés de fatigue. Le champ des Lianes, en haut de Saint-Joseph, ils y sont nés. Tout ce qu'ils connaissent est accroché à cette pente. Plus personne ne veut travailler à la fouille [1], à présent. Une besogne d'esclaves. Du temps de Clodomir, il y en avait, des dos luisants, cassés à la fouille ! Les coups de pic, de sabre qui rasent les tiges, les cris rauques en cadence, le rhum volant de bouche en bouche, une joie contenue éclatait en mai – l'ivresse de jours meilleurs. Dans ces racines arrachées à l'argile sanglante, ils oubliaient toute une année de peine. Clodomir veillait du coin de l'œil sur sa poignée de gars, ceux qui empilent les feuilles sur le tas, ceux qui secouent les racines couvertes de terre, les portent à sécher, puis à

1. Fouille : récolte.

l'alambic pour la cuite [1]. La paille sert de litière aux cochons et on donne le reste à qui en veut, pour recouvrir le toit des cases. Clovis enfourne des fagots et tisonne le bois, sous le bac d'eau bouillante qui cuit les racines sur la claie. Il suit, l'œil brillant, les vapeurs du vétiver qui remontent par le col de cygne, se tire-bouchonnent dans le serpentin et s'épanchent dans le vase florentin. Claude est en sueur, le nez collé au litre où flotte sur l'eau une fine couche d'or bruni, l'essence de vétiver. Il faut deux jours pleins pour finir une cuite. Avec quatre cents à quatre cent cinquante kilos de racines sèches, on extrait un litre d'essence, six litres pour toute la fouille. Tout le voisinage est là, rigolard, auprès du four, les marmailles qui posent dans les braises des patates, des épis de maïs piqués au bout d'une brindille, des vieux qui n'arrêtent pas de discuter, de se chamailler, d'éclater de rire en trinquant leurs verres de rhum marron. A chaque fouille, Clodomir en dispose un tonneau à l'écart ; il vient de

1. Cuite : cuisson des racines de vétiver à l'alambic.

l'alambic du vieux Virgile, caché au fond de la ravine, tellement il empeste à la ronde et attirerait les mouches à merde de la brigade. Au son de maïs et au sucre, il ajoute dans sa barrique des jambrozades [1], pour donner du parfum. Son rhum sort à 80° au pèse-alcool, il le coupe à moitié d'eau.

Après le décès de Clodomir, Clovis et Claude sont restés seuls durant deux ans avec le fils d'Eliette. Jean-Michel allait à l'école à Manapany, le bourg sur la côte, à cinq kilomètres de là. Il couchait sous le hangar près de l'alambic. Plus personne n'avait le temps de s'occuper de lui. Ils en ont parlé à ses tantes qui ont refusé, leurs maris ne voulant pas d'une charge supplémentaire. Alors ils ont écrit à l'assistante sociale, rempli un dossier, sollicité une aide, une femme pour le garder. Un agent de l'Aide sociale est venu, il a regardé et flairé dans tous les recoins.

— Pourquoi ne pas le placer dans un foyer ou dans une famille ?

1. Jambrozade : fruit semblable à l'abricot, poussant dans les ravines.

— D'accord, mais à condition qu'il revienne chez nous pendant ses vacances.

— Au foyer des pupilles de Bellepierre, à Saint-Denis, par exemple...

— Mais c'est à l'autre bout de l'île !

— Certes, mais il s'agirait d'un accueil temporaire. Et Bellepierre est bien tenu. Jean-Michel pourrait poursuivre ses études, entouré de bons maîtres.

— On va réfléchir.

Jean-Michel se plaisait à Bellepierre. Un dimanche, comme ils s'ennuyaient de lui, ils ont pris le train pour Saint-Denis.

L'agent est reparu, quelques mois plus tard. La ferme était sens dessus dessous, la fouille venait de commencer. Claude engueulait les piocheurs, Clovis chargeait une cuite dans l'alambic. Pas le moment de discuter de ça. Pas le temps. L'agent a insisté. L'alambic fuyait au joint du col de cygne, un jet de vapeur fusait, et Clovis s'échinait à boucher le trou à l'aide d'une rondelle de caoutchouc. L'agent attendait, les bras croisés. Un porteur, un ballot de racines sur les épaules, le bouscula par mégarde et se courba avec déférence, bafouillant des excuses, en découvrant ce personnage à la fine moustache, bien mis, venu de la ville.

— Seriez-vous d'accord pour un placement en adoption, dans une famille de Saint-Denis ? Ce serait une chance pour Jean-Michel.

Clovis releva ses yeux rougis, s'essuya le front du revers de la main.

— Oui, mais faut savoir où et qui !

— J'ai une famille de magistrats qui voudrait bien prendre votre neveu.

Claude accourut au coup de sifflet de son frère. Tous deux se concertèrent.

— Magistrats ou pas, nous, on y voit pas d'inconvénients, pourvu qu'on change pas sa religion et qu'il vienne aux vacances. On vous fait confiance, monsieur.

— C'est promis. Juste une formalité, et je vous laisse. Ce papier à signer, ici.

L'agent sortit un imprimé de sa serviette. Claude et Clovis filèrent à la fontaine se laver les mains et se débarbouiller la figure, brune de poussière. Ils signèrent, de traits vite griffonnés, et s'en retournèrent en hâte à l'alambic.

De retour à son bureau, l'homme dactylographia son rapport : « Rapport d'enquête sociale concernant le mineur Jean-Michel F. » Il soupira, se gratta la tête, et tapa le dernier feuillet. « Conclusion : il est souhaitable de recueillir l'enfant et de faire prendre une ordonnance de *garde définitive* en vue de son départ en métropole. »

Lorsque Clovis et Claude retournèrent un dimanche à Bellepierre, Jean-Michel n'y était plus.

3

L'habitation [1] Coco-Robert, Sainte-Marie, 1960.

Une lueur pâle découpe l'ombre des crêtes de Salazie. La nuit s'estompe, le camp s'éveille de bruits. Un coq s'ébroue en chantant. Il est cinq heures. Faëte contemple les Hauts qui rougeoient, la dernière colonne des coupeurs qui s'éloignent, sabre sur l'épaule. Tout à l'heure, le vieux commandeur [2] a tambouriné à la porte des cases endormies, houspillé les traînards, rassemblé les équipes, chargé les camions, réparti les ordres. Chaque matin, sa tâche accomplie, il se plante au bout de l'allée de palmiers et

1. Habitation : domaine agricole.
2. Commandeur : contremaître.

admire l'éclosion des fleurs chamarrées du ciel.

— Regarde là, monsieur Yves, ces nuages qui mont' là, i' sortent de su' la mer.

Yves Barau, le propriétaire, tire la bride de son cheval, le buste jeté en arrière. Faëte l'épie de biais, sourire aux lèvres. Un long moment sans un mot, ils contemplent le spectacle, la plantation qui s'étend du battant des lames au sommet des montagnes, leur pays.

— Cent jours aujourd'hui, mon bon Faëte. Plus que trois ou quatre tout au plus. Je vais au carreau « Athis », et après à « Tabur ». Ils nous ont mis en retard, ceux-là. Je vais leur secouer les puces.

La coupe s'achève. Elle rendra autour de vingt mille tonnes de cannes. A Paris, les courtiers du syndicat ont conclu un prix correct. Le laborantin, à Bois-Rouge, a pesé une belle richesse, belle plus-value. Avec les maudites pluies de l'an passé, les cannes manquaient de sucre, pas assez mûres. Yves Barau compte et recompte, balancé par le pas du cheval. Une bonne année, c'est soleil et eau en temps utile, et cette année est une bonne année.

Il se dresse sur les étriers, le champ s'écoule en pente, à ses pieds, jusqu'au lit de la rivière des Pluies. Une dizaine d'hommes s'emploient. Il savoure ce ballet de bras, la cérémonie qui scande les saisons et les années, se souvient de son père Armand qui l'emmenait jusqu'ici, gamin, à califourchon sur l'Eugénie, sa pouliche favorite. Les lames tranchent et lancent des éclairs, les roseaux s'affalent. Un coup au pied, au ras de la rigole [1], car le sucre est en bas. Un coup au chou, à la tête de feuilles vertes, qui sera repiqué. Des coups répétés le long de la tige séchée, pour l'épailler. Et l'homme aligne ses cannes, droites derrière lui. Il empoigne les fagots, les balance sur son dos et les porte au camion à ridelles qui attend au bord du chemin. Le commandeur Baran, armé de sa gaulette [2], mesure le travail et fend des entailles dans le bois. A la fin de la journée, il la remettra au coupeur : autant d'entailles, autant de rangs de cannes cou-

1. Rigole : sillon.
2. Gaulette : tige de bambou ainsi que mesure de longueur (= 5 mètres) et de surface (une gaulette-carré = 25 m^2).

pés. Le salaire sera en conséquence. A la balance, la préposée à la pesée inscrit les poids en face des noms sur son carnet. Le chauffeur embraye, le moteur crache une bile noirâtre, le Renault tangue dans les ornières et emporte son chargement à l'usine de Bois-Rouge.

Yves Barau prépare déjà les travaux des prochaines semaines. C'est le carreau « Bon Dieu malbar » qu'on replantera cette année. Les cannes ont huit ans d'âge, trop vieilles. Le Caterpillar y fera ses débuts au labour, on verra ce qu'il vaut, mais, pour passer la herse et creuser la rigole, on gardera encore les bœufs, les trois paires. Pour les plantations, on peut toujours compter sur Maria et les femmes.

Arrivé à l'habitation, il saute à terre et tend les rênes à Zacharie, le gardien. Le Renault se gare le dernier sous le hangar. Les bêtes sont rentrées à l'étable. Le fumet des caris s'échappe des cases, mêlé à la fumée âcre des far-far [1]. Des gamins courent et jouent à chat perché. A

1. Far-far : bâti de bois, au-dessus du foyer de la cuisine, servant à boucaner les viandes.

l'horizon, le soleil fond dans l'océan et ensemence les nuages d'or et de pourpre. Encore une longue journée, songe-t-il.

— Yves ! Des voix familières l'interpellent sous la varangue [1].

Ce soir, il ne se couchera pas de bonne heure, au crépuscule comme d'habitude, quand les vols de pailles en queue foncent dans les ravines se poser après une journée entière à chasser dans les vagues et le vent.

— Mes amis ! Je suis fourbu ! Vite, Noémie, mon ti' rhum ! Arrangé vanille et vangassaye comme tu sais ! As-tu bien servi ces messieurs ?

Les visages sont fermés, anxieux. Yves Barau a convié à dîner ses voisins : Louis Lagourgue, le directeur de la sucrerie de La Marre, maire de Sainte-Marie, et Roger Payet, le propriétaire de la plantation de Gillot, président du conseil général. Noémie a préparé une pintade combava.

— On mangera entre nous et Noémie nous servira. Elle est sourde, ou tout comme ! les rassure Yves Barau.

1. Varangue : véranda.

Des événements politiques bousculent la France. L'Afrique se lézarde. La décolonisation : on n'entend plus que ce mot-là, inquiétant. Ils se réunissent plus souvent, ces temps-ci. Discuter des heures entières les rassure et exorcise la menace.

— Ah, 59 ! Cette année restera gravée dans ma mémoire, lance Lagourgue, enthousiaste. Accueillir le général à Sainte-Marie, avec Debré ! Lui serrer la main, l'écharpe tricolore toute fraîche et bien repassée en travers de la poitrine !

— Un grand moment dans ma vie ! exulte Barau. Je commençais la campagne de coupe, mais même avec les deux jambes cassées, j'y serais allé ! Quelle stature cet homme ! La France est dans le cyclone, mais il la sauvera !

Les bougies dansent sur la table, dans la brise fraîche. Ils écoutent Payet, fascinés, suspendus aux confidences du patriarche qui connaît les secrets d'Etat, d'antichambres, et même ceux d'alcôve parfois.

— J'ai parlé à Debré en aparté, confie Payet, à voix basse. Le Premier ministre est très préoccupé par l'influence des idées communistes à La Réunion. Il redoute que l'autonomie qu'ils mettent en avant ne masque en fait une autre intention : l'indépendance pure et simple de notre île. Il considère le jeune Vergès comme un agitateur dangereux, sans doute un agent du Komintern. Ne prône-t-il pas d'ailleurs le « modèle chinois » ? Dieu nous en garde !

— Il nous mijote le coup de Cuba, de Castro et ses *barbudos*. Fidel ! Le chien fidèle de Staline, oui ! Le domestique de Khrouchtchev !

— Ils prétendent abolir la grande propriété, c'est ce qu'ils réclament ! Autrement dit accaparer nos terres et soviétiser nos usines !

Les têtes s'échauffent en cette année 1959, après la constitution, à la mairie du Port, du Parti communiste réunionnais qui a inscrit à son programme la revendication d'autonomie interne. Les échanges ont été houleux entre la jeune garde et les anciens. Léon de Lepervanche, le vieux compagnon de route de feu le Dr Vergès, a réaffirmé son attachement à la France. Paul Vergès, le fils du bon docteur, s'est emparé à la hussarde de la succession.

Des vers luisants clignotent et virevoltent. Noémie, discrète, dépose une grande corbeille de fruits.

— Gardez la tête froide, mes amis. Je vous félicite d'avoir conquis la mairie de Sainte-Marie et renversé l'hydre moscoutaire. Soyez vigilants, tenez bon. Debré l'a proclamé avec foi au stade de Saint-Denis : « Ici est la France. » Mais je suis inquiet, Madagascar et les colonies d'Afrique noire s'émancipent, c'est un mouvement inéluctable. De Gaulle envisage l'indépendance de l'Algérie, je le pressens. Il nous faut, chez nous, contenir les menées subversives et défendre bec et ongles notre statut de 1946, la départementalisation. C'est notre seul salut. Sous l'aile de la France, nous nous développerons. En dehors de la France, ce sera le chaos. Je sais que c'est aussi votre conviction.

Ils se quittent, ragaillardis, tard dans la nuit.

4

Une quincaillerie hétéroclite – cuvettes, arrosoirs, bassines, seaux, bidons de fer blanc, brocs, bandèges [1] et divers ustensiles de cuisine – est alignée à la queue leu leu devant le robinet de la citerne. Entre deux, de-ci, de-là, des vieilles ont posé un galet et attendent, assises sous les bananiers. Une volée tourbillonnante de marmailles s'égosille et patauge dans les flaques de boue. Quand l'un a rempli son récipient, le suivant tire le sien sous le filet d'eau, se débarbouille la figure et les jambes en vitesse, éclabousse les autres en riant puis, quand le seau s'est rempli, l'empoigne ou le pose sur la tête et s'en va chancelant, trottinant, le bras raide sous le poids, les doigts blancs hachés par l'anse.

1. Bandège : cuvette ovale en zinc ou tôle émaillée.

Et chacun à son tour s'avance d'une case. Tous les soirs, tous les enfants du voisinage se retrouvent là, à la sortie des classes. Certains ont marché un ou deux kilomètres, parfois plus. C'est la corvée des grands, charroyer l'eau quotidienne.

Quand Félix, tout fier, est arrivé en courant de l'école, exhibant les deux bons points gagnés par hasard ou par mégarde à la récitation, il espère des félicitations, d'autant plus élogieuses qu'il est mauvais élève.

— Prends les deux seaux et remplis-moi le baquet dans la cour, dit sa mère, sans un regard. J'en ai besoin pour cuire le riz et laver le linge des petites. Dépêche-toi, traîne pas.

— J'en ai marre ! Et Jean-Jacques, le chouchou, pourquoi pas lui ? C'est toujours à moi la corvée d'eau et les raclées. Merde et merde et double merde !

— Ça va, fais ce que je te dis et ferme-la. Sinon, Lucien s'occupera de toi. Ton frère est parti ramasser le bois. Il est bien plus gentil que toi.

Félix attrape les seaux, lance un coup de pied de toutes ses forces dans la porte et sort en maugréant. Maudit ce frère cadet qu'on lui préfère, les sales corvées qu'on lui réserve, ti'père [1] qui a fait de lui son souffre-douleur, sa mère Josette qui s'en fout, n'ose pas s'interposer et le délaisse. Les coups de pied au cul, les claques, le ceinturon plus souvent qu'à son tour. Il est mal-aimé, maltraité, il en est persuadé, et cette injustice le révolte.

Il revient, les jambes flageolantes, les bras brûlants, vide les seaux. Après deux voyages, le baquet est enfin plein. Au moins je serai tranquille demain, pense-t-il. Il déchante, ti'père est arrivé.

— Félix, file me chercher un bandège d'eau, que je me lave les pieds.

— Laisse-moi souffler, merde !

— Petit voyou ! Malpoli ! Décampe et plus vite que ça !

En rentrant, il tombe sur les frères Ursule, des malabars noir d'ébène, tapis dans l'ombre au bord du chemin. Ils lui lancent des moqueries, rigolent, le bousculent. Le bandège chavire. Des coups

1. Ti'père : concubin de la mère, par opposition au père géniteur.

s'ensuivent. Félix jette une pierre. Un cri. Une fillette hurle, se tient la tête, du sang coule sur sa tempe. Ça tourne mal. Félix s'enfuit à toutes jambes, tenant la bassine à bout de bras, essayant de retenir un peu d'eau au fond.

— Mais bon Dieu, je vais me laver les pieds sans eau ? On ne peut vraiment rien te demander, à toi. Tu n'es qu'un moins que rien.

— Et ta culotte, pleine de crasse ! crie sa mère. Tant pis pour toi. Tu la retourneras à l'envers pour aller à l'école !

Ti'père est furieux. Sa main calleuse s'abat sur la joue qui s'embrase, le ceinturon siffle et claque. Félix serre les dents, marmonne « Pauv' type » dans un sourire insolent, qui décuple la colère et les coups. Ti'père l'agrippe, il se débat, il connaît la punition : à genoux, une heure sur une poignée de gros sel. Le sel qui brûle au sang, les grains comme des pointes plantées dans l'os.

Josette pleure, elle ne sait plus que faire, comment venir à bout de cette mauvaise tête, ce fils méchant qui déteste Lucien, et tout le monde. Qui déteste sa mère et la fatigue, comme un moulin à reproches. Les disputes sont continuelles à cause de lui. Avec Lucien, depuis qu'ils sont en ménage, Josette a eu trois filles. Il est sérieux, travailleur. Chaque quinzaine, il ramène son maigre salaire des établissements Ravate, la grande quincaillerie de Saint-Denis. Il loge au « Camp des Célibataires » la semaine et rentre les samedis. Il est bon, il l'a prise avec ses deux garçons, Félix et Jean-Jacques, qu'elle a eu d'un z'oreille [1], un ingénieur italien qui l'employait comme femme de ménage. Quand l'épouse légitime l'a appris, que le scandale a éclaté, ils l'ont mise à la porte.

Félix a toujours été turbulent. Un jour, il lui a jeté à la figure : « Vous ne m'aimez pas, alors moi je ne vous aime pas non plus. » Il cherche querelle à tout propos, coléreux, malpoli, voleur, menteur. Il fait souvent des fugues et l'école buissonnière. Il est encore en CM1, à onze ans. Et s'il va en classe, c'est pour se bagarrer à la récréation. Il est toujours au piquet.

1. Z'oreille : métropolitain.

Quand Josette a été hospitalisée, à bout de forces, les filles ont été confiées à la pouponnière et Félix placé chez une voisine, Mme Pompée. Durant ces six mois, selon les dires de la nourrice, il s'est transformé, a pris du poids, s'est montré gentil, obéissant. « Parce qu'il n'avait pas de misères », selon elle. Quand il est revenu, il a recommencé. Par sa faute, ti'père est parti : il s'était encore disputé avec Josette, pour une correction trop sévère. Félix avait volé un billet de 50 CFA pour aller s'acheter des pétards à la boutique du Chinois. Sans cesse, il réclame de l'argent. Pendant les dernières vacances, il a encore fugué et volé une bicyclette devant le magasin Mogalia à Saint-André. Les policiers l'ont retrouvé à Saint-Denis trois jours plus tard et ramené à sa mère. C'en était trop, Josette a écrit au juge des enfants.

Une assistante sociale est venue, dans une fourgonnette 2 CV grise. Josette avait préparé des affaires dans un sac, sans un mot. Félix n'a pas compris ce qu'elle tramait. Sa mère l'a pris par la main et l'a conduit à la voiture qui attendait.

— C'est pour ton bien, tu vas aller quelque temps en pension. C'est pour ton bien, je ne suis plus capable de te garder. Tu es trop méchant.

Félix n'est pas fâché de fuir les vexations, l'indifférence, la misère, mère de l'envie, qui gangrène tout. Partir, il ne rêvait plus que de ça. C'est la dernière punition qu'on lui inflige. La dernière injustice. Mais au moins il ne sera plus le souffre-douleur de personne.

Cahin-caha, la fourgonnette l'emmène le long de pitons pointus et de falaises prodigieuses d'où dégringolent des cascades, au fond de gorges sombres, froides, mouillées, et de forêts touffues. Au fin fond de l'île, dans les brumes du cirque de Salazie au centre de rééducation d'Hell-Bourg.

Deux ans plus tard, Jean-Pierre suit cette même route étroite d'Hell-Bourg, avec ses cinq copains, leur petit sac à l'épaule, entassés dans la 2 CV qui se balance dans les virages.

Un après-midi en rentrant de l'école, il a trouvé une femme en conversation avec sa mère, devant la case. Elles s'arrêtèrent de parler à son arrivée.

— Ya de la famille qu'est là ! Prépare-toi !

Et il s'est enfilé le soir dans des draps blancs sentant bon le savon, au dortoir du foyer de Bellepierre, à Saint-Denis. Sagement assis en classe le lendemain matin en tablier à carreaux rouges et blancs. Au réfectoire, il a repris deux fois du cari-poulet, la bonne sœur n'en revenait pas de cet appétit d'ogre.

Jean-Pierre habitait les Hauts de Bois-de-Nèfles, une case au milieu des cannes, avec ses quatre sœurs et ses trois frères. Ses souvenirs, aujourd'hui, remontent comme une nausée, les mêmes scènes journalières : son père et sa mère, titubant, la voix empâtée, s'injuriant pour un oui pour un non, les crachats, les coups qui pleuvent, les assiettes qu'ils se jettent à la figure, la table et les chaises renversées. Les petits hurlent, épouvantés, dégoulinant de bave et de pleurs, les grands tentent de séparer tant bien que mal les parents. Des gamins accourent, goguenards, s'agglutinent devant le portail, les excitent de leurs cris, braillant à tue-tête des chansons moqueuses.

— I' sont toujours saouls ! I' sont toujours saouls ! C'est bien fait pour toi !

Il joue le petit dur, Jean-Pierre, du haut de ses huit ans, mais il a honte.

La case est sale, jamais balayée. Trop abrutie de rhum, sa mère s'affale sur un tabouret, s'endort et oublie souvent de préparer les repas. Alors Jean-Pierre et Odette, sa sœur, font bouillir des racines de manioc et s'occupent des petits. Parfois, la gramoune Jeanne ou des tantes les prennent à manger chez elles et ils repartent dormir en haut du chemin. Jean-Pierre s'est endurci, renfermé. Il ne va plus guère à l'école. Il s'échappe le matin pour retrouver ses copains sur la plage, tirer les barques des pêcheurs, emportant pour toute récompense une poignée gluante de zourites [1]. Il ne se plaît qu'avec sa bande, une meute d'enfants perdus comme lui. Ils passent leur temps au creux de la ravine, désœuvrés, à se baigner, à construire des

1. Zourites : petits poulpes.

cabanes de branches et de palmes, à se régaler des nids de guêpes qu'ils dénichent. Chacun à tour de rôle apporte un poulet ou un lapin, volé dans une basse-cour, un paquet de riz, des allumettes et le reste. Ils rôtissent leurs rapines sur un feu de bois. Jean-Pierre chipe des pièces dans la boîte en fer cachée dans l'armoire et ramène un sac de bonbons. Quand il rentre à la maison, c'est une habitude, trouvant toujours de bonnes raisons, son père attrape le manche à balai ou une branche d'arbre, et frappe à tour de bras, ou applique la punition : à genoux sur le gros sel, un gros galet sur la tête, et malheur s'il tombe.

Après son séjour heureux à Bellepierre, Jean-Pierre est envoyé à Hell-Bourg. Le centre a la réputation d'être « vissé ». De casser les petits durs.

*

La préfecture de Saint-Denis de La Réunion. Une architecture majestueuse, un monument du style « Compagnie des Indes », défendu par une batterie de canons en bronze et une grille en volutes de fer forgé. Sous la toiture de bardeaux, une façade au blanc rutilant, martiale, derrière le fronton de colonnes encadré d'ailes déployées. A travers les massifs du parc bourgeonnant de couleurs vives, des bougainvilliers et des flamboyants frissonnent, des cocotiers éclatent en feux d'artifice, des fonctionnaires costumés s'affairent à grands pas. Une fontaine bruit au croisement des allées. En haut de son mât, le drapeau tricolore flotte gaiement dans le vent du large. En face, l'océan déroule et cogne ses lourdes vagues contre la digue du Barachois, la promenade de prédilection des amoureux, le dimanche.

A l'étage, à l'extrémité d'un couloir embaumant l'encaustique, retentit le cliquetis d'une machine à écrire. L'étiquette apposée sur la porte entrebâillée indique : « Direction départementale de la Santé ». Le Dr Daire dicte son rapport d'activité de l'année 1962, reprend les phrases, épelle les mots. Son bureau est encombré de tas de dossiers en désordre. Marie-Louise, la secrétaire, cheveux blonds laqués en choucroute, frappe les touches précautionneusement du bout de ses ongles rouges. Le Dr Daire relit par-dessus son épaule, l'œil parfois égaré dans l'échancrure avenante du corsage.

— L'avez-vous remarqué, Marie-Louise ? Je réécris mot à mot le même préambule que les années précédentes !

Sous la rubrique Naissances, il a relevé cette année : « *Le chiffre des naissances est le plus élevé de ceux enregistrés au cours des sept dernières années*, [Auparavant, il avait noté : « *au cours des cinq dernières années* » ; puis : « *des six dernières* »] *et il confirme la progression constante de la population, ainsi que l'importance du problème démographique dans ce département*. »

— Lénine disait : « Les faits sont têtus », philosophe-t-il. Quand je pense que le taux d'accroissement de la population est ici voisin de 32 ‰, alors qu'il n'est que de 7 ‰ chez nous, en métropole ! C'est une catastrophe ! Il faut endiguer ce raz de marée d'enfants.

Marie-Louise soupire et se gausse en son for intérieur, se gardant bien d'ouvrir la bouche : « Normal, ils n'ont pas l'électricité, et quand on va au lit à sept heures du soir, faut pas s'étonner... »

Le Dr Daire médite devant les deux courbes sur le papier millimétré. Elles s'éloignent à grande allure l'une de l'autre : celle de la natalité grimpe en flèche et celle de la mortalité dégringole. L'éradication du paludisme et une meilleure hygiène ont divisé par deux la mortalité en dix ans. Il rassemble ses réflexions avant de poursuivre, compulse ses notes, des graphiques et des statistiques qui lui donnent le vertige. Le recensement général de 1954 comptait 274 370 habitants, celui de 1961, 351 250. Si les chiffres poursuivent cette ascension exponentielle, La Réunion aura un demi-million d'habitants dans vingt ans, un million en l'an 2000. Comment les nourrir et leur donner du travail ? On va droit à la famine, à la misère et au chômage.

L'irruption de Cluchard, le secrétaire général, interrompt le fil de ses pensées.

— Docteur, où en êtes-vous de votre rapport ? M. le préfet s'impatiente.

— C'est une bombe ! lance le Dr Daire. Elle explosera bientôt si on n'y fait rien. Je le répète encore cette année. Mais quand va-t-on s'en occuper ?

— Soyez à son bureau à dix-sept heures, il souhaite entendre vos explications.

Le Dr Daire se presse de dicter sa conclusion : « *La pyramide des âges se trouve démesurément élargie à la base, avec une population de moins de vingt ans largement majoritaire : 54 % de la population totale. Le déséquilibre ainsi manifeste entre la population active et la population inactive constitue un handicap des plus sérieux à l'établissement d'une économie rationnelle.* »

— Marie-Louise, s'il vous plaît, ronéotypez-moi tout ça, sans oublier de joindre en annexes les tableaux que nous avons préparés. Il me le faut pour seize heures.

Marie-Louise lève les yeux au ciel, une moue gonfle ses joues poudrées, elle pousse un soupir de lassitude.

Les baies larges ouvertes, les rideaux de tulle volettent dans les bouffées d'air tiède. Dans un cadre pompeux, Charles de Gaulle, en habit d'apparat et grand-croix, hume avec délectation les volutes vanillées de sa France des confins du monde. Mahé de La Bourdonnais, commandant des armées navales du roi dans les mers des Indes et gouverneur général des Isles de France et de Bourbon, trône avec majesté au-dessus d'une console aux entrelacs de feuilles d'or. Accoudé sur le bureau d'acajou, le préfet de la République, Jean Perreau-Pradier, s'éponge le front et la nuque de son mouchoir. C'est un colosse, le garrot d'un bison, les bras d'un bûcheron, le mufle d'un grizzly des Rocheuses. Il a le regard noir et impérieux, la moustache sévère d'un Tarass Boulba, le front buté, un masque taillé dans le granit. C'est ainsi qu'on le voit, au garde-à-vous devant le monument aux morts et lors des cérémonies, dépassant de trois têtes les personnalités officielles. Mais lorsqu'il déboutonne l'uniforme immaculé à boutons dorés, ôte la casquette festonnée de lauriers, en pantalon de toile et bras de chemise, on ne le reconnaît plus. Il se montre bon vivant, blagueur, truculent, chaleureux, roublard, grand amateur de bonne chère et de belles femmes. On ne le surnomme pas pour rien « Divan le terrible... »

— Daire, mon cher, lance le préfet, guilleret. Bienvenue. S'il y a trop de courants d'air, je ferme les fenêtres. Ah ! Ah ! Ah ! On ne vous l'a jamais faite, celle-là ?

— Bien sûr que si, monsieur le préfet, concède Daire, poli mais agacé, enchaînant dare-dare l'exposé de son rapport.

— Pardonnez-moi, docteur, reprend Perreau-Pradier après avoir écouté son directeur de la Santé. Cette question de la démographie de l'île me préoccupe au plus haut point. Tous nos problèmes en découlent. Que préconisez-vous ?

— Vous le comprendrez, monsieur le préfet, l'urgence de la situation, sa gravité, m'imposent de tenir un langage sans fioritures. Je dois à la vérité de dire que les moyens envisagés pour endiguer l'accroissement sans précédent de la population n'ont été qu'esquissés.

— Parlez, Daire. Que préconisez-vous ?

— Le courant migratoire hors département, qui doit vaincre le caractère sédentaire insulaire, ne saurait constituer qu'un palliatif très faible et insuffisant. En revanche, la politique de contrôle des naissances est abordée avec une prudence telle que toute son efficacité se trouve compromise dès le départ. Si divers obstacles d'ordre moral et religieux la paralysent évidemment, on ne peut cependant que regretter l'absence d'une politique efficace dans ce domaine.

— Contrôle des naissances, migration, s'exclame Perreau-Pradier. Ces mots sont brûlants ! La migration, c'est une solution que j'envisage, mais mes indicateurs chez les communistes me disent qu'il ne faut pas les chatouiller là-dessus. Vous avez lu

Témoignages [1] qui dénonce déjà « l'exportation massive des Réunionnais » ! Alors qu'on n'a rien entrepris encore ! Vous, vous penchez pour un contrôle des naissances ! A votre aise, mais vous connaissez le poids de l'Eglise ici ! C'est péché ! La vie est sacrée ! L'évêque et tous ses curés vont nous excommunier ! Tiens donc, il faudrait que vous voyiez Mgr Guibert, et faites-moi une note confidentielle sur leur « méthode des températures », c'est leur dernière trouvaille. Ogino-Knaus, c'est ça ? Les associations catholiques, me dit-on, s'emploient à la répandre. Merci, mon cher docteur.

Jean Perreau-Pradier réfléchit : « Cette démographie démentielle, c'est un poison. Elle compromettra tous nos efforts si on ne l'arrête pas. La migration, Daire n'y croit pas, mais à grande échelle, c'est la seule solution qui serait efficace. A condition d'agir vite et fort, avec doigté et surtout pas en fanfare. Main de fer, gant de velours et bouche cousue. Le contrôle des naissances, c'est sûr, c'est irréalisable. »

1. *Témoignages* : journal du PCR du 2 août 1960.

Mgr Guibert, l'évêque de La Réunion a réaffirmé des vues arrêtées [1] : « *La doctrine officielle de l'Eglise est simple. Elle s'élève avec vigueur contre toute limitation des naissances obtenue par des moyens antinaturels.* » Et il a institué dans le diocèse, le CLER, une association vouée à l'éducation des époux ; disséminé dans les paroisses des « couples pilotes », chargés d'expliquer la nouvelle méthode des températures ; fait venir de métropole un prêtre médecin, instruit des questions de régulation des naissances.

Le père Louis Rigollet se souvient, quarante ans en arrière, des confidences d'une mère de famille, lors d'une fête d'enfants de la JAC [2] à Grand-Bois : « Ah, mon père ! Mon mari, quand il rentre le samedi, il a bu... Alors je lui verse dans son rhum un médicament pour faire dormir. » A la sortie de la messe, un groupe d'hommes l'apostrophe, fiers de leur progéniture : « Rega'd' mon père : gaillards ces bonnes ma'mailles ! Mais i' sont inso-

1. *Le Figaro* du 22 février 1963.
2. JAC : Jeunesse agricole chrétienne.

lents ! » Pas bégueule, le père spiritain rapporte la blague de l'un d'eux : « C'est quoi, mon père, ces histoires de température ? Le thermomètre, c'est moi qui l'ai ici ! » L'homme s'esclaffait en montrant sa braguette.

*

Axel est descendu au cimetière de Sainte-Clotilde, avec son petit frère Etienne. Il dépose un bouquet de fleurs sur la pyramide plantée d'une croix blanche où repose sa mère. « *Renée C., 1924-1965.* » Ils font un signe de croix, avec application. Leur père, Klébert, n'est pas là : il est occupé à sa partie de dominos sous le magnolia, en train de se vanter de ses vingt femmes et de ses cinquante enfants, dont, soi-disant, il connaît tous les noms.

Axel, longue tige de seize ans, fait la mère de famille de son mieux puisque c'est comme ça. Quand l'aîné est parti au service militaire en Allemagne, il a pris sa suite. Leur mère, du peu qu'ils s'en souviennent, ils ne l'ont jamais vue que le ventre rond, ou absente. Elle s'anémiait de naissance en naissance. On l'a emmenée à l'hôpital de Saint-Denis. Axel y allait, elle demandait des nouvelles de ses enfants. La dernière fois, elle pleurait doucement sur le lit en fer, en le serrant dans ses bras, légère, menue, les yeux fanés. Ils savaient qu'ils se quittaient, qu'ils ne se reverraient plus. L'accouchement du dernier-né lui avait infecté le sang, empoisonné le ventre. Elle s'est éteinte dans la salle commune. Un télégramme les a prévenus. Klébert, lui, s'était déjà sauvé et mis en ménage avec la boutiquière d'en bas, qu'il guignait depuis longtemps, préparant ses arrières. Laissant Axel se débrouiller avec la ribambelle de ses frères et sœurs : Christian, Germaine, Etienne, Pierre, Gabriel, Georges, Amélie, Eugénie, Jean-

Baptiste, Benoît et Clovis. Il en restait treize sur les vingt que leur mère avait mis au monde avec Mme Poupette, la sage-femme. Clovis avait six mois.

Quinze jours plus tard, juché dans les branches du magnolia, Etienne entend un moteur toussotant qui s'approche. Une voiture cahote dans la montée taillée à travers les champs de cannes. Elle klaxonne et freine en grinçant. Une inconnue en descend, Axel s'avance au-devant d'elle, lui serre la main. Elle entre, inspecte les pièces, note sur un carnet à spirales, questionne à voix basse, fait le tour de la cour. Etienne et tous les marmailles se serrent en ronde autour d'elle, curieux, intrigués, joyeux, et insouciants.

— Je reviendrai dans deux semaines, dit-elle à Axel. N'oubliez pas de préparer tous les papiers : actes de naissance, de baptême, certificats de vaccination, et les radiations scolaires et de catéchisme. A déposer à mon bureau au plus vite.

— Qui c'est ? Qui c'est ? s'exclament tous les petits.

Axel tourne les talons, faisant le mystérieux. Sur instruction formelle du père.

Elle est revenue, accompagnée de deux voitures grises. Axel a embarqué la nichée piaillante, claqué les portières. Une brise de mains flotte derrière les vitres, lance des baisers. Axel court se cacher dans la case pour pleurer. La dame tapote les têtes turbulentes, distribue des bonbons.

— N'ayez pas peur, mes enfants, dit-elle aux petits qui rient, loin d'être effrayés. Là où on va, on mange bien, vous irez en classe. Et vous reviendrez bientôt chez vous.

Mensonge. Elle inscrira dans son rapport : « *Il est souhaitable de faire prendre une ordonnance de garde définitive, en vue de leur départ en métropole.* » Et mentionnera : « *Aucune personne de la famille ne peut les recueillir. Le père est d'accord pour que le service de l'Aide à l'enfance les recueille et les fasse partir en France.* »

Les huit gamins séjournèrent six mois au foyer de Bellepierre. Les derniers-nés avaient été placés auparavant, deux à la pouponnière de Sainte-Marie et Clovis chez sa marraine. Klébert est venu les voir, au début. Une fois avec sa Mme Bonhomme et son cabas plein de boîtes de gâteaux. Ils l'assaillirent de questions : « Quand est-ce qu'on rentre, papa ? » Il les repoussa, énervé : « Pas encore, il faut attendre », et repartit au bout d'une heure. Puis il n'est plus revenu. Un matin, une fébrilité inhabituelle des surveillants et des maîtresses, des conciliabules furtifs, des pas saccadés dans les couloirs, les ont intrigués. On les a conduits en rang par deux au magasin du z'arab de la rue Juliette-Dodu. Il a pris les mesures de chacun, au cou, à la ceinture, puis leur a remis un trousseau : chaussettes, chaussures, slips, chemises, shorts et pantalons bleus, des jupes plissées pour les fillettes, qu'il a pliés et rangés dans une mallette de fer bleu. Deux jours plus tard, quelle bonne surprise ! Leur père est venu les voir. Il les a embrassés, ils étaient tout étonnés. Il les a serrés dans ses bras. Tête baissée. Jamais il n'avaient vu leur papa, cet ogre, trembler comme ça.

— Vous allez demain en France. C'est une nouvelle vie que je vous offre, une chance. C'est pour votre bien, votre bonheur futur.

Il a posé sa main sur l'épaule d'Etienne qui consolait ses petites sœurs en pleurs.

— C'est pour ton bien, mon grand. Tu seras un homme différent.

On les a levés de bonne heure. Etienne trépigne de joie à l'aéroport, en apercevant l'oiseau de métal. Le fuseau blanc, les ailes luisantes, le bulbe des réacteurs, gueule béante, queue noire de fumée. Il grimpe la passerelle quatre à quatre, retenant ses cris. La Caravelle se cabre ; la puissance du décollage l'enfonce dans le siège. Puis elle vire, sa tête tourne, il se penche, s'accroche aux accoudoirs. Apeuré, émerveillé, il écrase son nez au triangle du hublot. L'île glisse sous l'aile : les pitons enfouis dans la brume ; la côte, ligne brisée du vert au bleu ; des cubes serrés minuscules, les maisons ; des traits à angles droits, les rues de Saint-Denis. La carlingue sursaute, en transperçant les nuages. Il n'y a plus que l'océan, à perte de vue. Vol de nuit. Etienne s'endort et rêve, retournant à Sainte-Clotilde.

« Mon père, c'est un géant carré, immense, une voix de tonnerre, un caffre [1]. Ma mère, une liane, élancée, un doux visage aux boucles de jais, une yab [2]. Je suis heureux avec eux, on est bien tous ensemble. Ma mère adore les fleurs. Ses parterres, les buissons de l'allée, elle exige qu'on les arrose matin et soir. Alors, avant d'aller à l'école, levés à quatre heures, on a la corvée d'eau. Le soir, tandis qu'elle s'occupe de ses marmites, on recommence. Les petits partent à la fontaine, les grands dans la ravine, ramasser du bois, couper l'herbe pour les lapins et le bœuf, cuire les épluchures des cochons. Les filles lavent le linge, reprisent, repassent et pouponnent les nouveau-nés. Ma mère n'y arrive pas, elle en a trop, on s'entraide. Mais la tâche de confiance, la mienne, c'est de balayer la cour. Quand papa rentre, malheur à moi s'il trouve une seule feuille qui traîne.

« A l'école, le directeur n'aime pas les élèves en retard, il flanque des gifles vite

1. Caffre : Noir issu d'Afrique de l'Est et de Madagascar.
2. Yab : Blanc de la campagne.

fait, alors Axel me signe un mot d'absence et je vais jouer à la rivière. Ma maîtresse, une z'oreille, est une coquette. Elle s'enferme dans la classe à midi avec son casse-croûte. Des fois, elle m'appelle et je lui arrache ses cheveux blancs dans la mise en plis, en mangeant mon sandwich de la cantine, pain et pâté tous les jours. A chaque crin blanc, j'ai droit à un bon point. J'en ai tapissé ma chambre. Les vendredis à midi, je détale à la cloche de l'école, pour ne pas manquer l'émission de Ti'Louis et Ti'Paul. J'arrive langue pendante. Maman trône sur sa chaise, son gros ventre sur les cuisses et derrière elle, tous les voisins, parents et enfants, tordus de rire, les oreilles agglutinées autour de la radio qui hurle à tue-tête.

« Mon père ! Un courant d'air ! Il est chauffeur des cars courant d'air [1], à la compagnie Samourgom-Poulé. Il rentre tard, quand on dort. Le lendemain, une bise, il attrape son fusil et va à la chasse ou se chamailler aux dominos sous le

1. Cars courant d'air : camions bâchés de transport des voyageurs, munis de bancs mais sans portes.

magnolia. Et il s'en repart le dimanche après-midi. Surtout, c'est un coureur comme dit maman, un charmeur jamais rassasié. Toujours en train de faire le beau, un compliment à la bouche, quand il croise une jolie dame. Des matins, il rentre avec des ecchymoses, les restes d'une bagarre au bal. On le voit par hasard, c'est comme ça. »

Etienne se réveille en sursaut, la voix mielleuse de l'hôtesse grésille : « Nous atterrirons dans dix minutes à Paris-Orly. La température est de neuf degrés, et il pleut. »

*

La promenade des pupilles, dans les Hauts de Saint-Pierre. Trois « perruches » se serrent dans l'ombre d'un creux de rochers. Ces trois-là viennent se cacher chaque dimanche dans leur caverne secrète. Ils picorent sur leurs genoux les louchées de riz pimenté et les brèdes [1], que la cantinière a étalés dans une feuille de bananier, tètent au goulot une bouteille de Coca-Cola. Ils se trémoussent sur les pierres, les fesses endolories. Les autres enfants se sont éparpillés, chantent et jouent joyeusement dans le bois, mais eux restent à l'écart : Sabine, l'aînée, renfermée, Jocelyne, la délurée, et Philippe, le petit lutin gambadant qui les suit partout, agrippé aux mains de ses deux sœurs. Le dimanche, c'est le jour béni de la promenade. Le matin à la messe, ils se dépêchent de s'approprier des chaises, les tirent côte à côte, et s'échangent des clins d'œil à la communion. La semaine, ils volent la moindre occasion pour être ensemble. Aux récréations, ils se collent au grillage dressé entre la cour des garçons et des filles. Quand la cloche retentit, chacun de son côté regagne son rang et sa classe, et le soir, son dortoir.

1. Brèdes : feuillages, jeunes plants de légumes.

— Mes pauvres petits, s'attendrit sœur Jeanne qui passe, doigts croisés dans l'aube grise, vous n'allez pas jouer avec les autres ?

— Non, ma mère, on est si contentes de retrouver Philippe, répond Jocelyne. On lui raconte l'histoire de grand-mère Kalle [1] !

— La voleuse d'enfants ! Vous allez lui donner des cauchemars, et moi je vais le consoler ! Déjà qu'il vous réclame tous les soirs !

— Les pauvres petits, chuchote sœur Jeanne à l'oreille de sœur Marie, qui l'accompagne. Quelle bien malheureuse famille ! Rendez-vous compte, on les a ramassés dans la rue, à l'abandon, ils mendiaient. On les a retirés à leur mère, une toute jeune femme. Et le père, un père de hasard, Dieu seul sait où il vagabonde ! Ils partiront sans doute en France, au prochain convoi [2], j'en ai peur.

1. Grand-mère Kalle : lire le récit de ce conte traditionnel en annexe.
2. Convoi : c'est ainsi que l'administration désignait les groupes d'enfants envoyés en métropole.

Marie-Rose, leur mère, avait la beauté du diable, la taille fine et ondulante, la poitrine perchée, une chevelure soyeuse, des prunelles étoilées, un minois aguichant d'innocence, à rendre fou d'amour et d'envie tous les yeux qui la caressaient. Elle aimait les bras des hommes sur sa peau dorée. Les hommes... les piquer, les affoler et se donner. Cœur d'artichaut, frivole, volage, elle passait le plus clair de son temps à se trémousser dans les bals et les concours de danse. Rien n'existait que ses plaisirs, un don du Ciel. Les déplaisirs, elle les écartait d'un éclat de rire. Ses enfants, elle les délaissait.

— C'était notre mère, la plus belle chose qu'on ait perdue, dit aujourd'hui Jocelyne, la voix cassée. Comment la détester ?

Tant que Joséphine, la gramoune, était là, la vie était douce. Ils se serraient dans sa petite case, auprès des cabanes des pêcheurs du port de Terre-Sainte. Elle faisait des ménages à la gendarmerie, gagnait peu, mais s'occupait de tous : ses deux filles désœuvrées qui habitaient là, et les enfants d'aventure qu'elles lui déposaient, quand ils arrivaient. La bonne Joséphine s'en est allée et tout s'est écroulé. Les tantes n'aimaient pas ses filles indolentes et légères. Elles ont tourné le dos sans pitié, pas fâchées de les voir disparaître. Alors Marie-Rose a trimballé ses enfants au hasard des circonstances. Ils dormaient ici ou là, chez l'un, l'une ou l'autre, recroquevillés sur une natte à même la terre battue, repartaient le matin dans les rues, main dans la main, crasseux, le ventre creux. Jocelyne, chef de bande de misère, allait mendier au marché, voler aux étalages, ramasser sur les quais les poissons tombés des paniers, pour nourrir frère et sœur. Parfois, elle emmenait sa troupe chez la marraine manger un cari.

— On n'était pas malheureux, dit Jocelyne. Quand elle était là, maman nous apportait un peu d'amour. C'était plus important que de manger tous les jours.

Puis la mère fantasque s'est entichée, pour son malheur, d'un demi-centre de l'équipe de football de Saint-Pierre, très réputée dans l'île. Un grand gaillard, fort et blond. Un caractère détraqué, jaloux et brutal. Il se saoulait et piquait des colères furieuses. Une petite fille est née, Nicolette. Tout était prétexte à bagarres, et d'abord les trois gêneurs, ceux de Marie-Rose, les enfants de ses autres hommes, qui prenaient leur part de coups. Plus d'une fois, les gamins se sont enfuis, pour se cacher et dormir dans un fossé, quand il rentrait ivre dans la nuit.

Un inspecteur de l'Aide sociale, alerté, est intervenu. Un placement a été ordonné, ils ont été envoyés au foyer Poitevin. Comme le demi-centre refusait qu'on lui retire Nicolette, âgée de quinze mois, les gendarmes sont venus prêter main forte à l'assistante sociale. Ils s'y sont mis à plusieurs pour maîtriser l'athlète.

Marie-Rose venait de temps à autre au foyer voir ses petits, les gâtait, les câlinait. Ils pleuraient de chaudes larmes d'amour et de colère quand elle repartait. Ils s'accrochaient éperdus à ses bras, aux plis de sa robe : « Reste avec nous, maman.

On veut aller avec toi. » Elle répondait toujours : « Non, pas encore. Je vous reprendrai bientôt, je ne vous oublie pas. Mais l'autre méchant, là-bas, il ne veut pas vous voir. » Puis des dimanches passèrent, à l'attendre. La mère supérieure les a appelés, un matin.

— Il faut que je vous parle, mes enfants. C'est une grande peine. Votre maman est partie.

— Mais elle nous a dit qu'elle reviendrait et qu'on retournerait bientôt avec elle, proteste le petit Philippe.

Le visage rugueux de la mère supérieure s'empourpre, elle ouvre ses bras.

— Elle est partie au Ciel, pour toujours... Vous n'avez plus de maman, mes pauvres petits.

Jocelyne a compris. La peur se mêle à la colère froide de l'injustice. On vole le sourire de leur vie, le seul cadeau qu'ils possédaient. Leur mère, morte. Il n'y a plus rien qu'une absence, tous les dangers, tous les mystères, l'imprévisible. Plus personne qu'eux trois.

Quelque temps après, on les a emmenés à l'aéroport, une valise de fer bleu à la main. La veille du départ, une bonne sœur leur a montré la France, Paris, Guéret, à la pointe d'une baguette, sur la carte plastifiée de la classe des grands. L'après-midi, ils ont visité l'usine Coca-Cola de Saint-Denis, le défilé des bouteilles à taille de guêpe sur le tapis roulant, la leçon du contremaître. Philippe écarquillait les yeux, fou de joie de ces découvertes extraordinaires.

Le Boeing 707 les avale. Orly. Paris, le froid piquant de mars. Les immeubles paraissent si hauts, les avenues si larges, les voitures furètent en tous sens comme des scarabées. Un immeuble, au quatrième étage. Philippe s'amuse à lancer des bouchons par la fenêtre et compte les secondes de la chute sur les pavés de la cour. Il descend et remonte les escaliers à toute allure, glisse sur la rambarde, Jocelyne le sermonne et en fait autant, suivie de Sabine. Paris si grand et luxueux, démesuré, tourbillon effréné d'images entrevues.

Guéret, le lendemain soir. Un foyer, des habitudes qui les rassurent. Et, surprise, des enfants couleur caramel, comme eux, et qui parlent créole. Ils y restent un an.

— Les trois de Terre-Sainte, venez voir !

Ils sont nichés dans les arbres, dans le bois derrière le foyer, leur cour de récré du soir sitôt sortis de classe. Ils sautent et accourent. Le directeur et l'assistante sociale sont en compagnie de deux dames apprêtées, permanentées, les lèvres fardées de rouge vif, et de deux messieurs à casquette et veste de velours. Les uns après les autres, ils leur serrent la main, disent des gentillesses, demandent les noms et les âges de chacun, si l'école va bien... Puis ils se retournent, discutent entre eux à voix basse, l'air grave, la main en cornet devant la bouche.

— Allez, les enfants, allez jouer maintenant, dit le directeur. Et pas trop loin, c'est bientôt l'heure du réfectoire.

— Mon petit doigt me dit que c'est bientôt notre tour, glisse Jocelyne.

De temps en temps, dans le lit d'à côté, au dortoir, un nouveau s'installait. Un voisin de pupitre en classe, une copine de marelle, s'en allait. On les avait prévenus, ils attendaient d'être placés dans des familles. Les dames et les messieurs sont revenus. Philippe est monté dans une 403 bleue, les deux sœurs sont parties à la gare.

La micheline crème et rouge ronronne, les essieux claquent les rails, Jocelyne regarde les prés qui défilent, les yeux rougis. Elle se tourne vers la dame qui lui sourit en serrant nerveusement ses doigts.

— Comment on doit vous appeler, madame ?

— Vous m'appellerez maman.

5

Comment cette idée inimaginable d'arracher ces enfants à leurs mères, à leur terre, a-t-elle germé ? Comment a-t-elle contaminé les cœurs et les bonnes consciences ? Comme si un savant fou s'était mis en tête d'acclimater des pailles en queue dans les cages du Muséum, de les enlever au grand vent de l'océan, leur couper les ailes et les enfermer à dix mille kilomètres de leurs nids de vagues. Pourquoi ? Sans doute une somme de médiocrité et d'indifférence, teintée de mépris colonial, s'est-elle trouvée entraînée par la résolution inflexible d'un gouverneur redouté. La migration paraissait à tous, à l'époque, comme la panacée évidente à une obsession lancinante : la surpopulation catastrophique de La Réunion et son corollaire de misère. Expéditif et illusoire, le remède ne serait-il pas pire que le mal ? S'est-on posé la question, au-delà des bons sentiments ? L'urgence aveuglait les jugements, émoussait l'esprit critique et négligeait toute compassion. Ces « pupilles », comme on les appelait, sacrifiés à l'avenir meilleur des générations futures, constituaient la variable aléatoire d'une équation politique.

Comment en est-on arrivé à cette froide arithmétique ? Retour en arrière, pour rassembler les éléments épars du puzzle.

Madagascar, les hauts plateaux à l'ouest de Tananarive.

Le 15 août 1952, les premières familles, les Hoarau et les Payet, débarquent de la passerelle du DC3 sur la piste de latérite, tapis rougeoyant à travers la brousse d'herbe à éléphants. Il n'y a rien. Rien qu'une grande entreprise à bâtir.

La Grande Ile, fierté de la France, dispose d'immenses étendues incultes et La Réunion, déjà, déborde d'enfants. Le projet, depuis longtemps ébauché, se propose d'installer à Madagascar des paysans, les plus pauvres des journaliers de l'Ouest et du Sud de La Réunion : Cilaos, l'Entre-Deux, la Chaloupe Saint-Leu, les Hauts de Saint-Joseph et Saint-Benoît. L'ambition est de fonder une colonie de peuplement et de mettre en valeur les terres stériles. L'opération est baptisée Sakay [1], du nom de la rivière qui arrose l'endroit. Sous l'impulsion du député Raphaël Babet est créé le BDPA – Bureau pour le développement de la production agricole – l'organisme chargé d'aménager les cinquante mille hectares concédés. Chaque colon reçoit à son arrivée un lot de cinquante hectares de terres cultivables et un logement, comprenant étable et porcherie attenantes. Tout est à faire. Un village s'édifie, Babet-Ville, des fermes modèles, disséminées dans la brousse alentour, puis la coopérative centrale qui achètera les productions. Les fermiers reçoivent une formation, des plans d'assolement améliorent les sols maigres. Au plus fort du

1. Sakay : piment, en malgache.

peuplement, deux cents familles seront installées à la Sakay. Les porcheries sont les deuxièmes mondiales par le nombre de têtes. La laiterie alimente tout Tananarive en lait, beurre et fromages. Une usine à provende de maïs et manioc fournit l'alimentation du bétail. Une dizaine d'écoles s'ouvrent, ainsi qu'une église, desservie par des prêtres espagnols et des religieuses, un dispensaire doté d'un médecin militaire, d'une dentiste et d'une sage-femme malgaches.

Certains fermiers s'enrichissent, d'autres, qui ne s'acclimatent pas, repartent au pays. L'indépendance de Madagascar survient en 1960. L'année suivante, le président Philibert Tsiranana, en visite à La Réunion, assure que les Réunionnais ont toute leur place sur le sol malgache et réclame même la création d'une Sakay malgache. Mais la colonie, tel un accroc dans le drapeau national, apparaît bientôt inconciliable avec la fierté de la jeune nation. Les colons sont bientôt priés de quitter leur paradis. Ces pieds-noirs de l'océan Indien emportent à jamais la nostalgie de leur brousse.

Malgré l'échec, l'exemple des pionniers de la Sakay brillait dans les mémoires comme le modèle d'une noble et courageuse ambition. A La Réunion, le préfet Perreau-Pradier, relayant les inquiétudes exprimées par ses directeurs et les statistiques, et impressionné par l'expérience malgache, suggéra d'organiser un flux migratoire en direction de la métropole. Mais faute de l'oreille attentive de Paris, il dut abandonner son projet, sans rien réaliser de concret. Et c'est lorsque la Sakay périclita à Madagascar que furent posés à La Réunion les fondements d'une nouvelle politique de migration qui s'amplifiera au cours des années suivantes.

La réflexion a cheminé jusqu'au sommet de l'Etat. Alors qu'en juillet 1960 le Parlement vote la première loi-programme pour l'outre-mer – une corne d'abondance de crédits et subventions – Michel Debré s'interroge à Matignon sur le bien-fondé et les avantages d'une politique d'émigration des populations des DOM. A l'Elysée, le président de la République, le général de Gaulle, émet des réserves quant au coût de l'opération. Ce à quoi le Premier ministre rétorque : « *J'insiste sur la contrepartie, qui est le travail des Antillais et des Réunionnais en métropole, où, citoyens français, ils nous éviteront un appel excessif à des travailleurs étrangers* [1]. » Et son gouvernement ouvre la porte de la migration aux jeunes travailleurs de l'île qui n'ont guère d'autre perspective que le chômage. En raison de son savoir-faire, le BDPA, l'organisme qui gère la Sakay, reçoit la charge de l'organiser. Une section spéciale, BDPA-migration, est constituée et installe ses bureaux à la mi-1961 à Saint-Denis. Le processus démarre. Le 15 mars 1962, pour le premier voyage, une trentaine de jeunes filles et garçons s'envolent pour la métropole. Les usines textiles du Nord et l'industrie automobile manquent de main-d'œuvre, les hôpitaux, d'infirmières, et les beaux quartiers d'employées de maison. Le recrutement s'accélère : 135 départs en 1962, 685 en 1963, 921 en 1964...

1. Michel Debré, *Combattre toujours*, Albin Michel, 1994.

*

Au milieu de l'année 1961, au mois d'août, un nouveau directeur est affecté à la direction départementale de la Population à La Réunion : Jacques Tarbes. C'est un homme à poigne, fort en gueule, un baroudeur au caractère trempé. Il arrive d'Algérie. Il occupait des fonctions identiques à Tlemcen, à la frontière marocaine. Alors que les derniers feux de la guerre ensanglantaient l'Algérie, il n'avait pas hésité à braver le danger en prenant un poste exposé pour un fonctionnaire et en laissant sa famille en France. Il n'a pas froid aux yeux, pas d'états d'âme, il est ambitieux et espère en reconnaissance de son zèle un bel avancement de carrière.

Dans ses bureaux de Saint-Denis, l'inventaire qu'il dresse des moyens à sa disposition est dérisoire au regard de l'ampleur des besoins qu'on lui décrit. Les naissances s'accroissent ainsi que, en parallèle, le nombre des enfants abandonnés ou enlevés aux familles par le juge. Les lieux d'accueil sont rares et surchargés. Il n'existe qu'une seule pouponnière, La Providence, à Saint-Denis, et une crèche de la Croix-Rouge. Pour les plus âgés, le foyer Marie-Poitevin, bientôt celui de Bellepierre, dont on annonce l'ouverture prochaine, et deux centres de rééducation, l'APECA à la plaine des Caffres et l'APEP à Hell-Bourg. Heureusement, les congrégations catholiques pallient pour partie la pénurie grâce à leurs orphelinats et établissements de jeunes filles. Pour ne rien arranger, le service de l'Aide à l'enfance manque d'éducateurs qualifiés et d'assistantes sociales en nombre suffisant, d'où des retards dans la détection des familles en difficulté et des erreurs dans l'organisation des placements. Le pays est très arriéré, comparé à la métropole. Et la situation empire. La démographie explose.

Jacques Tarbes découvre, rangés à l'équerre sur son bureau, un empilement de dossiers étiquetés « Urgences », « En instance », « Signalements », « Rapports d'enquête », « Tribunal ». Il feuillette le premier qui lui tombe sous la main.

Rapport d'enquête sociale concernant le mineur Jean-Yves H.

Domicile : Saint-Denis, quartier Gabriel-Montand.

Composition de la famille : six enfants : Jean-Yves, Marie-Cécile, Marie-Jeanne, Odette, Patricia, Floris.

Histoire de la famille : Le père, chauffeur de car à la Compagnie Chautron, est en prison, à la suite d'un accident où l'on a déploré des victimes. Il conduisait en état d'ébriété avancée. Une tante que nous avons consultée (qui n'est pas en bons termes avec sa sœur), signale les absences fréquentes de la mère, qui fait des ménages chez des particuliers, et l'alcoolisme chronique du père. La tante précise que celui-ci envoie ses enfants acheter ses bouteilles de rhum au magasin. L'instituteur de Jean-Yves rapporte qu'il fait souvent l'école buissonnière. Il est, de plus, connu par la police qui l'a pris sur le fait en train de voler un bracelet fantaisie au Prisunic (voir le rapport de police).

Comportement des parents : La mère souffre de troubles nerveux. Elle est coléreuse et tape souvent ses enfants. Le père avait demandé le placement de Marie-Cécile au centre de redressement de l'APECA. Elle a fugué et est retournée dans sa famille.

Avis de l'inspecteur : enfant à risque. Admission à l'APEP d'Hell-Bourg.

Jacques Tarbes soupire : « Eh bien ! Qu'est-ce que je vais bien pouvoir en faire de cette tête brûlée ? » Il note sur un petit carnet : *Vérifier places disponibles (tel au Dr). Lettre au juge ?* Il attrape le rapport suivant, d'un geste pressé.

Rapport d'enquête sociale concernant les enfants G.P.

Domicile : Bidonville du Butor, quartier du Bois-de-Nèfles. La famille occupe une petite case en location, cour d'Antonin Paquiri.

Composition de la famille : onze enfants : Marie-Claire, Renée, Yvon, Monique, Isabelle, Jean-Louis, Alexis, Edith, Bernard, Albert, Martine.

Habitat : la famille habite une case de 3 pièces. Les cloisons sont lambrissées de cartonnages, journaux et magazines. Les meubles sont simples, les parquets rougis et cirés. Les enfants dorment à 5 ou 6 dans des lits à barreaux en fer.

Histoire de la famille : Le père, magasinier à la quincaillerie Ravate, ne parvient plus à subvenir aux besoins de sa famille. Il a retiré son fils Yvon de l'école et l'a fait embaucher avec lui. Il a placé à l'APECA sa fille Marie-Claire, qui multipliait les fugues et les larcins. Le manque de ressources d'une part, le caractère difficile du père et la santé déficiente de la mère dépassée par la tâche et souffrant de dépression chronique d'autre part, sont une source continuelle de désaccords et de disputes répétés. Selon les témoignages des voisins, le père se montre d'une sévérité excessive envers ses enfants et frappe son épouse. La mère étant défaillante, le père, incapable de s'occuper seul de sa nombreuse progéniture, a signé une déclaration d'abandon.

Situation actuelle : six enfants supplémentaires (Jean-Pierre, Julien, Michèle, Jocelyne, Edouard et Martine M.), des cousins, sont venus s'installer chez eux. La grand-mère maternelle, Félicienne, les avait recueillis, après le décès en couches de sa fille. Elle a suppléé du mieux qu'elle pouvait à leurs carences d'éducation tout en travaillant à la préfecture, au ménage des bureaux. Au total, ce sont vingt personnes qui vivent ensemble, avec tous les inconvénients que représente une telle promiscuité. La tenue des enfants est douteuse.

Conclusion : Dans l'intérêt des enfants, il est souhaitable de les recueillir et de faire prendre une ordonnance de garde définitive.

Jacques Tarbes annote les feuillets dactylographiés, inscrit ses instructions en travers, les classe. En parcourt d'autres rapidement : « Père : dépourvu de sens des responsabilités », « Mère : peu intéressante », « Insouciante, voire même indifférente en face de ses responsabilités de mère de famille », « S'absente facilement pour courir les fêtes, mariages et communions, tous les prétextes sont bons », « Oncles : mauvais sujets ». Constats glacés. Vies en lignes brisées.

Il frémit devant l'avalanche d'horreurs qui défile devant ses yeux. Il s'inquiète : « Mais où suis-je tombé ? Et comment faire sans aucun outil en main ! » Il doute une seconde, redoute l'impuissance et l'échec prévisible. Se reprend. Se secoue : « Relever ce défi impossible ! A tout prix ! Avec ma bite et mon couteau ! » Se replonge dans les rapports, comme avide. Il n'est pas homme à s'apitoyer, sur lui ou sur les autres. « Enfant abandonné moral », « Mauvaise tête », « Reproche à ses parents leur manque de moyens, il risque de chercher des compensations ailleurs... en volant certainement », « Pas choquée par la mort de sa mère » et plus loin dans le rapport : « A surveiller sexuellement ».

Jacques Tarbes s'arrête à ces lignes, tourne les pages en arrière. L'identité sur l'avant-page : Jocelyne F., huit ans. Une fillette ! Il bondit.

— Quel bordel ! Mais quel est l'imbécile qui peut écrire des conneries pareilles !

Du coup, tout ce qu'il a lu auparavant lui paraît coupable de mauvaise foi ou d'incompétence. Mais l'éclair d'incrédulité passe, aussitôt surgi. « Peu importe, se dit-il, il y a un travail à faire, je le ferai. Coûte que coûte. »

Il ouvre, avec répugnance, la chemise marquée « Signalements ». Y figure, pêle-mêle, un fatras de lettres : dénonciations de toutes sortes et demandes d'interventions pour l'essentiel.

Département de La Réunion, mairie du Port, N° 492/S

Le Maire à Monsieur le Directeur de la Population, Saint-Denis.

Monsieur le Directeur,

A la demande de leur mère, j'ai l'honneur de solliciter votre intervention en faveur des deux enfants L.P. : Marcel et Christine.

Leur mère, Ginette, 24 ans, est une simple d'esprit, dont le lapinisme relève plus de l'innocence que de l'immoralité. Elle n'a pas de revenu avoué. Etant incapable de subvenir à leurs besoins, elle a confié ses enfants à leur grand-mère Rosalie. Celle-ci vit en concubinage avec T., maçon. Tous deux aiment les enfants à leur façon mais les maltraitent au cours de leurs constantes libations.

Veuillez agréer, Monsieur...

Une autre chemise, étiquetée « Tribunal », renferme les procédures d'abandon en instance devant la justice.

Le Directeur départemental de la Population à Monsieur le Procureur de la République

A Messieurs les Présidents et Juges composant la chambre du conseil du tribunal civil de Saint-Denis, département de La Réunion. Saint-Denis, le 3 décembre 1959. Requête.

Les soussignés ont l'honneur de vous exposer :

Le sieur Alphonse R. reconnaît n'être pas en mesure d'élever ses enfants mineurs, de pourvoir à leurs besoins et à leur éducation, et agissant librement et en pleine connaissance, déclare vouloir abandonner au service d'Aide à l'Enfance, conformément à l'article 17 de la loi du 24 juillet 1889, le droit de puissance paternelle qu'il exerce sur ses enfants mineurs : Jacques et Armand.

La requête, comme d'habitude, porte sous la mention : « Le Cédant », l'empreinte d'un pouce encré, celui d'Alphonse R.

Armand, qui a 51 ans aujourd'hui, est boulanger à Aubusson. Sa mémoire hurle et pleure des joies et des cauchemars. Elle diffère totalement de cette misère javellisée qu'un fonctionnaire a découpée au scalpel. Une vision lancinante le hante, vrillée en lui. Le visage de sa mère, morte, qu'on emporte. Il a six ou sept ans. Son père Alphonse et le voisin découpent des grands sacs de jute, des sacs de riz, les attachent ensemble, cousus avec une grosse ficelle, percent des trous au couteau à chaque bout, y enfilent des bâtons. Leur besogne finie, ils soulèvent le corps livide. L'un tire les épaules, l'autre prend les jambes. Ils la posent doucement sur leur pauvre civière. Ils s'y emploient sans un mot, sans un regard, lentement. Armand les observe, sa bouche est sèche, ses yeux sont secs. Les deux hommes saisissent les brancards, s'arrêtent devant le gamin.

— Embrasse ta maman !

Puis ils sortent, enflammés par le soleil du dehors.

— Je ne l'ai plus jamais revue. Je n'ai rien d'elle, pas une photo, pas un objet. Je ne sais même pas où elle est enterrée.

Son père, Alphonse, était journalier. En partant dans les cannes au lever du soleil, il laissait Armand et Jacques enfermés dans la case, ou avec sa grande, Gisèle, quand elle pouvait. Ses trois autres étaient partis, mariés. Un jour, les petits se sont échappés, ils voulaient aller attendre Michel, « Dada », leur frère devant le bazar où il travaillait. Mais ils se sont perdus dans les rues. Les gendarmes les ont ramassés et emportés à la pouponnière de Saint-Denis. Armand s'en souvient, le film défile : il s'accroche le cœur battant derrière les carreaux bardés de grilles. Gisèle passe sur la place et repasse sur ses pas, elle marche, elle court, cherchant les petits, affolée. Il n'arrive pas à crier, elle est trop loin, il n'ose pas, craignant une réprimande. Puis les deux frères sont séparés et placés dans des familles. Ils se sauvent, se retrouvent, errent dans la ville plusieurs jours, à mendier, chiper leur pitance. Joyeux d'être ensemble et de jouer au jeu de la fugue interdite. Encore une fois les gendarmes les attrapent. Armand aux longues jambes lancé en avant, Jacques court derrière lui, court à s'évanouir, les mollets en pierre, le gosier brûlant privé d'air. Ils distancent leurs poursuivants suants. Mais Jacques bute contre un trottoir et s'affale en criant. Armand s'arrête net, hésite. Il retourne en arrière, relève son petit frère qui sanglote et essuie le sang sur son front. Il prend une claque des gendarmes. Et ils partent main dans la main, encadrés par les uniformes agrippant leurs tricots déchirés.

*

Cinéma Rio, Saint-Denis, dimanche 3 septembre 1961.

La salle est comble. Le secrétaire général du Parti communiste réunionnais, Paul Vergès, a convoqué ses militants et sympathisants au pot d'adieu aux « exilés » qui s'embarquent le surlendemain à l'aéroport. Les martyrs de la « loi Debré ». L'heure est grave. Les têtes sont chaudes et la tristesse est dans les cœurs. En vertu de l'ordonnance du 15 octobre 1960, les préfets d'outre-mer ont reçu désormais tout pouvoir de décréter l'affectation en métropole des fonctionnaires « dont le comportement est de nature à troubler l'ordre public ». Jean Perreau-Pradier n'a pas tergiversé, ni renâclé à appliquer les instructions et a puisé ses proscrits dans les rangs du PCR. La bonne aubaine. Treize fonctionnaires, la plupart instituteurs, ou agents du Trésor, des Ponts et Chaussées, des PTT, des Douanes, sont frappés de bannissement et exilés en métropole.

Toute l'île dénonce la forfaiture. « Loi scélérate », « Ignoble lettre de cachet », titre en gras le journal *Témoignages*. Jusqu'au bon président Roger Payet qui a lancé son « J'accuse ! » au palais Rontaunay. Au terme d'une session du conseil général, il a déclaré d'une voix blanche, devant les masques médusés des conseillers de son bord : « Les mesures prises m'apparaissent comme des atteintes graves à la liberté que la République reconnaît à tous ses citoyens. Comment la conscience des Réunionnais ne se révolterait-elle pas contre l'arbitraire ? » Vincent-Dolor, le vieux gouverneur honoraire de la France d'outre-mer, s'est déplacé au Rio, offusqué du procédé. Il a accepté de prendre la tête d'un « Comité d'action pour l'abrogation de l'ordonnance ».

Un buffet est dressé en bas de l'écran blanc. Après les discours, Paul Vergès se faufile vers le groupe très entouré des bannis et de leurs proches.

— Mes camarades, je vous jure que nous vous vengerons, et de la meilleure manière, en redoublant d'ardeur dans notre combat.

— On va voir si Payet a le courage d'aller au bout de ses effarouchements, ajoute Isnelle Amelin, pétulante. Le décret scélérat n'est pas tout, il n'est que la dernière honte des colonialistes.

Trinquant avec son voisin, elle lui glisse une confidence, la mine gourmande.

— Tu sais la dernière sur Perreau-Pradier ? Je la tiens de la sœur d'une secrétaire à la préfecture. Il revenait l'autre jour d'une excursion, si on peut dire, à Maurice, escorté de deux poules. Du genre, tu vois, de celles qu'il emmène dans ses orgies à la villa Bourbon et à Hell-Bourg. Mais sa régulière l'attendait à l'aéroport. Paraît-il qu'elle a tiré un coup de revolver et qu'il aurait été blessé d'une balle dans le bras. Ah ! On ne le changera pas « Divan le terrible » !

Ce bout de femme au visage empâté, aux yeux noirs d'orage, courtaude, boulotte, infatigable militante, trottinait toujours, partout, le nez dans le volant de sa 2 CV, à pourfendre ici une injustice, à défendre là le malheureux. Veuve d'un commissaire de police, employée de banque à l'étang Salé, présidente de l'Union des femmes, elle avait un toupet de camelot, des réparties cinglantes et un sourire écarquillé de bonté. Une furie ou une madone, selon les avis divergents.

*

Conseil général de La Réunion, session extraordinaire, lundi 30 octobre 1961.

A la tribune, le président Roger Payet dirige benoîtement les débats, et égrène comme un chapelet l'ordre du jour.

— Et nous en venons au Titre XIV : Programme de migration en métropole. A ce sujet, annonce-t-il, j'ai été saisi de la motion suivante, présentée par Mme Amelin. Je vous en donne lecture.

Quelques « Ça suffit ! Y en a marre ! A Moscou ! » fusent dans les travées. Le préfet Perreau-Pradier lève un sourcil en accent circonflexe, sourit de connivence à Cluchard, son secrétaire général, et desserre sa cravate.

« *Considérant la volonté de l'Administration d'envoyer en métropole, chaque année, deux mille jeunes gens et deux mille jeunes filles, vidant ainsi La Réunion de la meilleure partie de sa jeunesse ;*

— Considérant que ces jeunes, arrachés à leur famille, iront pour la plupart servir en France, comme personnel domestique ou main-d'œuvre subalterne, comme le font actuellement les travailleurs Nord-Africains ;

— Considérant que les conditions climatiques de France, bien différentes de celles de La Réunion, rendront difficile la vie de nos jeunes, surtout pendant la période d'hiver ;

— Constate, avec amertume, que le problème démographique à La Réunion, est solutionné par l'Administration de bien triste façon ;

— Proteste avec énergie contre ce plan d'émigration ;

— Demande l'abandon de ce plan et la possibilité de donner du travail à tous nos jeunes dans leur propre pays. »

Isnelle Amelin se lève, solennelle, sous une bronca de sifflets.

— Je demande que cette motion soit mise aux voix.

— La parole est à M. le préfet, lui répond Roger Payet, qui roule des yeux inquiets, craignant entre ces caractères ombrageux, un esclandre préjudiciable à la bonne tenue des débats.

Le préfet se déplie, renfrogné, et prend un air lourdement accablé.

— Je précise bien, monsieur le président, que, pour le moment, nous vous avons demandé une somme pour un programme de migration en Europe et rien de plus. Ceci dit, je voudrais, à cette occasion, préciser qu'il est très facile de soutenir des thèses selon lesquelles la créolisation des cadres entraînerait ceci ou cela, mais cela représente pratiquement combien d'unités, madame ? Et vous continuez en disant qu'il faut pousser la formation technique. Mais pour quoi faire ? Pour laisser les jeunes gens ici ? Ajusteurs, pointeurs ou tourneurs, tant qu'il n'y aura pas d'industrie métallurgique à La Réunion, il faudra bien les utiliser ailleurs. Il n'est donc pas pensable que nous suivions votre prise de position.

Sa morgue plantée dans les yeux de la conseillère communiste, il marque un temps d'arrêt, la toise. La nargue.

— Je pense que la migration doit être étudiée très sérieusement. Je pense qu'il serait inadmissible, en l'état actuel des choses, de ne pas envisager comme possible – je ne dis pas comme obligatoire, mais seulement comme possible – une migration rationnelle, contrôlée, organisée, de notre jeunesse, plutôt que d'attendre que s'abatte dans ce département une catastrophe.

Isnelle Amelin trépigne, réclame la parole ; le préfet, imperturbable, martèle ses arguments.

— Qu'on me dise que cette migration ne doit pas avoir lieu et que, par principe, toute émigration doit être rejetée, je ne puis l'accepter !

— Je demande que le nécessaire soit fait afin de donner du travail aux Réunionnais, par priorité dans leur propre pays, s'écrie Isnelle Amelin.

— Bien entendu, madame, et c'est ce que j'ai fait, dès mon arrivée. Ainsi j'ai essayé de mettre sur pied une propédeutique scientifique, pour remplir certains emplois sur place, ici. Mais, reconnaissez-le, quand nous aurons vingt-cinq directeurs des Contributions ou cent ingénieurs, où les mettrons-nous ?

Isnelle Amelin, désespérant d'ébranler ce roc inébranlable, le doigt raide sur la couture du pantalon, apostrophe le président Payet, espérant, maligne, s'allier la bienveillance d'un compatriote.

— Monsieur le président, insiste-t-elle, ce serait inhumain d'arracher notre jeunesse à leurs familles pour aller vivre en France où ils connaîtront les rigueurs du climat et des situations quand même très modestes.

Des rires, des insultes résonnent, des coups de poings et de règles sur les tables couvrent ses paroles. « A Moscou, la pétroleuse ! » « A Cuba, les séparatistes ! » Joseph Martin, le conseiller de Cilaos prend la parole, encouragé par les applaudissements.

— Dans le problème de l'émigration, je voudrais faire remarquer que dans notre prime jeunesse, on nous a appris : « Nos ancêtres les Gaulois... » Donc, quand on parle de l'émigration réunionnaise vers la métropole, on devrait dire pour satisfaire tout le monde : « Retour à la source ! »

Le président et le préfet, consternés, arborent un rictus affligé. Les communistes tempêtent. Joseph Martin poursuit, goguenard.

— J'eusse compris la répugnance marquée par certains s'il nous était demandé d'aller en Amérique ou en Angleterre, mais au contraire, on nous demande d'aller vivre en métropole. Je ne pense pas qu'il y ait un problème, racial ou autre puisqu'on nous a appris dans les écoles : « Nos ancêtres les Gaulois. » Nous avons ici un patrimoine qui peut faire vivre un certain nombre de personnes et notre population dépasse déjà largement ce maximum possible. Or, lorsqu'on nous demande de canaliser ce surplus vers la métropole, je crois que c'est là une occasion exceptionnelle.

Isnelle Amelin bondit.

— Je demande, monsieur le président, la mise aux voix de ma motion.

Roger Payet, fin manœuvrier, déjoue le piège. Son cœur de Réunionnais balance, mais il sait bien que la motion communiste n'a aucune chance et qu'accepter un scrutin provoquerait l'hostilité de la préfecture.

— Je mets d'abord aux voix, dit-il, la proposition de l'Administration relative à l'émigration vers la métropole.

Un huissier passe l'urne entre les travées. On vote, on dépouille les bulletins, les résultats sont proclamés et, sans surprise, le Titre XIV : Programme de migration en métropole est adopté.

— En conséquence, déclare le président Payet, expéditif, la motion de Mme Amelin est repoussée. Et nous passons, si vous le voulez bien, au Titre XV : société d'économie mixte et divers.

*

Préfecture de Saint-Denis, lundi 19 novembre 1962, lendemain des élections législatives.

Le préfet Perreau-Pradier fulmine en découvrant le titre en lettres grasses qui éclabousse la une du *Journal de l'île de La Réunion* : *LE GANGSTÉRISME ÉLECTORAL ET L'ANARCHIE !* On croirait lire *Témoignages* ! Le JIR, l'insoupçonnable propagandiste de la droite, le servile porte-parole de la préfecture, le JIR fustige le déroulement du scrutin de la veille ! Il faut avouer que le préfet de la République a déployé tout son art, qui est pervers, et toute sa poigne. Mais cette fois, il a dépassé les bornes, surtout dans la 1re circonscription de Saint-Denis, la plus incertaine : trucage des listes, radiation ou transfert des électeurs suspects, inscriptions multiples des fidèles, sans compter le vol des urnes par des cagoulards, l'expulsion *manu militari* des mandataires adverses par la gendarmerie, l'électricité qui s'éteint lors du décompte, les urnes bourrées par les présidents de bureaux de vote, ou encore le coup de la couenne de cochon : un filet de lard est attaché sous le bureau, le scrutateur n'a plus qu'à y frotter le bulletin communiste, lequel est déclaré nul, car porteur d'un signe distinctif.

Jean Perreau-Pradier, dépêché à La Réunion en juin 1956, arriva muni d'un ordre de mission sans équivoque du gouvernement Guy Mollet : « Rétablir l'ordre », autrement dit conduire sans faiblesse la chasse aux sorcières. Aux législatives, les communistes avaient enlevé deux sièges sur les trois de l'île, dont Paul Vergès la 1re circonscription. Un coup de tonnerre ! Des vingt-deux mairies, une douzaine étaient entre leurs mains. Un département français du bout du monde proie du « Parti de l'étranger » ! Le camouflet était intolérable. La reconquête fut fulgurante, par la ruse et par la force. Le préfet commença par encourager la démission calculée de fournées de conseillers municipaux, provoquant des partielles préfabriquées. La mairie de Sainte-Marie, inaugurant le procédé, sauta en 1957. Saint-Paul et Saint-Leu furent prises d'assaut. Les cantonales d'avril 1958 ne furent qu'une mascarade, sous la coupe de la préfecture et des bandes de nervis recrutés par son secrétaire général Jean Cluchard. Aux municipales de 1959, Saint-Denis était reprise par Gabriel Macé, au prix d'une fraude éhontée. Un coup de force renversa le dernier fief communiste, la ville du Port, après une nuit d'émeutes. Les notabilités de la vieille droite avaient, en peu de temps, retrouvé leurs prérogatives, leurs mairies et une écrasante majorité au conseil général.

Les élections législatives de novembre 1962 venaient parachever l'œuvre du préfet Perreau-Pradier. Six mois auparavant, le ton s'était envenimé, quand, à l'Assemblée nationale, le député communiste Robert Ballanger toucha au cœur à la question du statut de l'île, s'écriant à la tribune : « Le gouvernement envisage-t-il, devant l'échec de la départementalisation outre-mer, de déposer un projet de loi tendant à permettre à ces départements de gérer eux-mêmes et démocratiquement leurs propres affaires ? » Les communistes allumaient un nouveau front dans l'outre-mer, alors que le drame algérien s'achevait dans le sang ou l'exil.

Le *Journal de l'île* avait titré, avec les caractères les plus épais disponibles à son imprimerie : « *Coup bas contre La Réunion. Un député communiste métropolitain tente d'arracher aux Réunionnais leur qualité de Français.* »

Au lendemain des législatives, l'ordre régnait à La Réunion. Mais la fraude s'avérant scandaleusement grossière, on allait tout droit à l'annulation en Conseil constitutionnel à Paris...

6

Le sénateur Georges Repiquet décroche. Son ami d'enfance, l'avocat Marcel Vauthier, est au bout du fil, à La Réunion. La secrétaire a pesté deux heures avant que l'opératrice de Tananarive ne parvienne enfin à obtenir le branchement sur le central de Paris. Le combiné grésille.

— Nous sommes des gens de bon sens et de modération, Marcel. Tu es, comme moi, écœuré de la pétaudière qu'est devenue La Réunion. Une basse-cour répugnante de coquelets qui n'aspirent qu'à se goinfrer de prébendes. Il nous faut sortir de ce cercle vicieux. Entreprendre la reconstruction. On n'a que trop tardé.

— La fraude a dépassé les bornes de la honte, j'en conviens, approuve Vauthier. L'annulation des législatives est imminente. Et qui se prépare à repartir fleur au fusil à Saint-Denis ? Les mêmes, Macé et Moreau, le sourd et l'aveugle qui s'entre-dévorent et vont faire le lit de Vergès. Macé ! Toutes ses élections, toutes, sans exception, il les doit au préfet, son ami, et à ses méthodes de voyou. Macé député ! Macé maire ! Quelle mascarade !

— Je sais que tu ne l'aimes pas, le notaire. Il s'est compromis dans tous les scandales et les tricheries de Perreau-Pradier. Je crois qu'il faut l'écarter, il s'est trop sali.

— Mais par qui le remplacer ? interroge Vauthier. Personne ne pourra lui faire entendre raison. Personne dans l'île ne possède son influence. As-tu une idée ?

— Peut-être... répond Repiquet, après un silence.

— Dis-moi, Georges, interroge Vauthier.

— Il nous faut rassembler la droite, recoudre nos déchirements, et pour cela bien sûr, faire place nette. Je rentre en séance, Marcel, la cloche sonne. Excuse-moi. Réfléchissons. On se revoit.

Le sénateur Repiquet raccroche. Depuis quelque temps, il questionne, explore les opinions, avance ses pions. Il a en tête le candidat idéal. Plus encore, il l'a consulté au téléphone, lui a fait part de la situation, lui a formulé sa proposition. Trop tôt pour avancer son nom. Pas d'imprudence.

A la mi-janvier 1963, Repiquet abat son jeu. Il a retrouvé, à Paris, Me Vauthier et Marcel Cerneau, les députés des 2e et 3e circonscriptions. Gabriel Macé n'est pas convié. Le rendez-vous secret se tient chez l'avocat, rue Gay-Lussac.

— Mes amis, lance Repiquet, nous avons tous trois bien réfléchi et nous sommes d'accord sur l'essentiel. Pour barrer la 1re circonscription à Vergès, il nous faut un poids lourd. Un homme de devoir, un homme intègre.

— D'accord sur le diagnostic, reprend Cerneau, mais *quid* de l'homme providentiel ?

— Debré ! jette, d'un coup, Repiquet.

Les deux députés sont assommés. La statue du Commandeur !

— Michel Debré, rien de moins, assène Repiquet. Le Premier ministre, le Colbert du général. Debré, car lui seul a les épaules assez larges pour sortir La Réunion du bourbier et nettoyer les écuries d'Augias. Je l'ai consulté. Il ne m'a pas ri au nez.

— Georges ! objecte vivement Vauthier, Debré n'est pas un créole et n'a pas d'attache avec La Réunion. Trouvons un « compatriote », si tu me permets l'expression.

— Je me suis laissé dire, lâche Repiquet, sûr de forcer les réticences, que de Gaulle ne serait pas opposé à sa candidature. Je vous l'avoue en toute confidence.

Au dessert, Vauthier et Cerneau, euphoriques, se rallient au champion du sénateur Repiquet et se jurent de garder un secret absolu sur les tractations.

1962 laissait un Debré abattu et amer. Pompidou l'avait évincé de Matignon en avril et il avait essuyé un revers retentissant aux législatives à Amboise. Grâce aux bons offices de l'ami Repiquet, 1963 s'annonçait sous de meilleurs auspices.

Les deux hommes s'étaient liés d'amitié au Sénat et se voyaient périodiquement à Matignon, où le Premier ministre réunissait les élus de l'outre-mer. Un hasard plus intime les rapprochait : deux de leurs fils fréquentaient la même classe de lycée.

La décision arrêtée, l'opération s'accélère en secret. A la surface, on n'en distingue que des bulles qui éclatent. L'infréquentable préfet Perreau-Pradier annonce son rappel en métropole et son remplacement. L'embarrassant Paul Vergès, arrêté par la police de l'air, est assigné à Paris et interdit de retour en vertu de la loi sur l'état d'urgence. Puis fin février, comme attendu, le Conseil constitutionnel prononce l'annulation des législatives dans la 1re circonscription, mais aussi dans la 2e, au grand dam de Marcel Vauthier. Peu après, le sénateur Repiquet reçoit un coup de téléphone de l'Elysée : « Le général veut vous voir demain ! »

— La Réunion, c'est la France, lui dit de Gaulle [1]. Je n'ignore pas que vous avez des

1. Citation de mémoire de Georges Repiquet, dans l'hebdomadaire *La Voix des Mascareignes* du 14 mars 1963.

problèmes et que ces problèmes vous préoccupent en raison de leur importance, mais la France est un grand pays et peut les solutionner. Une chance s'offre à vous pour les résoudre, c'est la présence de M. Debré. Je serais tout disposé à conseiller à Debré de poser sa candidature à La Réunion, à la condition expresse que celle-ci, à l'exception des communistes, souhaite cette candidature.

« Tout est prêt, se réjouit Repiquet. De Gaulle est derrière. Notre affaire est bien avancée, songe-t-il, guilleret, reconduit par l'huissier à la porte du parc. Mais il me reste une mission à accomplir : obtenir que l'appel à Debré provienne de La Réunion. Ordre du général. Et ça ne sera pas une partie de plaisir là-bas. »

Le 2 mars 1963, le Super Constellation régulier d'Air France atterrit sur la piste de Gillot. Deux passagers très remarqués descendent la passerelle, chiffonnés par les trente heures de la traversée en sauts de puce : Alfred Diefenbacher, le nouveau préfet en titre, et Paul Vergès, tout juste libéré des tracasseries policières qui l'ont retenu opportunément éloigné plus d'un mois à Paris. Des pancartes, des cris « Vive Vergès ! Non à l'oppression coloniale ! », font une escorte bruyante au chef du PCR. Puis la foule se retourne, et aux vivats succèdent les huées vers la salle des départs où Jean Perreau-Pradier remâche ses rancœurs. Son successeur et son ennemi haï débarquent tout sourire, ensemble ! Le résumé saisissant de sa déconfiture. Il attend de repartir, outragé, humilié, limogé après avoir fait le sale boulot, chassé par la raison d'Etat. Il avale l'ingratitude, vide un verre de whisky. « Va au diable le fraudeur ! » lui lance quelqu'un. En arrière, serrant sa serviette de cuir, dernier passager à descendre de l'avion, chemine le sénateur Repiquet, qui rejoint Sainte-Suzanne. Il serre la main des deux préfets en conciliabule, dos tournés. Tous trois sont dans le secret du grand projet qui se prépare.

— A bientôt, monsieur le sénateur, sourit Diefenbacher, de connivence. Nous avons de l'ouvrage en perspective.

Comme Repiquet, le préfet en partance a été convoqué à l'Elysée, avant son départ. Il a reçu une feuille de route claire, sinuant entre les lignes d'une rhétorique sibylline.

— La Réunion, lui a dit le général de Gaulle, est une valeur morale de la France et une avancée océanique du territoire national. Vous verrez là-bas une population vibrante et ardente [1].

Alfred Diefenbacher, l'arrivant, présente des états de service qui balancent avec une régularité de métronome entre son Alsace-Lorraine natale et l'Algérie. Nommé administrateur communal en Algérie en 1942, il est promu secrétaire général de préfecture à Colmar, à Constantine en 1950, puis à Strasbourg et enfin préfet de Tlemcen en 1960. La Réunion l'emmène sous le tropique du Capricorne, rompant le cycle de ses débuts.

Jean Perreau-Pradier, lui, part poursuivre sa carrière à la préfecture de Laon. Il l'achèvera dans les cabinets ministériels, à l'Intérieur et aux Anciens Combattants.

1. *Journal de l'île*, 7 mars 1963.

Il s'engagera en politique sous l'étendard gaulliste, sera battu à deux reprises dans l'Aisne et, pour son ultime tentative, dans la 2e circonscription de La Réunion, en juin 1981, il n'obtient que 2 % des voix. Il était petit-fils d'un député de la IIIe République et fils d'un sous-secrétaire d'Etat aux Finances. Durant la guerre, la Gestapo l'arrêta en 1943 pour des faits de résistance. Détenu à la prison militaire d'Orléans puis à Fresnes, il entra dans la préfectorale à la Libération. Il est demeuré près de sept ans en poste à La Réunion, une longévité rarissime dans une carrière de préfet. Michel Debré lui a décerné la Légion d'honneur peu avant qu'on parle de son départ.

*

— Jacques ! Vous ici ! Quelle bonne surprise ! On va parler du pays !

Le préfet Diefenbacher retrouve une vieille connaissance, parmi les chefs de services que lui présente le secrétaire général Cluchard, dans sa tournée des bureaux : Jacques Tarbes, le directeur de la Population.

L'Algérie ! Les deux hommes se sont connus à Tlemcen, deux ans auparavant. Ils se sont jaugés, appréciés, dans l'ouest algérien dix mois durant, d'octobre 1960 à août 1961. L'un était préfet, l'autre son directeur de la Population. Leurs tempéraments énergiques se sont accordés. Diefenbacher n'a été rapatrié qu'à l'indépendance, Tarbes l'a devancé à La Réunion. Dans les braises de la guerre, les épreuves, le quotidien des drames et des peurs ont forgé entre eux une confraternité de soldats. Des souvenirs d'assiégés. Et l'Algérie au cœur.

— Vous savez, Jacques, que le gouvernement a pris toute la mesure des retards immenses et du développement nécessaire de l'outre-mer, s'exalte le préfet. La loi-programme marque toute l'ambition qui l'anime. Le chantier qu'on nous confie est colossal. Chacun à son poste devra s'employer avec la plus grande résolution à sa réussite. Il faut prendre le taureau par les cornes !

Jacques Tarbes reconnaît bien là l'esprit combatif et l'autorité du préfet de Tlemcen. C'est un ordre de mobilisation. Sa prise de fonction à La Réunion représente bien plus qu'une mutation ordinaire de préfet.

— J'ai bien compris, monsieur le préfet, j'ai d'ailleurs préparé à votre intention un rapport détaillé sur l'état catastrophique des problèmes de l'enfance ici. Mais j'espère, Alfred, que vous trouverez un peu de temps, que je vous prépare un fameux cari de bichiques.

— Cari de bichiques ?

— Des alevins, comme les civelles de Gironde. Je vous ferai un autre rapport, si vous le voulez, sur les spécialités de la cuisine réunionnaise.

Les deux hommes éclatent de rire, en se tapant sur l'épaule.

*

Dans l'attente de Michel Debré, il convenait de faire place nette. Le sénateur Repiquet s'employa sans tarder à arranger les ultimes formalités protocolaires. Le clan de Macé, l'évincé, n'abdiqua pas de bonne grâce. Debré récusait comme suppléant ce fraudeur invétéré et ancien pétainiste, et il accepta l'avocat Henri Sers, ami de Repiquet. Cédant alors à l'appel de La Réunion qu'exigeait de Gaulle, Michel Debré déclara officiellement sa candidature. « Voilà une nouvelle qui portera un coup sérieux au camp de l'anti-France représenté par Paul Vergès et sa poignée d'agitateurs à la solde du communisme international ! » C'est ainsi que le *Journal de l'île*, sans fioritures comme de coutume, accueillit la nouvelle. « Complice des fraudeurs ou battu, telle est l'alternative pour Michel Debré », grogna *Témoignages*. « C'est un combat singulier entre les communistes et moi », tonna Debré dans *France Obser-*

vateur[1]. Quelques jours avant l'arrivée annoncée du candidat, le préfet Diefenbacher déclara ouverte la campagne électorale dans le JIR[2] : « L'heure est grave. Je suis persuadé que l'instinct populaire saura discerner la bonne voie, la vraie, l'unique qui est celle que propose le général de Gaulle. Tout le monde sait à présent que le chef de l'Etat a pris en main le destin de La Réunion, que là est désormais son salut, et que c'est dans la France et par la France que s'ouvriront des perspectives nouvelles. Réunionnais, Réunionnaises, ne manquez pas ce rendez-vous de l'Histoire. » En descendant ainsi dans l'arène, le préfet oubliait au fond de sa poche la réserve d'usage.

Le Debré des premiers jours, costumé, cravaté, raide, crispé, désorienté, aux discours sentencieux de professeur, fondit dans la chaleur des tropiques. Il tombe la veste et arpente les estrades en bras de chemise, au rythme effréné d'un marathon de quatre réunions par jour. La voix

1. *France Observateur*, 18 avril 1963.
2. *Journal de l'île*, 11 avril 1963.

enflammée martèle partout avec fougue l'attachement à la mère patrie, à son chef le général de Gaulle, dispensateur des bienfaits du progrès. Des affiches recouvrent les murs, les profils de médaille de Debré et du général sous les slogans : « Voter Debré, c'est voter de Gaulle, c'est voter pour la France. La France ou le néant. » Le JIR, chaque matin, enfonce le clou avec la légèreté d'une massue. On y voit Debré serrant la main à de Gaulle, et, en vis-à-vis, Vergès serrant la main de Khroutchev avec le titre : « La France ou Moscou ? »

Le 1er mai 1963, sur la place du Barachois à Saint-Denis, un grand rassemblement marque le point culminant de la campagne. Du haut de la tribune, Michel Debré déguste la houle des mains qui se balancent, l'écume des sourires, le plébiscite des applaudissements, la chaude cohue des « Papa Debré ! » Les cris de « Vive de Gaulle ! Vive la France ! » jaillissent des poitrines. La joie, la fierté se mêlent d'orgueil. Accablé de sarcasmes à Paris, après la solitude cruelle de Matignon et l'ingratitude, il renaît à Saint-Denis. Un caillou de France lancé dans l'océan, oublié à dix mille kilomètres de la mère patrie, qui se jette dans ses bras et se donne. Le spectacle le remplit d'une vibrante émotion. Lui qui ne connaissait que l'or des lambris de la République, succombe à la moiteur de la brise, la lave de la foule. Son discours achevé, un mille-pattes de bras l'enlève, des épaules le charrient, on le porte en triomphe. Il n'oubliera jamais l'accueil de La Réunion, sa nouvelle patrie de cœur.

Une semaine plus tard, Michel Debré est proclamé élu député de la 1re circonscription et, beaucoup l'espèrent, sera bientôt, le « Ministre de La Réunion ». Bien élu, avec un score de 80,75 % des suffrages. Paul Vergès fait plus que doubler ses voix sur le simulacre d'élection joué six mois auparavant. Marcel Vauthier, réélu dans la 2e, devance le communiste Bruny Payet. L'endémie de la fraude a été jugulée, mais pas éradiquée. *Témoignages* dénonce les « députés-la-fraude ».

(A Bras-Panon où les assesseurs communistes furent chassés du bureau de vote, on comptabilise 97,21 % de bulletins Debré.) Ce grand commis de l'Etat fait son entrée au Palais-Bourbon, pour la première fois élu du peuple.

Cinq semaines plus tard, le conseil général, convoqué en session extraordinaire, reçoit le préfet nouveau venu, Alfred Diefenbacher. Dans son allocution de bienvenue, tel un rituel consacré, le président Roger Payet ne manque pas de pointer les malheurs qui assaillent son île.

« *Vous arrivez, monsieur le préfet, à un moment où notre île se trouve à un tournant de son histoire. Une démographie démentielle ne permet plus de souffler. Le problème est chaque jour plus inquiétant...*

Certes, un homme en qui la confiance du prestigieux chef de la France, le général de Gaulle, demeure entière, est venu se mettre au service de ce lointain département, récompensant ainsi et notre fidélité à la mère patrie.

Notre agriculture est dans un état de stagnation dont il importe de sortir au plus vite. Faut-il s'arrêter à la dépense qui se chiffrera sans doute par un certain nombre de milliards ? Non, car nos plaines aujourd'hui stériles et nos vallons lépreux porteraient demain des moissons verdoyantes. Cela transformerait la vie de nos habitants en permettant la fixation d'un plus grand nombre de familles... »

Le préfet Diefenbacher se lève à son tour, rassemble les feuillets de son discours. Les yeux sont rivés à ses lèvres. Chacun le pressent, les paroles qu'il prononcera résumeront la pensée de Debré, fixeront la ligne de la politique qu'il envisage.

« *Parmi les données multiples de notre problème réunionnais, un fait majeur s'est peu à peu dégagé : celui d'une poussée démographique sans pareille. Là est le centre du problème, là est le point de départ de toute solution. Une véritable course de vitesse est ainsi engagée entre le rythme de croissance démographique et celui de l'expansion économique...*

La France a pris la mesure de ce qu'il nous faut entreprendre ici dans l'ordre des nouvelles impulsions à imprimer à la solidarité nationale. Ainsi se trouve en voie de constitution une nouvelle architecture, organisant la « parité globale » de notre législation sociale avec la métropole. Les allocations familiales, en masse, seront augmentées des deux tiers. Les cantines scolaires seront généralisées. Le réseau d'assistantes sociales renforcé, une école de formation professionnelle créée, et encouragé un courant d'émigration grâce à la constitution d'une Société d'Etat[1]*...*

Il n'est pas bon que s'établisse dans l'esprit des gens je ne sais quel concept d'Etat-Providence qui favoriserait dangereusement une mentalité d'assisté. Les véritables fondements du progrès sont dans l'effort et la production des richesses par le travail...

Le temps presse. En ce siècle de grandes transformations, gardons-nous de prolonger les contrastes et les oppositions. Ils

1. Le BUMIDOM : BUreau pour les MIgrations intéressant les DOM, créé par arrêté le 26 avril 1963. Il remplace à La Réunion la section du BDPA-migration mise en place en 1961 à Saint-Denis.

risquent de franchir un jour le seuil critique où se consomme la rupture. »

Alfred Diefenbacher se rassoit. Les conseillers l'applaudissent vivement.

— L'infirmier, puis le maçon, s'enthousiasme un conseiller.

— Ou l'ambulance avant les grues, ajoute un autre. Chapeau bas ! Debré n'a pas tardé ! C'est un bulldozer !

L'action de Michel Debré à Paris, ses plaidoyers à l'Elysée, ses interventions dans les ministères et les administrations centrales, produisaient des effets immédiats. La loi de parité, sa première mesure, place à égalité tous les départements et lave l'humiliation de la différence de traitement de l'outre-mer. Mais à démographie excessive, adaptations restrictives, c'est-à-dire que si la masse des fonds est identique, les conditions d'attributions sont particulières. A partir du quatrième enfant, les allocations diminuent. Des financements importants sont affectés à la construction de cantines scolaires, à l'Action sanitaire et sociale et à l'Education. Ainsi, 135 cantines furent équipées en 18 mois à travers La Réunion.

Lors de sa visite en 1959, alors Premier ministre, le fils aîné du professeur Robert Debré, fondateur de l'hôpital des Enfants-Malades et pédiatre de réputation internationale, s'était ému de la misère, effrayé des carences alimentaires frappant les enfants chétifs qu'il avait vus. La mortalité infantile atteignait dans l'île des taux de 200 ‰. De retour à Matignon, il avait fait expédier des stocks de lait par l'entremise de la Croix-Rouge. Dans les écoles, on avait baptisé le « lait Debré » le petit verre que les maîtresses distribuaient chaque matin. Au lendemain de son élection, sur ses instructions, la coopérative France Lait annonce l'installation prochaine d'une usine de conditionnement de lait en poudre à Saint-Denis.

L'outre-mer et La Réunion la première, choyés comme les derniers remparts de l'empire, voient se déverser une manne prodigieuse de crédits d'Etat. L'ex-Premier ministre s'affaire, avec toute la vigueur qui le caractérise. Dans le budget de 1963, La Réunion s'octroie la meilleure part des crédits. Une mission d'étude sur l'industrialisation est envoyée dans l'île. Le ministère de la Santé publique accélère l'équipement de lits d'hôpitaux, l'envoi de médecins. Le député de La Réunion rédige une proposition de loi anti-bidonvilles. Un Conseil des DOM est créé, placé sous la présidence du général de Gaulle. Debré a « une certaine idée de la France [1] ». Il détient, pour la défendre, les cordons de la bourse.

Sur l'autre front, le politique, il se montre aussi intransigeant et féroce que dynamique et efficace dans sa lutte pour le progrès. La question du statut plombe toute vie démocratique. On invoque l'autonomie contre le joug colonial du côté des « séparatistes ». On vénère la mère patrie contre la servitude communiste du côté des « nationaux ». Discours de guerre froide, bloc contre bloc, carica-

1. *Une certaine idée de la France*, Michel Debré, Fayard, 1972.

ture de débat où les mots n'ont plus ni sens ni raison, au détriment des initiatives vitales et urgentes. Il suffit qu'une proposition de simple bon sens provienne du camp ennemi pour qu'elle soit rejetée avec indignation et enterrée. La politique n'est plus qu'une bataille de tranchées, un bombardement atomique d'imprécations, de haine, de mépris. Ainsi va La Réunion, ainsi ira-t-elle durant les vingt ans suivants.

Peu après l'élection de Michel Debré, Paul Vergès est condamné à trois mois de prison ferme et dix mille francs d'amende par le tribunal de Saint-Denis, pour d'anciens articles sur la guerre d'Algérie. Il avait pourtant été acquitté en première instance. Quelque temps plus tard, de nouvelles poursuites sont lancées pour d'autres écrits, évoquant l'autonomie. *Témoignages* s'enflamme : « Contre la répression colonialiste, union de tous les Réunionnais pour le droit de diriger eux-mêmes les affaires de leur pays. Pour l'autonomie ! » La Cour de sûreté de l'Etat est saisie. La querelle s'envenime.

*

— La Réunion demeure une colonie arriérée, mais Debré veut en faire un département moderne. A marche forcée ! s'enthousiasme le préfet Diefenbacher. Ce qu'il entreprend, personne d'autre que lui ne le pourrait, c'est une tâche de titan. A Paris, les ministères sont sur le pied de guerre.

— Je participerai pleinement à cet effort, à mon échelon, assure Jacques Tarbes, le directeur de la Population. A ce sujet, je voulais vous soumettre une idée qui m'est venue. Les abandons d'enfants s'accroissent et atteignent des niveaux inquiétants. Les parents n'ont rien pour les nourrir, les soigner, les éduquer. Et je ne dispose pas de placements en quantité suffisante ici. Peu de familles, peu de foyers d'accueil. Résultat : les gosses traînent dans les rues. Et les assistantes sociales, trop peu nombreuses, leur courent après. Elles sont débordées.

— Vous en aurez davantage, les postes seront inscrits au budget.

— Il ne s'agit pas que de cela, Alfred. J'ai un plan. Ecoutez-moi. Dans le sillage du Bumidom, qui favorise la migration des jeunes travailleurs, ne pourrait-on pas imaginer de placer une partie de ces pupilles en métropole ? On désengorgerait les foyers et on offrirait une vie meilleure aux enfants. Remarquez qu'on gonflerait ainsi les objectifs de migration de Debré. D'une pierre, deux coups.

— Cela résout une partie des problèmes, mais ça en poserait d'un autre côté. Je vais y réfléchir, conclut le préfet, prudent. Quand je pense que Debré rêve d'une grande France de cent millions d'habitants. Quel dilemme de conscience pour cet homme !

— Dites, Alfred, s'amuse Tarbes, savez-vous comment les créoles surnomment leur préfet ? Die-fen-ba-cher, c'est : « Dix francs pas cher ! »

— C'est pas cher payé, je suis vexé !

— Tiens, il faut que je vous apprenne autre chose. Le sport préféré des

Réunionnais. « La di, la fé » : commérage et cancanage. Vous lancez un bruit le matin à Saint-Denis, il est de retour le soir au Barachois, il a fait le tour de l'île. Mais dans quel état il revient ! On ne s'occupe pas de savoir si c'est vrai ou faux. Il l'a dit, il l'a fait ! Un point c'est tout ! Vous imaginez les âneries qui se baladent.

— Trêve de plaisanteries, au travail maintenant, conclut le préfet. Plus j'y repense, plus elle me paraît fondée votre idée !

Aussitôt, la direction de la Population entre en ébullition à Saint-Denis. On s'active, on se démène, des courriers et des télégrammes partent, le téléphone sonne. Il faut expliquer le projet et convaincre les directeurs départementaux métropolitains. Recenser les capacités d'hébergement dans les foyers, les œuvres chrétiennes, les écoles. Se renseigner sur les occasions de placement en apprentissage. Trouver des familles d'accueil. En appeler aux bonnes volontés, vaincre l'inertie ou les réticences. Préparer l'arrivée des contingents d'enfants réunionnais. L'étonnement et l'incrédulité répondent parfois aux sollicitations. A La Réunion, en même temps, les assistantes sociales reçoivent des consignes strictes de vigilance et de rigueur, les pressant d'améliorer la détection des enfants en danger et d'accroître les signalements. Des instructions urgentes sont transmises dans les foyers, recommandant de porter l'effort sur l'information des adolescents, de leur démontrer l'intérêt de la migration et des chances qu'elle offre d'acquérir en France un bon métier.

Le directeur de la Population peut se féliciter de son empressement, quand il dresse son bilan de l'année 1963. Entre juillet et décembre, les premiers groupes d'enfants ont quitté La Réunion : treize garçons entrés à l'école d'agriculture de Rouvroy-les-Merles, dans l'Oise, et treize jeunes filles recueillies au Bon-Pasteur à Orléans. D'autres listes sont prêtes. Jacques Tarbes a découvert une filière prometteuse dans le département du Tarn, qu'il connaît bien. Il y possède une maison à Saint-Jean-de-Rives. Les Œuvres du père Colombier y administrent une suite de pensionnats et le père Caminade, à Albi, a eu vent de l'entreprise qui démarre, par le biais de l'évêché de La Réunion. L'institution Saint-Jean d'Albi et la Maison d'enfants de Quézac disposent d'un grand nombre de places et présentent l'avantage rare d'accepter filles et garçons, ce qui évite de séparer les fratries. Les bons pères se sont réjouis de la démarche tombée du ciel et lui ont trouvé de grands attraits. Elle permettait de sauver ces établissements qui périclitaient, faute de pensionnaires et donc de ressources. Le taux de remplissage insuffisant menaçait la reconduction de leurs agréments administratifs.

En 1964, 41 pupilles réunionnais y partiront et, en 1965, 49, répartis entre Albi et Quézac.

Pour la seconde année de l'opération, la direction de l'Action sanitaire et sociale nouvelle [1] présenta un état des migra-

1. La réforme des services extérieurs du ministère de la Santé a fait fusionner en septembre 1964, les directions départementales de la Santé et de la Population dans une direction unique de l'Action sanitaire et sociale (DDASS).

tions en forte progression. Les effectifs des départs ont quadruplé en 1964 : 101 enfants, une moitié envoyée à Albi et à Rouvroy-les-Merles, le reste disséminé dans diverses écoles ou placé en qualité d'employés de maison.

Afin d'accroître l'efficacité du dispositif, Jacques Tarbes a institué dans son service une cellule-migration (DAS 6) et y a affecté deux agents, chargés de la sélection des dossiers proposés par les assistantes sociales ou signalés par les responsables de foyers. Enfin, il a rédigé les premières mesures à soumettre à la prochaine session du conseil général.

Rapport n° 17

— Gratification mensuelle aux pupilles qui n'ont pas de ressources. Elle aurait un caractère d'argent de poche pour payer leurs menues dépenses (coiffeur, lames de rasoir). Je propose que le montant soit variable de 500 à 1 500 CFA. Afin de créer une émulation, elle sera attribuée à titre de récompense en fonction de la conduite, des résultats dans les études, et des succès aux examens.

— Secours de premier besoin pour prévenir les abandons d'enfants : 2 000 CFA.

Sa fonction disposant de compétences élargies, Jacques Tarbes exploite une autre veine de migration. Le recrutement des jeunes filles destinées aux professions des secteurs sociaux ou médico-sociaux lui incombe désormais : aides-soignantes ou élèves infirmières, monitrices-éducatrices et aides ménagères seront dirigées vers différentes écoles et hôpitaux de métropole. Des examens d'aptitude ont été organisés. 117 départs sont enregistrés en 1964, 41 en 1965, 47 en 1966.

Parallèlement à la DDASS, la direction du Travail, en liaison avec le Bumidom, accélère les départs des jeunes travailleurs candidats : 135 en 1962, 685 en 1963, 921 en 1964, 1897 en 1965, 2 577 en 1966, 4 021 en 1971.

*

Le 18 mars 1964, le président Roger Payet prononce son discours, à l'ouverture de la session du Conseil général. Sans doute le pressent-il, ce sera son dernier dans cette enceinte après quarante-cinq ans de mandat. La maladie l'en tiendra éloigné et l'emportera deux ans plus tard. Evoquant les bouleversements qui se profilent, il rend les armes et glisse tout avec pudeur, un émouvant testament d'amour de sa terre.

« *A la répugnance qu'éprouve le créole de Bourbon*[1] *à quitter son île, s'ajoute le fait que l'émigration n'en est encore qu'à ses balbutiements et que si on n'envisage pas le retour à la terre natale, toute entreprise de ce genre est à mon avis vouée à l'insuccès. Il nous faut donc, non pas seulement revoir, mais repenser ces grands problèmes qui se posent à nous et rechercher dans le cadre de notre terre des possibilités d'amélioration qui – sans préjuger de ceux qui,*

1. L'île Bourbon : ancien nom de La Réunion.

volontairement, voudraient partir sous certaines conditions – permettraient la mise en valeur de terres paraissant arides ou insuffisamment cultivées. Et nous en arrivons au vaste programme d'irrigation, qui, je le dis avec force... »

Comme les cannes à sucre de sa plantation de Gillot, le vieux Payet est enraciné à son île. Il est d'un autre temps et ne comprend pas la fureur de ces technocrates ignares qui prétendent la piller et détruire ses âmes. Sa revendication, l'irrigation, est prophétique. Trente ans après sa mort sera lancé le chantier gigantesque du basculement des eaux : des galeries, percées au cœur des montagnes, iront puiser l'eau sur la côte au vent, baignée par les moussons, et la reverser sur la côte sous le vent, arrosant sept mille hectares arides.

Dans le sillage de Debré, un raz de marée des nationaux emporte les élections cantonales de mars 1964. Dans la république gaullienne, le combat anticommuniste n'a pas de cesse. Paul

Vergès, condamné à trois mois de prison pour ses articles dans *Témoignages*, tous ses recours rejetés sous le coup d'un mandat d'arrêt lancé par la Cour de sûreté de l'Etat, prend la poudre d'escampette et disparaît dans la clandestinité. A Paris, le journal maoïste *Révolution*, de son frère jumeau, Jacques, est interdit, pour avoir qualifié les DOM de « confettis de l'Empire ». *Témoignages* sera saisi à trente et une reprises par le préfet Diefenbacher. Commence alors pour Paul Vergès une fugue qui ressuscite la mémoire des nègres marrons, les esclaves des plantations en fuite dans les forêts et les montagnes. L'insaisissable qui nargue les puissants acquiert une popularité sans précédent. On croit le voir à Maurice, à Madagascar, ou même chez Roger Payet ou à l'évêché. Il tient des meetings clandestins au nez et à la barbe des autorités. La police est ridiculisée. Il ne se livrera qu'en juillet 1966, après vingt-huit mois de cavale.

7

Félix relit, incrédule et moqueur, les feuillets dactylographiés datés du 10 juin 1964, le rapport d'enquête sociale demandée par la juge des enfants.

Conclusion : « En le plaçant dans un établissement tel l'APEP, à Hell-Bourg, son avenir serait probablement sauvegardé. »

Avis de l'inspecteur : « Admission à l'APEP. »

Hell-Bourg ! Ces maudits fonctionnaires ont tout manigancé !

L'enfant qu'on a enlevé, il s'en souvient, était heureux de partir à l'aventure, forcément plus belle que sa vie, heureux de fuir les coups, la crainte, la faim, l'abandon. L'innocence embellit l'enfance, puis l'usure du temps noircit les peurs et les pleurs, pose des couleurs sans nuances. Le château de sable des souvenirs s'effrite. Il se forçait à oublier, à enfouir le mal-être, la solitude qui parfois le rongeait. Amer contre La Réunion, qui l'avait rejeté. Quarante ans après, Félix s'habille de la vie qu'on lui a donnée. Aujourd'hui il veut marcher dans ses propres pas, comprendre le sens de son existence, savoir d'où il vient, de quel père, quelle mère, quel pays, connaître les carrefours où on l'a poussé. Repriser le tissu déchiré, les fils du destin.

La jungle d'Hell-Bourg ! Maison de correction, centre de rééducation et d'observation. Poste d'aiguillage, gare de triage en vérité. Tout commence là. Félix à neuf ans, Jean-Yves à sept, Jean-Pierre à dix, Marcel, Gérard y échouent un jour. Repaire des voleurs d'enfance. Point cardinal de la dérive.

Jean-Yves jubile de ses bêtises de sale gosse, sa voix pétille de joie. Il en sourit, mais trouve qu'on a bien envenimé ses peccadilles. « Il ne sait faire que le mal ! »

répète sa mère. Son père ne dit rien, le rhum l'assomme, mais il tire son ceinturon. Un moment, il est parti en prison, ils ne l'ont plus vu. C'est vrai qu'il fait l'école buissonnière, bien obligé. Il est l'aîné et s'occupe de ses quatre sœurs quand la mère part à l'aube et rentre à la nuit, c'est comme ça. La vie est belle, sans entraves et sans règles, un jeu continuel. Un mirage en vérité, rectifie Jean-Yves. On ne pouvait rien y changer, alors on s'habituait à notre compagne la misère. Et on la repoussait d'un coup de coude.

Il préfère parler de ses récréations, quand il va pêcher à la rivière Butor qui longe les cubes ondulés du bidonville. Des grappes de femmes accroupies dans l'eau savonnent et tapent le linge à tour de bras sur des pierres plates. Il emporte sa vouve [1], ses hameçons, et ses lassos, des nœuds coulants de fils de coco, attrape les bouches rondes collées aux rochers ou les cabots [2] sauteurs, enfile ses poissons

1. Vouve : nasse de vannerie en forme de grand entonnoir.

2. Cabot : poisson de rivière. Ce terme désigne aussi le phallus.

par les ouïes dans un brin de chiendent. Quand sa mère a fini la lessive, elle pose son panier sur la tête et ils rentrent. Le soir, il grille son butin sur les flammes, ça change du sempiternel *sosso maï*, la soupe de maïs au saindoux agrémentée de gros sel et de piment, ou du mauvais riz de Madagascar qu'ils avalent en se bouchant le nez. Il pue la crotte de poulet. Les bateaux n'ont pas dû arriver au port, à la pointe des Galets.

Les enfants guettent les dimanches, jours de fête échappés des mornes semaines chargées de tâches et d'ennui. Ces jours-là, on rend visite à la famille à l'Entre-Deux ou à Tampon. Les grand-mères, les tantes, les marraines embrassent sans cesse des joues, les délavent de tendresse et de bave. Les soucis gris s'envolent des visages, les fronts se lissent, les pommettes luisent. Cousins et cousines courent, crient et sautillent de joie. Les hommes jouent aux cartes. Les ventres se régalent d'un cari de poulet délicieux. On rit, on s'amuse. On se sent bien, tous ensemble. C'est la grande toilette des dimanches.

Jean-Yves prend souvent le train fumant qui tourne autour de la falaise, s'enfourne dans le tunnel et ressort à La Possession. Chez son parrain qui construit des canots de pêcheurs, il scie, rabote, ponce le bois des coques. Il est fier d'aider, de manier des outils, comme un ouvrier, un grand. Il récolte de bonnes engueulades, des fois. C'est pour faire rentrer le métier, rigole le parrain. Et lui, quand il vient au Butor, il n'oublie jamais de remplir ses poches de cadeaux : des fruits et des babioles sucrées.

Parfois, il va chez la tante Falémi, la préférée de toutes. Une cafrine [1], lente et rieuse. Sa voix est une douce mélodie. Elle vit seule à Saint-Denis, en mal d'enfants ; elle n'en a pas eu et pas plus de mari. A table, quand Jean-Yves s'assoit, elle sort, l'air malicieux, le gobelet en étain qui n'est réservé qu'à lui, qu'elle cache dans le buffet. Au petit déjeuner, elle prépare un grand bol de lait au chocolat, des tartines beurrées et répète : « Mange bien, petite souris famélique ! »

1. Cafrine : féminin de caffre, Noire issue d'Afrique.

Tous les soirs, elle le prend par la main, ils s'agenouillent au pied du lit devant une image de la Vierge et récitent une prière. Le gamin ânonne un *Je vous salue Marie* émerveillé. Puis ils se couchent côte à côte dans le matelas mou et douillet comme un nuage de plumes et s'endorment d'une bise dans les cheveux. Il repart toujours avec un billet de cinq mille ou dix mille francs en poche, à porter à sa mère.

« Gramoune Falémi m'aurait gardé avec elle si elle avait su, s'insurge Jean-Yves. Les autres tantes m'ont juré la même chose. Leur a-t-on demandé ? Ma mère n'a jamais tenu un stylo, comment aurait-elle pu signer un acte d'abandon ? » (Il n'a pas dit illettrée, par pudeur et par pitié.)

« Enfant à risque », conclut le rapport. Avec Cécile, ils sont allés un jour admirer les vitrines du Prisunic, le premier à s'ouvrir à Saint-Denis. C'était comme si le Père Noël avait déversé toutes ses hottes de cadeaux. « Dada ! Dada ! prends-moi ça ! » La petite peste piaille des cris perçants, trépigne et le tire par le tricot devant le rayon des bijoux fantaisie. Un gros caprice. Il attrape un petit collier de billes de plastique rouges et dorées, le cache en un éclair au fond de son short. Une main lourde tombe sur son épaule, une grosse voix le glace. Des policiers l'emmènent. « Votre fils est un voleur, vous ne pourrez rien en faire. Pour qu'il s'améliore, on va vous le placer provisoirement », décrète l'assistante sociale.

Sa mère le conduit à la voiture garée au bout de l'allée boueuse bordée de tôles tordues, et lui dit juste : « Jean-Yves, tu vas partir avec la dame. » Il n'a jamais vu cette dame qui l'attend. Il bout d'impatience. Arrivé à Hell-Bourg, il pleure à chaudes larmes.

Marcel a refait sa vie, en balayant la honte et la colère, en jetant l'ancre, lui qu'on a tant trimballé. En s'acceptant enfin. Pour se reconnaître, explique-t-il, il faut se connaître. Sa ville du Port qui rouille entre les quais, les entrepôts et les terrains vagues, c'est l'école des rebelles. On sombre par lâcheté, ou on crache et on cogne. Son père, jamais il ne l'a vu. Sa mère fait des ménages au jour le jour, fait des enfants à droite, à gauche. Deux garçons sont placés chez leur marraine, Marcel et sa sœur Christiane chez la grand-mère. La bonne gramoune déborde d'affection. Il en attrape des étincelles au vol, quand elle le prend sur ses genoux, lui caresse les joues et apporte des friandises. Mais il la hait les soirs mauvais où elle écume de rhum, chancelante, la bouche à l'odeur écœurante. Il pleure de dégoût et de tristesse de la voir ainsi abîmée, elle qui possède des trésors dans son cœur. Il est anxieux en rentrant de l'école, de savoir laquelle il va trouver : la pire ou la meilleure. Il s'endurcit, rebelle à tout, teigneux, à vif. A la récréation, les parties de toupie à la ficelle se terminent à coup sûr à coups de poing. Elles ont été interdites, car certains affûtent le clou et il y a eu des blessures. Il joue aux canettes : les billes et les capsules de Coca ou de soda qu'on tire avec un galet plat. Une occasion de bagarre quand le galet vise les jambes.

Un matin, l'assistante sociale emmène Marcel et sa petite sœur. Un voisin ou une voisine les ont dénoncés, par méchanceté ou pour quelques billets, peut-être. Christiane est envoyée à la pouponnière, Marcel placé chez sa marraine, plus avide d'empocher l'allocation que de s'occuper d'un filleul. On l'arrache à ceux qu'il aimait tout de même, ou comme il dit aujourd'hui, à qui il s'accrochait comme le noyé à sa branche. Il fugue, retourne chez sa mère. Il a six ans. Repris, il s'enfuit. Une dame vient le chercher au poste de police. La 2 CV chavire et crachote au fond de gorges profondes. Il écarquille les yeux, aperçoit les crêtes dans une écharpe de brume.

Au foyer Poitevin de la plaine des Caffres, les sœurs sévères ont un sourire bon qui masque la manière forte. La lingère, sœur Rita, dispute un gamin qui ramène des draps mouillés à la buanderie ; elle lui tire les oreilles si fort qu'elle le soulève, ses pieds ne touchant plus le carrelage. Il s'appelle Christian. Marcel l'a revu longtemps après, il avait traîné quinze années en hôpital psychiatrique. Abandonné des siens, jeté dans le marigot, trop faible pour se défendre, dévoré, déchiqueté, en lambeaux.

Puis Marcel arrive au Tampon, au foyer du père Fontaine, rempli de petits garnements et de grands voyous. Des adolescents durs, cruels, méchants. Des bandes où les plus gueulards ou les plus baraqués font la loi. Des clans où on se sent en sûreté, mais aux aguets, car au premier écart on est exclu. Ils n'aiment pas les poules mouillées. L'école est à trois kilomètres, à rejoindre en rang, en short et savates-doigts-de-pieds [1], cartable sous le bras, au bout de sentiers caillouteux. Le soir, au retour, les élèves vont aider les maçons qui bâtissent les dortoirs nouveaux et la chapelle, embauchés à charroyer le sable, le gravier, le ciment, les parpaings. Chaque jour, chaque instant, passent à préparer des plans de fuite chimérique. Marcel fugue, ne va pas très loin, on le rattrape. Au réfectoire, la punition tombe. Pour l'exemple, devant tous

1. Savates-doigts-de-pieds : tongs ou espadrilles.

les autres, nez piqués dans les assiettes. Une volée de nerf de bœuf claque, on lui passe un sac de jute découpé aux bras et au cou et on le traîne au cachot. Trois jours, c'est le régime.

Puis, il tombe dans une famille de Saint-Denis et en classe « primaire d'application », pour rattraper ses retards. Mal aimé, mal aidé, l'échec s'ensuit. On l'envoie à Hell-Bourg. Sa petite sœur Christiane, qu'il a quittée cinq ans plus tôt, se trouve dans une famille malabare de Saint-André, à une vingtaine de kilomètres de là, mais il ne le sait pas. Il la retrouvera à dix mille kilomètres de lui, mère de famille, trente ans plus tard.

Un dimanche à Hell-Bourg, l'autocar embarque les équipes de football qui partent au Port, disputer une compétition. Le Port, là où il est né, la ville de ses évasions enfantines. Derrière les vitres, il reconnaît une place, des rues, des maisons familières, le grand manguier du carrefour. Partout sont suspendus des vieux souvenirs qui dansent une farandole, joyeux de s'ébattre sous le soleil d'avant. Il a envie de cueillir ces joies oubliées qu'il croyait mortes. A la fin du match, il fausse compagnie à l'équipe, prend ses jambes à son cou et file droit devant lui. Depuis que l'autocar est entré au Port, il n'avait qu'une idée en tête : retrouver les siens. Son frère Jean-Claude habite chez sa marraine, il s'en souvient. Ils se tombent dans les bras, partent chercher Alex. Une femme blanche leur ouvre la porte ; ils se sont trompés, celle qu'ils connaissaient était noire. « Ne t'inquiète pas, je suis la nouvelle épouse du papa d'Alex », « Mais toi, qui es-tu ? » « Le petit frère d'Alex ! » Marcel est tout excité. Elle a les larmes aux yeux. « Mais entre donc, assieds-toi, on va parler de tout ça. » Il y reste deux jours, choyé, gâté. La gentille maîtresse de maison lui confie l'adresse de sa mère. Il y court, elle lui manquait, depuis sept ans qu'il n'avait pas dit « Maman ». Mais les gendarmes pistent le fugueur. Il retourne à Hell-Bourg.

Gérard, l'école, il n'y va plus souvent. Il occupe ses jours de classe dans la décharge de Sainte-Clotilde, un bâton en main, à gratter, à fouiller les immondices, un mouchoir sur le nez pour ne pas avaler les mouches, la poussière, la puanteur étouffante qui flotte. Il ramasse les tubes de plomb, les barres de cuivre, et revend le métal pour quelques pièces au ferrailleur, pour aider sa mère qui n'arrive pas à nourrir ses marmailles. Deux dames l'abordent, elles marchent sur la pointe des pieds, une grimace dégoûtée, leurs chaussures s'enfonçant dans le bourbier. Elles portent un grand sac de papier, en sortent des jouets en plastique et des sucres d'orge, les tendent à Gérard et son petit frère. Ils les guident au bidonville, à la case de tôles où ils habitent, au bord de la décharge. Elles questionnent sans cesse, furètent, écrivent dans un petit carnet. Elles reviennent un autre jour, proposent à la mère d'emmener le grand en colonie de vacances, un moment. Elle applaudit à la bonté qu'on lui fait, signe sans rechigner, sans regarder. Gérard est fou de joie. Quelque temps après, il grimpe joyeusement dans la 2 CV grise. Il va à Hell-Bourg.

*

Hell-Bourg ! La route en méandres qui monte de Saint-André s'arrête à peu près là-haut, butant contre les formidables mamelles dressées au fond du cirque de Salazie. Le paysage ruisselle d'eau claire, des cascades d'écume, des dentelles éphémères accrochées aux cimes, des mèches blanches ébouriffées dans le ciel. Une parure de feuilles vernies recouvre les Hauts, les versants et les creux vertigineux d'une laine bouclée. Personne ne s'aventurait jusqu'à ces lointains frais et verdoyants, hormis des poètes itinérants, des voyageurs excentriques, des bourgeois souffreteux, des soldats éclopés, ou des exilés désœuvrés, venus respirer la paix des lieux et prendre les eaux reconstituantes des thermes réputés par-delà l'Afrique et l'océan Indien. Au village, de pimpantes maisons créoles en bois, toits en écailles de bardeaux, varangues frangées de lambrequins, se cachent dans d'exubérants jardins. Les préfets y disposent d'une villa de villégiature, loin du tumulte et de la torpeur d'en bas. Pour des privilégiés ou des aventuriers, c'est un havre voluptueux de luxe. Pour les pauvres gens, un trou perdu et inaccessible.

Le foyer d'Hell-Bourg, des bâtiments en cubes et parallélépipèdes de béton vitré, clôturés de grillages, on l'a chassé à l'écart du village.

La 2 CV s'arrête dans la cour, freine en piquant du nez. Trois gamins, une besace de toile dans le dos, s'en extirpent à quatre pattes par les portes arrière, se frictionnent les fesses et les genoux endoloris, flageolants, ahuris. Un tintamarre de sifflets, de moqueries, de grossièretés se déchaîne. Une bande criarde dévale les escaliers, vient renifler les recrues. Les trois nouveaux se serrent entre eux, apeurés. Une forte tape frappe l'épaule de Félix, un vrai coup de poing; il se rebiffe, lève la main pour gifler, l'autre recule d'un pas, surpris de l'audace, et se campe en face de lui, bras croisés, narquois.

— Salut, les mauviettes ! C'est l'enfer ici et je suis le diable !

Les ricanements redoublent derrière. Le plus grand, un caffre à la peau d'encre, se lance dans une danse de Sioux autour du chariot des cow-boys, suivi de ses guerriers. Un moniteur apparaît, ils détalent.

— Foutez le camp, petits merdeux ! Venez avec moi, vous !

Jean-Yves frissonne, la fraîcheur mouillée du soir le glace. Le soleil est tombé derrière les montagnes, une lueur bleu jaune dessine des crocs pointus sur la ligne d'horizon. Des chiens noirs grognent, mâchoires prêtes à mordre ; ils gardent les remparts qui s'enfoncent dans les nuages. Avec la nuit, le cirque se resserre de tous côtés formant le fond d'un gouffre. Les yeux cherchent à perte de vue, veulent s'échapper au-delà des murailles, mais se cognent contre des ombres. L'arc du ciel au-dessus des têtes découpe un porche bleuté, où scintille l'étoile du Berger.

— Où est l'océan ? demande Jean-Pierre.

— Partout autour ! Ecoute les pailles en queue là-bas derrière, se moque le moniteur qui les conduit aux dortoirs.

Ils posent leur sac, s'assoient avec précaution sur les draps blancs, les ressorts grincent. Il y a trois rangées de lits en fer, bordés au carré, couvertures pliées, en ligne jusqu'au fond de la salle immense. Ils ne se parlent pas, ils pleurent doucement. Les sourires d'hier, les voix douces des grand-mères, l'odeur âcre de la case, le labyrinthe secret du champ de cannes, toutes les musiques et les couleurs revenues se déchirent et se délayent dans le crépi blanc du mur d'en face. Un vertige leur noue le ventre, la peur d'entrer dans ce monde inconnu, si différent, avec ces gens, indifférents.

Le moniteur surgit, frappe des mains, rugit un ordre.

— Allez vous mettre en rang au réfectoire ! Allez, pressez-vous !

Ils se faufilent dans une colonne qui attend devant la porte à battants, entre des lignes tracées au sol. Deux petits se chamaillent, le moniteur distribue des claques retentissantes, attrape les cheveux d'un grand qui se fraye un passage à coups de coudes et le tire à l'arrière. Le silence s'abat dans les rangs.

Le lever à six heures et demi, la toilette, la queue aux robinets des lavabos, le petit déjeuner, le départ à l'école, à pied, le goûter au retour et quartier libre, le réfectoire du soir, et enfin le dortoir. Ainsi se divisent les journées. En rang au lever, en rang au coucher. Les habitudes sont réglées à la minute, la discipline stricte, les moniteurs renfrognés. Ne jamais répondre ni renâcler, baisser la tête et obéir. Félix, Jean-Yves et Jean-Pierre font le gros dos, le temps d'apprendre le code et de trouver une place à eux, mais ils ronchonnent contre l'injuste punition. La vie de l'autre côté n'était pas si compliquée. Pas d'heures, le temps va comme il veut. Pas d'ordres, je fais ce que je veux. Je plisse les yeux de bonheur quand les doigts de gramoune caressent mes cheveux emmêlés et je fais de beaux rêves.

Les jours suivants, peu à peu, la colonie se partage en deux camps. Ceux avec qui on pourra s'entendre, et les autres, les ennemis. Il y a les curieux et leurs questions, les timides et leur silence, les marrants et leurs histoires, et puis les bandes des grands, les CEG, les durs, qui sont au collège. On s'épie, on pèse sa force, on se défie parfois. L'échange d'un taille-crayon ou d'une gomme sur le banc de la classe, c'est un premier pas. A la récréation, on déambule, les bras ballants et on guette. Une poche gonflée de billes, c'est un sésame.

— On joue ?

— Si tu veux !

Au réfectoire, c'est la guerre. Au signal du petit déjeuner, le dortoir des grands déferle entre les tables et rafle tout : le beurre, le sucre, les bols de confiture. Les retardataires n'ont plus que le pain sec à volonté. Le soir, les mêmes se précipitent, s'emparent des plats, remplissent leur assiette à ras bord, s'empiffrent, en en laissant la moitié. Et rotent. Merde aux râleurs, qui prennent une baffe s'ils l'ouvrent, et malheur aux rapporteurs. Ces grands à l'œil mauvais ont un surnom, les « zemprofiteurs ». Leur jeu préféré, c'est la bagarre. Leurs souffre-douleur, les petits. Ils tournent autour, les embêtent, les poussent, volent les billes et les toupies, ou en attrapent un qui s'est plaint et le jettent contre le plus hargneux de leur équipe.

— Totoche mamaille la ! [Tu te bagarres avec lui !]

Un cercle de jambes se referme. Jean-Yves en ressort le nez en sang. Félix se débat, lance un caillou, une pommette s'ouvre comme une mangue.

Inutile de dénoncer les brutes, la réponse ne change pas : « Démerde-toi, t'as qu'à te défendre ! » La leçon rentre, à grands coups sur la tête. A l'heure du goûter, se dépêcher d'avaler sa tartine de pain et la barre de chocolat, et se faire tout petit. Certains en sont privés et pleurnichent : les zemprofiteurs les rançonnent.

— Tu as percé mon ballon, petit con. L'amende, c'est un mois de goûter.

Et pas question de discuter le marché.

— Le caffre, il veut te cogner. Je te défends, en échange tu me donnes ton chocolat.

Les débrouillards vont raconter leurs déboires à Marius, le cuisinier au grand cœur qui rigole toujours, avec son ventre qui déchire le tablier, sa voix tonitruante et son accent marseillais, pareil à une fille qui chante.

— Mes pauvres petits ! Attendez voir, je vais vous chercher une tablette, mais chut !

Il regarde sa montre et prend sa mine la plus affligée, à vous arracher des larmes.

— Ah, mais non ! C'est plus l'heure. Revenez me voir demain.

Subir, subir et se taire. Jamais un répit, rester sur ses gardes. Personne à qui se fier. Sauf Marius, quand il n'a pas la tête enfoncée dans ses marmites.

Jean-Yves, le rêveur, a attrapé un grillon dans un buisson. Il l'a installé dans une boîte d'allumettes récupérée chez Marius, y a déposé des miettes de pain, des brins d'herbe et le promène partout au fond d'une poche de son short. La bestiole est contente, chante à tue-tête à tout propos, ravie de lézarder dans la chaleur d'une cuisse. En classe, Jean-Yves l'enveloppe dans un mouchoir, pour qu'on ne le lui confisque pas. En s'endormant, les deux amis s'échangent des secrets, s'avouent leurs chagrins. Le grillon, joyeux, répond à petits cris aigus ; son bavardage énerve le voisin, qui commence à gueuler.

— Allez, tais-toi ! Bonne nuit ! ordonne Jean-Yves.

Mais le chahut se répand de lit en lit dans le dortoir. Un moniteur fait irruption.

— Tu me le fourres dans les draps. Je ne veux plus l'entendre. Sinon, la prochaine fois, je te l'écrase.

Ouf ! C'était T., une chance ! Il doit aimer les grillons, sans doute.

Il fait la gueule, Félix, sa tête des mauvais jours. Ti'Moineau n'est plus là. Ti'Moineau, son meilleur copain. Ce matin, il n'était pas à sa place à table, au petit déjeuner. Les larrons étaient inséparables, toujours à taper leur ballon crasseux à moitié dégonflé, en grande discussion pour se partager des billes ou une barre de chocolat, toujours d'accord pour se venger de « Collet », le moniteur affublé d'un grand cou, et lui réserver un tour à eux. Il est orphelin, Félix. Il tourne et vire, l'âme en peine. Faut pas l'approcher, son poing part vite. Il n'a même pas demandé où on a emmené son copain. On ne doit pas poser de questions et, de toute façon, quand on en pose, on t'envoie promener. Un matin, on apprend qu'Untel et Untel sont allés chez le z'arab à Saint-Denis, la veille, remplir la mallette bleue, et qu'ils partent pour la France. On ne les voit plus au réfectoire. Des figures tristes croquent leurs biscottes. C'est tombé sur leur meilleur copain, l'ailier de l'équipe de foot, le champion du jeu de la toupie, celui avec qui on avait construit la cabane au bois de Bellouve, le fortiche de la classe qui aidait aux devoirs. Tout à refaire.

Après le repas du soir, d'habitude, tout le monde va enfiler son pyjama et ses savates et redescend à la salle de jeu faire une partie de petits chevaux, de dames, de Monopoly, ou parfois un loto. Le moniteur tire des numéros : on pose les grains de maïs sur la carte et la carte pleine gagne des bonbons. Mais souvent, la distraction ce sont les punitions. Le moniteur rassemble son groupe au dortoir, en rond, mains dans le dos. Il a noté sur son calepin les désobéissances et les perles du jour, et un nom en face. Le fautif, qui a quitté les rangs, lancé des boulettes de pain, chahuté à table ou mal fait son lit, vient se placer au centre. Les claques, les coups de ceinture pleuvent, et des traîtres ne se gênent pas pour frapper dans le dos ; ils ont l'autorisation de participer à la correction.

Parfois, le spectacle est au réfectoire. Marcel a cassé des vitres, pour s'amuser. Il avait volé une bouteille de rhum et était fin saoul. Chaque midi, pendant une semaine, devant les tablées debout, il prend vingt coups de bâton sur la main droite, vingt de plus sur la gauche.

— Fanta ou Coca ?

Au choix, baguette de bambou ou tuyau de caoutchouc. Les paumes brûlent.

Quand arrivent les carnets de notes de l'école, Jean-Pierre a droit à la distribution. C'est un mauvais élève, dissipé, paresseux ; la classe, pour lui, c'est une corvée, et rien n'y fait. Alors on lui apprend le calcul autrement : autant de coups de baguette sur les doigts que de points manquants pour compter jusqu'à dix, la note des bons élèves.

Une autre fois, c'est le tour de Virgile, qui a fugué. Les gendarmes l'ont repris au bord de la route, à Salazie, endormi dans une ravine. Le directeur le sort des rangs, lui arrache à moitié l'oreille.

— Déshabille-toi, va plonger dans la piscine et retourne à ta place. Tu as trois minutes, montre en main.

Le pauvre s'exécute, rouge de honte, court tout nu les mains entre les jambes, retourne transi, trempé, et enfile en vitesse ses vêtements en tas par terre. Le berger allemand vient le renifler. Les rangs s'esclaffent, hilares, lancent des « poule mouillée ! », mais ils rient jaune, en pensant que leur tour viendra.

Le directeur de l'APEP d'Hell-Bourg est un Corse, un certain Ceccaldi. Il est resté en poste durant six ans, de 1960 à 1966.

On raconte qu'autrefois il servait d'homme de main au secrétaire général Cluchard et au préfet Perreau-Pradier, à faire le coup de poing contre les cocos dans les bureaux de vote, à bombarder de galets les réunions, peinturlurer les murs, coller des affiches, bref, à battre campagne. Il s'était présenté, dit-on, à une mairie aux élections, mais avait été battu à plates coutures. En récompense de ses services musclés à la patrie et comme on le montrait du doigt à Saint-Denis, on l'avait envoyé au vert à Hell-Bourg.

Un fier-à-bras, massif, trapu, des bras boudinés, un ventre énorme, la figure rougeaude, le nez véreux, gonflé à force de tremper dans le pastis et la mousse des bocks. Tous les midis et tous les soirs, l'apéritif coule à flot, ça rigole fort et on se remet des tournées, « à toi, à moi », entre le directeur flanqué de ses sbires et Madame. Madame, qu'on entend aboyer au balcon quand le tumulte de la cour la dérange dans ses occupations ménagères. Au début de son règne, le directeur avait apporté ses gros bras, ces pauvres gars recrutés pour un sale coup et arrosés de rhum le temps d'une campagne. Faute de mieux et de moniteurs diplômés, ils ont rempli cette fonction. Ceccaldi, sa plus grande jouissance est de mater les fortes têtes et d'avilir les malheureux sans défense. Il entend qu'on le craigne, rien d'autre. Il se délecte à engueuler les gamins figés de terreur qu'on traîne dans son bureau. La scène le comble. Pour les grandes occasions, il met la main à la pâte, au réfectoire. Jusqu'au jour où il a été limogé et est retourné dans son île. L'infirmière, paraît-il, avait récupéré un petit, sous la douche, les mains attachées et couvert de brûlures de mégots.

Après son départ, des instituteurs sont arrivés, en guise de moniteurs. Eux, au moins, avaient l'habitude des enfants. Celui des « Corsaires », le groupe de Félix, ne pense qu'à faire le beau devant l'infirmière, alors les gamins et leurs questions, il s'en fout. Avec Tiang, le Chinois, ils ont les chocottes, il prétend parler aux esprits des morts. Il les a baladés au cimetière pour montrer sa magie, s'est arrêté devant une tombe, a écarté les bras comme Jésus et s'est élevé en l'air. Dans le reste, il y a des gentils qu'on peut compter sur les doigts d'une main ; on peut leur parler, ils écoutent et essaient de comprendre, mais les trois quarts ne sont que des cogneurs au cœur de pierre.

On dénonce d'autres cauchemars au foyer d'Hell-Bourg. On en parle à demimot, et un mot en entraîne un autre, ou son contraire. Viols... Sévices sexuels... Vantardises de grands en proie aux tourments de la puberté ? Vengeances à distance de petits tyrannisés ? Difficile de démêler le vrai du « la di, la fé ». Le mal n'a plus le même poids à quarante ans d'intervalle. Un compte rendu figurant dans le dossier de Félix indique [1] : « Résumé des observations recueillies : mal intégré au groupe d'où il est rejeté – rejeté car refuse de se prêter aux manœuvres homosexuelles de ses camarades. » Félix, le petit dur, fanfaronne, devenu adulte : « Moi, on

1. Dossier personnel, résumé des observations recueillies, Hell-Bourg, le 18 septembre 1964.

n'osait pas m'attaquer, je tapais là où ça fait mal ! »

Jean-Yves accuse et précise [1] : « J'ai été tiré de mon lit et violé plusieurs fois. Les grands attrapaient les petits et jouaient avec eux. Ils prenaient des bâtons et les mettaient entre leurs jambes... Le soir, des grands venaient chercher des petits et les emmenaient dans une chambre à côté. Dès qu'on entrait, le pantalon et le slip étaient tirés vers le bas... Le dortoir n'était gardé que par un ou deux agents, mais souvent il n'y avait personne. »

Un éducateur engagé en métropole, en poste à Hell-Bourg de 1966 à 1971, produit un réquisitoire accablant : « Quand je suis arrivé, j'ai découvert un établissement inadapté, une structure pas très éducative, lourde, car elle accueillait deux cent quarante garçons. Les pensionnaires étaient trop nombreux et la promiscuité trop grande. Des groupes d'âge et de niveau intellectuel différents coexistaient. C'était dur, je comprends que certains n'aient pas pu supporter ces conditions. »

1. *Journal de l'île,* 14 février et 4 mars 2002.

Partir ! S'arracher de cette marmite de rage et de haine, où personne ne vous aime, – et on le leur rend bien. La fugue ! La tentation enivre et inquiète. Ils en rêvent. Un marécage poisseux, les jambes se lèvent avec lourdeur et s'abaissent, les pieds s'enfoncent jusqu'aux chevilles, on veut courir, on s'étale, se relève et d'un coup, on s'envole, les bras battent lentement, tout est léger, facile, l'air clair. Jean-Yves et Félix ont fugué, souvent. C'est un jeu interdit, des plans compliqués qu'on manigance jour et nuit, en secret.

Jean-Yves, songeur, observe sans cesse la barrière des montagnes et, entre elles, le coin de ciel fiché pointe en bas. Derrière, tout près, au bout du doigt, il y a Cilaos et, après, Saint-Denis, la compagnie des souvenirs qui guérissent les cauchemars. Le « grand soir », comme si le moniteur avait éventé son manège, son nom résonne plus fort à l'appel. Les ressorts des lits grincent et ricanent étrangement au dortoir. La chambrée s'endort enfin. Il se lève au milieu de la nuit, fonce droit à travers la forêt vers la porte entrouverte au loin. La nuit noircit les ombres. Il marche, court, bondit, haletant, le cœur battant. Des branches le fouettent, des épines le griffent, des lianes lui font des croche-pieds. Mille aiguilles de frayeur piquent les pores de sa peau ; il a la chair de poule. Il s'arrête, reprend son souffle. Il s'est égaré. Le noir, le silence plein de présences, le froid du sous-bois le terrifient. Il se couche en chien de fusil dans les feuilles mouillées, contre un tronc. Le jour se lève, il redescend le long de la rivière.

La correction qu'il reçoit au retour n'est que bagatelle à côté de la fierté qu'il ressent, de l'admiration qui dévore les yeux des autres, ceux qui n'osent pas. Désormais on ne l'embêtera plus, on ne le rackettera plus. On le respecte. C'est un fugueur, un héros sans peur. Jean-Yves repart à la première occasion, quand le surveillant finit par l'oublier, mais cette fois un compère l'accompagne ; on se sent plus téméraire à deux. Ils marchent la nuit, suivant la route de Salazie, plongent dans les buissons quand des phares approchent, grappillent des bananes, des mangues, sucent des cannes, dorment au fond des fossés. Après deux jours, ils arrivent à Saint-Denis. Le garde champêtre les attend, posté sur son vélo.

Jean-Yves a fugué cinq fois, Félix quatre, Marcel, lui, ne s'en souvient plus. Ils se réfugient chez eux, à Saint-André, Saint-Denis, au Port, auprès de leurs mères, et chaque fois on les ramène à Hell-Bourg. Jamais pourtant ils n'imagineraient renoncer à ce grand air de liberté et à ces frissons. « Ce sont mes meilleurs souvenirs, sourit Félix. S'échapper ! Je ne pensais qu'à ça, je ne savais pas où aller, on me rattrapait toujours, mais je ne pensais qu'à recommencer. Je tremblais de peur en partant, mais je revenais plus fort, plus grand, capable d'un tel exploit alors qu'on me disait incapable de rien. » Ils se grisent de la liberté qu'ils découvrent en eux, la force de défier le sort et de voler de leurs propres ailes.

Partir ! Les veilles de dimanche, un rêve contrarié défile avec obstination. La même scène, dans un halo de lumière, toujours rejouée. Des parents, une mère en robe blanche, en larmes, qui descend du car de Saint-Denis, prend son enfant par la main et l'attire dans ses bras.

— Viens ! On repart tous les deux, on ne se quittera plus, je te le jure ! Viens, mon petit !

Au matin, elle s'enfuit. Elle ne venait pas, n'écrivait pas, d'autres parents endimanchés descendaient du car. Et les dimanches mornes s'écoulent. Tous semblables d'ennui. En promenade par les chemins et les forêts, sac au dos, à chanter en cadence, se régaler de goyaves, de bibasses [1] et de longanis [2] et à déchiffrer un jeu de piste dans une clairière. Parfois, les moniteurs préparent une partie de pêche à la truite à la mare aux poules d'eau, un tournoi de football dans la cour, une séance à la salle de cinéma, qui affiche *Le tigre se parfume à la dynamite* ou *Crin-blanc*. Quand un poste de télévision débarque, *Les Envahisseurs*, les aventures de David Vincent, remportent un franc

1. Bibasse : autre nom de la nèfle, fruit du néflier.
2. Longani : fruit semblable au litchi, à coque lisse.

succès. Un dimanche par mois ils partent en excursion en autocar avec tour de l'île et visite d'usine à la clé. Pour les vacances, ils vont en colonie au bord de la mer à Saint-Gilles ou la Saline-les-Bains, et dorment sous les tentes de camping ou dans des salles de classe.

Le règlement autorise une visite par mois des parents. Ces dimanches matin-là, le dortoir frétille. Les chanceux furètent dans leur casier, tout excités, en sortent tel un trésor la chemise blanche repassée, le short plié qui sent la lessive, les chaussures cirées la veille. Les cheveux bien peignés, aspergés d'eau de Cologne, ils trépignent d'impatience. Les oubliés les regardent de travers, jaloux, et cachent leur déception en remplissant leur sac à dos. Ce dimanche, c'est promenade en forêt de Bellouve. Le moniteur console ceux qui pleurent d'une tape amicale, d'un mot gentil.

Jean-Pierre jubile. Ses parents passent à Hell-Bourg tous les trimestres. La belle récompense. Ils apporteront des tranches de bœuf boucané, des gamelles de riz et de grains, des fruits, des bonbons dans un panier. Et dans un paquet enrubanné, des billes marbrées, une toupie chinoise vert et rouge. Ils s'installent à l'ombre d'un flamboyant rutilant, déplient une toile sur l'herbe. Jean-Pierre parle sans s'arrêter, il déborde de paroles. A eux, on peut tout dire et il y en a tant à raconter depuis le temps ! Avec eux, pas besoin de surveiller sa langue ou de fermer sa bouche pour ne pas dire des bêtises. Eux, ils écouteront, ils comprendront, le défendront, le reprendront peut-être à Bois-de-Nèfles. Il raconte ses malheurs, les grands qui lui volent son goûter, les coups de règle de l'instituteur, les brimades et les punitions injustes. Il en rajoute aussi.

— Injuste ? Tu exagères, le reprend le père, ce n'est pas ce que dit le directeur. Tu es une tête brûlée, bagarreur et malpoli, c'est ce qu'il dit.

— Va voir les moniteurs si des grands t'embêtent, dit la mère. Ils arrangeront ça.

— Apprends à te défendre, dit le père.

— Maman, supplie Jean-Pierre, d'une petite voix plaintive. Emmène-moi avec toi, ne me laisse pas ici. Je serai sage et obéissant, je te le promets. Je veux rester avec vous.

— On ne peut pas, tu serais malheureux, répond sa mère. Il faut que tu restes là, c'est pour ton bien. Jamais on ne pourra te donner ce qu'ils te donnent ici.

— Et arrête de pleurnicher, un petit homme ne pleure pas, ajoute son père avec une bise d'au revoir.

L'après-midi est passé si vite. Ils le raccompagnent ; lui s'accroche, les tire, ses ongles enfoncés dans leur paume. Cette fois, il y croyait mais rien ne les attendrit. Au dortoir, il se recroqueville dans le lit et tire le drap par-dessus sa tête.

« Hell-Bourg, c'était dur, juge Jean-Pierre à présent, mais au moins on mangeait bien, on était bien habillé, j'ai appris à lire, à compter. J'y ai passé quatre ans et quand je pense à ce temps-là, je suis triste et joyeux à la fois, avoue-t-il, je ne sais pas si je dois rire ou pleurer. »

Le jour de ses quatorze ans, l'assistante sociale le prend à part, ils bavardent de choses et d'autres et de son avenir. Elle lance à la fin : « Tu as l'âge possible pour quitter le centre, où veux-tu aller ? » Il tombe des nues, saute de joie : « Chez gramoune ! » Lucienne vient le chercher. Mais il s'ennuie, loin de sa bande de copains. Elle est vieille, empêtrée dans ses petites manies, trop coulante, trop gentille. A Hell-Bourg, ça marchait à la dure, on domptait les récalcitrants. On l'a dressé, Jean-Pierre, la discipline d'en haut lui manque. Gramoune Lucienne n'a pas la poigne, elle n'en peut plus des disputes, et lui trouve un travail de manœuvre. Alors, à dix-sept ans, sa décision est prise, il s'engage. « Trop jeune ! » dit l'adjudant, à la caserne où il se présente. Puis, avisant la carrure de la recrue, il se reprend : « Après tout, viens quand même à la sélection. » Jean-Pierre passe les épreuves d'écriture et la visite médicale, est déclaré apte et affecté à Fontenay-le-Comte, en Vendée [1].

1. Michel Debré, alors Premier ministre, avait pris dès 1959, des mesures permettant aux jeunes conscrits d'outre-mer d'effectuer leur service militaire en métropole. La garnison de Fontenay-le-Comte comportait un centre de formation professionnelle.

Marcel est resté six ans à Hell-Bourg. Lui qui avait tant de mal à suivre à l'école rattrape son retard, passe au collège, à l'internat de la plaine des Palmistes. A dix-huit ans, comme il ne s'est toujours pas trouvé un but, l'assistante sociale le bouscule : « Tu pourrais trouver un bon métier, si tu partais en métropole... » Chouette ! Paris, c'est le Pérou, la France, la belle vie et la fortune ; voilà ce qu'il retient de la carte postale qu'elle lui présente. Dans les lettres de ses copains Eustache, Antoine, et d'autres partis en France, il lit des nouvelles rassurantes. Ils ne s'en tirent pas mal, à ce qu'ils écrivent. Eustache l'a dépassé d'une classe, Antoine est en apprentissage chez un patron. Marcel ne se fait pas prier longtemps, de toute façon, il n'y a rien à La Réunion. L'assistante sociale a un bagout de bonimenteuse, ses arguments sont engageants et elle lui en fait la promesse : il reviendra aux vacances. Il se laisse convaincre, il accepte.

Dans leurs courriers, les copains se gardent bien d'en dire trop. Ils n'osent pas avouer, par fierté, leur désenchantement, le mal du pays qui les gagne. Les palmiers à Paris, c'est des lampadaires ; les champs de canne à sucre, du gazon ; et les plages, les bacs à sable des squares. On leur a enjolivé le paysage. A Paris, la Seine coule entre des murs, elle est grise, pas bleue, et les visages sont blafards et cafardeux. La Creuse, c'est la Sibérie avec des prairies et des vaches, et les paysans, des épouvantails à corbeaux. Ils ont honte d'avoir été bernés, alors ils se bouchent les yeux et fanfaronnent pour faire bonne figure.

*

A la préfecture de Saint-Denis, Jacques Tarbes vient se joindre au pot d'anniversaire de Félicie, la secrétaire du service de l'Enfance. Le directeur de la DDASS sort du bureau du préfet, l'air satisfait. Les conversations s'arrêtent. Les rumeurs de couloir le disent en partance. Pressé de prononcer un discours, il profite de l'occasion pour galvaniser ses troupes :

— Je veux tout le monde sur le pont ! A pied, en vélo, en voiture, si je puis dire ! Allez dans les bidonvilles, au Butor, à Rivière, à Viadère ! Renseignez-vous ! Questionnez les familles, les voisins, les enfants errants ! Ramassez le plus possible de fiches de signalement ! Allez dans les foyers, les pouponnières, il faut trier les enfants aptes à partir, il reste un gros travail de mise à jour à faire. On épluchera tout ça ici.

— Mais il y a des procédures administratives à respecter, risque quelqu'un. C'est impossible d'aller plus vite.

— Je le sais, hélas, rétorque le directeur de la DDASS, irrité. Ces pauvres enfants, on les laissait en plan parce qu'on ne pouvait pas faire autrement. Pas de moyens, pas de places. Mais les choses ont changé. A présent une porte nous est ouverte : la migration ! En métropole, il y a des établissements d'accueil plus qu'il n'en faut. Montrez-vous plus persuasifs auprès des parents. Le préfet et les instances politiques vous regardent.

— Ce travail demande du temps, plaide une femme. La précipitation, une erreur d'appréciation peuvent être graves de conséquences.

Jacques Tarbes la fusille d'un regard et poursuit sa harangue, imperturbable :

— Je ne veux plus voir un seul enfant traîner dans les rues, maltraité dans sa famille ou abandonné, dont notre service ne s'occupe pas. C'est un devoir sacré. On nous fait confiance et il faut atteindre les objectifs qu'on nous fixe. J'ai vu le récapitulatif de la cellule-migrations, on devrait arriver à 120 départs cette année, 120 pupilles sont sélectionnés en tout cas. Je vous félicite.

— On a en fait 101 l'an dernier, en 1964, je vous le rappelle, monsieur. Contre 27 en 63, mais c'était la première année, précise le responsable.

— Très bien, de grands progrès. Il faut continuer, augmenter encore la cadence et dépasser les objectifs si c'est possible.

Regardez nos collègues de la direction du Travail, ils ont doublé les leurs. Prenez exemple sur eux.

Un enquêteur s'enhardit et pose la question qui brûle les lèvres de l'assemblée :

— Si je puis me permettre, tente-t-il, cérémonieux, on dit que vous auriez bientôt une nouvelle affectation. Est-ce qu'il y a du vrai dans ces rumeurs ?

— Vous comprendrez, mes amis, que je ne peux rien vous annoncer encore. Vous avez noté à juste raison que je suis avec vous depuis août 1961, que cela fait juste quatre ans, et que c'est la durée de vie moyenne d'un directeur départemental. Voilà tout ce que je peux vous dire. Le ministre s'occupe de mon cas, ajoute-t-il, mystérieux.

Ce que Jacques Tarbes ne dit pas, qu'il cache sous l'ironie, c'est qu'il prépare son départ avec soin depuis plusieurs mois et que son cas, en effet, est l'objet d'une attention particulière en haut lieu. L'arrêté de nomination ne dépend plus que de la signature du ministre.

Il y a réfléchi longuement, a étudié la liste des départements soumis à renouvellement, passé quelques coups de téléphone à des collègues sur le départ et à des chefs de service amis à Paris. Une dizaine de postes à pourvoir étaient à sa portée. Pas de grandes villes ; à son rang hiérarchique il ne pouvait y prétendre. Alors il lui a fallu ruser, dénicher la meilleure échelle à son ambition. Son zèle, sa discipline, ses initiatives, l'ont fait apprécier de ses supérieurs, sa compétence est reconnue, son application remarquée. Il défend, avec toute son ardeur, la politique de migration préconisée. Un avantage à monnayer. Quitter le grand chantier de La Réunion en effervescence et végéter dans le train-train d'une préfecture endormie, il n'en était pas question. Cela aurait été un enterrement.

Il y avait bien la Lozère, l'Aveyron, la Creuse, mais personne ne voulait de ces trous perdus, qui sentent l'ennui et la bouse de vache... La Creuse ? Roger Barré, l'actuel directeur, lui a signalé l'inauguration prochaine d'un vaste foyer de l'enfance à Guéret. Avec son esprit d'à-propos, Tarbes a tout de suite bondi sur la coïncidence. Ce foyer, pourquoi ne pas le remplir d'enfants réunionnais ? En faire la tête de pont de la migration réunionnaise, la passerelle entre La Réunion et la France. Barré estime que la Creuse offre de larges possibilités de placement inexploitées. La Creuse ! Bien sûr ! Voilà un projet à sa mesure.

Il s'en est ouvert au préfet Diefenbacher.

— On pourra y placer mille pupilles ! lance-t-il, débordant d'enthousiasme.

— Vous voyez grand, êtes-vous sûr de vos prévisions ? tempère le préfet. Quoi qu'il en soit, allez-y ! Même pour la moitié, ça me paraît être un bon filon. Vous connaissez bien La Réunion, ça facilitera les opérations. Je vous aiderai.

— Mille pupilles, ce n'est pas un chiffre en l'air, c'est une estimation que je peux avancer avec certitude, après avoir interrogé divers responsables à Guéret.

— Je vous appuierai, conclut, laconique, Diefenbacher.

Jacques Tarbes a expédié aussitôt un télégramme à Paris, proposant sa candidature.

— Je me suis laissé dire qu'au ministère ton dossier avance, lance le préfet. Tu travailleras avec mon ami René Erignac [1], préfet de la Creuse. Leur première préoccupation, là-bas, ce n'est pas la surpopulation, c'est plutôt le contraire, c'est l'exode rural. Les campagnes se vident. Je lui ai touché un mot de ton projet [2]. Il me paraît intéressé. Foncez !

— Je vous en suis reconnaissant, Alfred. Je me réjouis que vous me suiviez. Je crois que c'est une opportunité à saisir. J'attends vos consignes.

— A propos, Jacques, que faites-vous de la belle Colette ?

1. Père du préfet Claude Erignac, assassiné en Corse le 6 février 1998.

2. Lettre du 13 novembre 1965 du préfet de La Réunion au préfet de la Creuse : « *Dans le cadre de la politique de migration de Réunionnais vers la France continentale, s'inscrit tout spécialement le départ de pupilles de l'Etat ou de mineurs relevant de mon service... J'envisage d'intensifier cette forme de migration dans toute la mesure du possible... Votre directeur départemental de l'Action sanitaire et sociale, qui d'ailleurs a lancé l'idée de cette opération avant son départ pour la Creuse, est tout disposé à en assumer la charge.* »

Colette la jolie métisse, l'assistante sociale principale à Saint-Denis.

— J'espère qu'elle pourra me rejoindre, fait Tarbes, prenant un air de chien battu. Ce n'est pas joué. Remarquez qu'une Réunionnaise pour accueillir et s'occuper de Réunionnais, cela me paraîtrait tout indiqué. Colette a le profil idéal.

— Je m'en occupe, dit Diefenbacher. Il faudra que j'obtienne l'accord du conseil général et de votre successeur pour son détachement.

Un télégramme du 23 août 1965 apporte l'arrêté de nomination du ministre de la Santé publique et de la Population. Jacques Tarbes quitte La Réunion avec l'avion du 26 septembre.

8

« La Garenne », Creuse, été 1965.

Un coq sonne le jour, éclatant. Il étire le cou à le démancher, se hausse sur ses ergots, secoue fièrement sa crête et déglutit un cocorico vaniteux. La basse-cour tressaille, froissements de plumes, caquètement de commères outrées. Une vache meugle sa réprobation dans un bâillement. D'une troupe à l'autre, chèvres, cochons, canards et poules, tous acclament le matin de belle façon. Autour de la ferme, une rosée légère embrume les chaumes, un pâle halo se lève derrière le bois. Une ajasse [1] épie les abords, au garde-à-vous dans un châtaignier. Un couple de corbeaux en maraude coupe le

1. Ajasse : pie.

silence de l'aube à lents coups d'aile, jetant des menaces lugubres.

Des sabots clopinent dans la cour. La grand-mère lève le loquet, pousse la porte de l'étable, son seau de fer à la main. La Rosette lui sourit dans sa barbichette. Jaloux, le bouc baisse les cornes en avant. La mère, Henriette vient tirer [1] ses chèvres. La Garenne s'éveille.

Une ferme perdue sur le plateau, plantée à l'orée des bois. Une bâtisse longue et grise au toit d'ardoise, à l'écart de la route communale qui file entre les champs. Des saules touffus tombent dans la mare boueuse. La mère Henriette, vêtue de toile noire, tablier marine noué à la ceinture, châle en tricot, béret sur la tête, mène ses bêtes au champ, une badine en main. Les chiens jappent, la queue battante.

Elle a eu onze enfants, tous loin à présent : Georges aux chemins de fer; Petit Louis à la poste; Jean cordonnier à Paris; Madeleine cafetière; Marcelle, Colette, Clémence et Marie, mariées. Seul Gabriel s'est dévoué, il est resté à La

1. Tirer : traire.

Garenne et s'occupe des cultures. Sec comme un coup de trique. Taillé à la serpette dans l'écorce de chêne, grand, maigre, noueux, calleux. Renfrogné et coriace l'hiver, époque de soucis, moqueur et blagueur aux beaux jours. Sa femme, Edith, est son contraire exact : petite, rondelette, gaillarde, bavarde, la voix aiguë, du ciel bleu dans les yeux, du blé dans les cheveux, une peau laiteuse aux joues écarlates. La grand-mère habite la grande chambre du bas, carrelée de blanc, tapissée de fleurs, avec, à côté de l'armoire à linge, le lit des deux aînés. Les petits et les parents dorment en haut, au grenier, dans les édredons de plume. On y monte par une échelle de bois, en soulevant la trappe.

La Garenne nourrit la famille. Le vendredi, la mère Henriette porte ses œufs, le lait, le beurre, la crème, les fromages, rangés dans sa carriole, au marché à Saint-Gaultier à trois ou quatre kilomètres, et rapporte le nécessaire de chez l'épicier et le droguiste. Au printemps, la bétaillère du boucher embarque les porcelets et les veaux de l'année. A la fin des moissons, la batteuse balance les bottes de paille et crache le blé et l'orge dans les sacs de jute du minotier. Le reste du temps, Gabriel va faucher la luzerne aux lapins, piocher les pommes de terre aux cochons, ramasser les prunes et les pêches et faire le vin d'un bout de vignes. Edith s'occupe de la maisonnée et de la basse-cour. La mère Henriette soigne les vaches et les chèvres, baratte son beurre et fait ses fromages.

— Laurent, bon Dieu d' bon Dieu ! Mais sors moi don d' lâ ! T'es don bon qu'â faire l' mâl ! T'âl diable dans la pieau !

Tante Edith crie à tue-tête, le gamin détale. Une scie affûtée, un marteau en main, il bricolait un piège à oiseaux avec du grillage, des clous et des planchettes, et dans la remise les outils sont sens dessus dessous.

— Tu peux numéroter tes abattis, si l' Gabriel voit ça ! Tu t'es pas coupé au moins ?

D'autres fois, elle l'a pris les deux pieds dans le tas de fumier, à chercher des vers pour aller à la pêche ou à tordre ses épingles à nourrice pour en faire des hameçons à grenouille, enroulés dans un brin de laine rouge. Elle lui a chauffé les oreilles. C'est bien un gars de la ville, le Laurent. En tout cas, il aime les bêtes, le petiot, il est sans arrêt à courir après les poules et les canards, à essayer de les attraper ou à patauger dans le purin à l'étable. C'est bien simple, il fourre son nez partout.

Quand il est pris en faute, il va se percher, boudeur, tout en haut de la meule de foin, pour lire *Le Grand Meaulnes*. La solitude, le silence avivent la mélancolie du livre, la beauté chasse l'ennui, l'amour déçu lui perce le cœur. Cette atmosphère raffinée l'émerveille. Il redescend en volant, perdu dans les nuages.

Laurent, c'est le gars à Maurice et à la Madeleine, la fille qui habite à la mer, à Châtelaillon. Ils l'ont déposé chez la grand-mère Henriette pour les grandes vacances. Le voyage est interminable, le train-omnibus de bon matin, puis l'autocar bouton d'or des « Rapides du Poitou », les cahots du bitume, le ronronnement, les odeurs de gasoil et de sueur. Ils descendent à Saint-Gaultier. La suite se fait à pied. Passé le pont sur la Creuse, après Thenay, il y a une côte longue, raide, en virages serrés qui hisse la route sur le plateau. Laurent n'arrête pas de geindre qu'il en a marre et quand est-ce qu'on arrive, en tirant sa petite sœur Isabelle par la main. La mère transpire avec ses sacs et ses paquets à bout de bras, le père grommelle, en tirant sa jambe raide, voûté sous le poids des valises. Une fois la côte montée, la route est droite et plate, mais longue encore. Ils gobent des mûres fraîches dans les buissons, en passant. Enfin, La Garenne apparaît au coin d'un bois. Un chemin s'écarte, tracé entre des bouchures [1] de noisetiers. Laurent court en gambadant.

Il se réjouit par avance en pensant aux découvertes, aux aventures imprévisibles qui l'attendent, à ces visages familiers, humbles et rudes, à l'affection rugueuse, qu'il regarde avec une curiosité mêlée de crainte et une tendresse joyeuse. L'accent

1. Bouchures : haies.

rauque, les odeurs fortes, la vie fruste de la campagne le dépouillent un temps des préciosités futiles de la ville. Il se sent bien, en harmonie. Avec eux il se délave de l'inutile.

Il saute de joie quand l'oncle Gabriel lui lance un clin d'œil, en décollant sa casquette qui lui sert de cheveux et en grattant ses poils en bataille.

— Vin don avec moé, Laurent, on va rrramâsser des pissenlits !

Ça veut dire, en gros : je t'aime bien. C'est un signe entre eux. Je l'ai bien eu ! J'ai déplissé son front buté, attendri son cœur rocailleux. Et quand il me prête son canif aiguisé, le talisman que personne n'a le droit de toucher, ça signifie : viens avec moi, tu es un vrai chasseur des hautes plaines. Faut la comprendre la langue du Sachem. La mère Henriette, elle n'ouvre pas la bouche, sauf pour bougonner ou appeler ses chèvres, d'ailleurs elle leur ressemble, elle rumine ses pensées, on n'a jamais su lesquelles. Edith, elle, gueule et puis oublie, elle panse les tristesses, elle tait et raccommode les bêtises. Les moins grosses.

Au repas du soir, sous l'ampoule jaunâtre et le tortillon gluant qui pendouille, constellé de mouches mortes, sous les paniers accrochés aux poutres où sèchent les fromages sur la paille, ils parlent des travaux du jour et de ceux de demain, du Lucien d'à-côté qui vient d'acheter un tracteur, un Massey-Ferguson, de la veuve Solange et de sa vache qui a vêlé cette nuit, ce qui fait qu'il a fallu aller réveiller le Marcel pour donner un coup de main.

Des fois il prend ses grands airs, Laurent, et s'en mêle, avec ses connaissances toutes fraîches en sciences naturelles.

— J'ai lu qu'en Amérique, ils ont des trayeuses électriques pour les vaches.

— Bah ! marmonne la grand-mère.

— Veux-tu bien me fout' la paix, avec tes âneries ! l'envoie promener Gabriel. Tu vas m' les électrocuter les pauv' bêtes.

Edith se penche à l'oreille de Gabriel.

— Sais-tu, dit-elle en baissant la voix, sais-tu c' qui ma dit le facteur c' matin ?

Gabriel lève un sourcil. Quand elle prend cette mine, c'est mauvais signe.

— Ben, l' pauv' Théodore i' s'est pendu dans son étable.

Ils baissent tous la tête et se taisent. Gabriel empoigne la bouteille de vin et en verse des gorgées dans son assiette de soupe fumante. Il tranche sur le pouce un quignon de pain, les croûtons tombent dans la tache violette, puis il mélange avec sa cuillère. C'est ce qu'il appelle « faire chabrot ».

— Chabrot ! clame-t-il rigolard. Tu veux goûter, mon Laurent ?

La grand-mère ricane. Edith glousse. Laurent se pince le nez et fait un « beurk ! » dégoûté. Leurs curiosités de table, il s'y est accoutumé, à force : le fromage de chèvre frais qu'on assaisonne d'une gousse d'ail et de gros sel, les pissenlits au lard, arrosés de crème, ou le pâté aux pommes de terre, une espèce de gâteau fourré, ventru, avec un couvercle de pâte roussie et un trou au milieu. Bourratif.

Quand il était petit, il s'en souvient, la grand-mère cuisait le pain dans le four. Des miches rondes, énormes, qui duraient la semaine au moins. Des tranches moelleuses qu'il découpait en tirant la langue au quatre-heures, en étalant le pâté de canard ou la confiture de prunes d'Edith.

A la rentrée, à l'automne, il se fait prier pour raconter aux copains du collège ses vacances à la campagne. Il s'en tire d'une pichenette, une étincelle provocante : « La Garenne, c'est mon pays. » Ils s'esclaffent, les minets. Ils le charrient.

— Un pays de péquenots, ouais !

Piqué au vif, Laurent les écrase de son mépris et fait le bêcheur, comme toujours quand il s'énerve.

— Vous connaissez Pablo Neruda, le poète ? Il a écrit quelque part : « Si on ne sait pas d'où on vient, on ne sait pas où on va. »

Laurent se fiche des moqueries. C'est là, aux vacances à La Garenne, qu'il a appris ses leçons. Il les a bien retenues.

*

Conseil général de la Creuse, Guéret, avril 1960.

Le président Paul Pauly se lève, écrase sa Gauloise maïs, se racle la gorge, ajuste ses lunettes en tessons de bouteille. Pauly, c'est un de ces fils de paysans qui s'est élevé à la force du poignet. Un bien brave homme, tous l'admettent. Une vache sacrée, intouchable, déplorent les envieux. L'ancien percepteur, marié à une institutrice, a été élu et réélu conseiller général d'Aubusson et sénateur SFIO depuis la Libération. Il le restera trente ans, jusqu'à sa mort d'un cancer du poumon, en 1973. Modeste et honnête disent les uns, un politicard roublard affirment les autres, toujours au cul des vaches, à courir les fêtes de village, à serrer des mains, à taper sur l'épaule, et à s'apitoyer les dimanches sur le sort des quémandeurs et des plaignants. On ironise, on l'appelle « la voiture balai ».

Il s'est acquis la familiarité respectueuse des plus humbles, pleins de reconnaissance envers l'un des leurs, le notable sorti du rang.

Jetant des coups d'œil furtifs à l'Assemblée, Paul Pauly déclame avec gravité, des accents emphatiques dans la voix, son discours d'ouverture de la session de printemps :

— Il n'est pas nécessaire d'espérer pour entreprendre, ni de réussir pour persévérer...

— Avec un préambule de ce tonneau, ricane entre les dents un communiste, on n'ira pas loin, comme d'habitude !

— J'entreprendrai donc, avec l'humilité qui sied à un élu modeste, de vous parler de deux sujets qui, dans le département, font présentement l'objet de vos principales préoccupations : la crise agricole et la situation économique.

L'air pincé, le député de Pierrebourg feuillette *La Terre,* la « Pravda des champs », comme il dit. Aux législatives de 1958, le baron Olivier Arthuis de Pierrebourg, compagnon de la Libération, a été élu avec le rassemblement des droites. Mais le département est enraciné à gauche, les communistes tout-puissants. Auguste Tourtaud, l'inamovible député du « parti des fusillés » et le socialiste André Chandernagor, récent tombeur d'un « camarade », se regardent en chiens de faïence. Paul Pauly poursuit sa lecture, appliqué.

— Vous savez, et vous en avez été désagréablement surpris, que d'aucuns ont pu parler de l'état arriéré du département, de l'apathie de ses habitants et se demander s'il était possible de secouer de vieilles routines. C'est là le jugement sommaire d'hommes qui posent plus de problèmes qu'ils n'en résolvent.

La flèche vise Chandernagor. Ses états de service agacent et détonnent dans l'assemblée ronronnante. Il est jeune, brillant, bouillant, diplômé de l'ENA, ancien du cabinet Guy Mollet. Il s'est posé dans la Creuse et brûle les étapes : maire de Mortroux, une bourgade où son épouse possède une maison de maître, celle du grand-père, un maçon creusois enrichi, il s'est emparé sans coup férir du siège de député de l'arrondissement d'Aubusson et de conseiller général de Bourganeuf [1].

— Seraient-ils indolents ces maçons renommés de la Creuse qui possèdent les plus importantes entreprises de travaux publics de la capitale et y font fortune ? poursuit Paul Pauly. Est-ce à dire que le petit paysan de chez nous bénéficie pleinement de l'amélioration de sa production, hélas non ! Son niveau de vie est nettement insuffisant. Là se trouve l'une des principales causes de l'exode excessif. Sans doute le dépeuplement des campagnes est-il un phénomène de notre époque. Mais la condition paysanne de la Creuse est infiniment plus pénible que dans d'autres régions. Celle de la femme qui manque de confort dans son habitation, va chercher l'eau au puits, trait les vaches, participe aux travaux des champs,

1. André Chandernagor sera réélu sept fois député, jusqu'en 1981. Président du conseil général de la Creuse, succédant à Paul Pauly, et du conseil régional du Limousin de 1973 à 1983, il finira sa carrière ministre des Affaires européennes du gouvernement Mauroy, préparant l'entrée de l'Espagne et du Portugal dans la CEE.

se lève tôt, se couche tard, est un douloureux anachronisme au siècle où nous vivons. La Creuse ne parviendra à arrêter l'exode de sa population que si elle bénéficie de l'apport d'activités nouvelles. Il existe un excédent de la main-d'œuvre dont la qualité est très appréciée. Et les industries n'ignorent pas que la Creuse est l'un des départements où les salaires sont les plus bas. Le salaire moyen creusois représente 66 % du salaire moyen national et 50 % de celui de la Seine. Malgré cela, le nombre des emplois chez nous ne cesse de diminuer.

Deux mois auparavant, le préfet Coiffard, convoquant une session extraordinaire du conseil à l'ordre du jour ambitieux – l'expansion économique de la Creuse –, n'avait pas dit autre chose dans son allocution :

— Cette question revêt une gravité toute particulière pour ce département atteint dans ses forces les plus vives par un exode massif de sa population. Chaque année, plus de mille cinq cents personnes le quittent pour s'expatrier dans la région parisienne et les grands centres urbains. Il importe que soit réalisée de toute urgence une expansion industrielle destinée à fixer sur place la main-d'œuvre disponible.

Six mois après, le préfet Coiffard s'éclipsait, appelé à une autre affectation. La Creuse n'est qu'un département d'avancement, on ne s'y attarde pas. Les préfets passent mais les problèmes restent, et deux préfets plus tard, en décembre 1962, Paul Pauly renouvelle ses récriminations à l'arrivant, Henri Langlade :

— Je vous épargnerai le discours d'usage, car il me faudrait répéter ce que j'ai dit bien souvent. Je me bornerai à m'adresser à vous, monsieur le préfet, pour vous demander instamment d'attirer l'attention des pouvoirs publics sur le problème capital qui fait l'objet de nos préoccupations, je veux parler de nos jeunes. Nos jeunes ne trouvent pas à s'employer sur place et ils nous quittent. La situation devient de plus en plus alarmante. Depuis une dizaine d'années tous les gouvernements nous ont fait des promesses, mais nous le voyons bien, l'hémorragie continue.

Inlassablement, Paul Pauly invoque le malheur de la Creuse : le dépeuplement. En avril 1968, il déclare encore :

— Contrairement à l'usage, je ne ferai qu'effleurer les trois questions qui font l'objet des préoccupations de la population et de leurs représentants : l'exode rural, la situation de l'emploi, la crise économique et agricole. Je sais que ces problèmes ont été évoqués par de nombreuses personnalités lors de la visite de M. le ministre Chirac. M. le préfet a alerté le ministre sur la situation alarmante dans laquelle se trouve notre département...

Le remède à l'exode rural, c'est l'industrie pourvoyeuse d'emplois. Alors André Chandernagor rue dans les brancards, bouscule les inerties et monte bientôt un Comité d'expansion économique réunissant périodiquement maires, entrepreneurs, industriels, financiers, cherchant les moyens d'attirer des entreprises. Le département est enclavé, le réseau en piteux état, il lance la liaison Centre-Europe-Atlantique. Il essuie parfois des revers. Un jour, à Aubusson, lors d'une réunion qui traînait en longueur, le préfet Collot se penche vers lui : « On ne pourrait pas aller manger quelque part ? » « Mais si, je connais une auberge là-haut sur le plateau, c'est bien le diable si la patronne n'a pas un canard ! »

— Le préfet Collot a failli se faire fendre l'oreille quand on l'a appris, s'amuse Chandernagor. Déjeuner avec un député de l'opposition ! Sous Pompidou, à l'époque, ça ne plaisantait pas !

André Chandernagor, qui porte le nom d'un comptoir de la Compagnie des Indes, dont un aïeul au XVIIIe siècle, Charles François, est natif de l'ancienne île Bourbon, confie avec gourmandise ses lointaines attaches avec La Réunion. Quand il évoque ses débuts dans la carrière, d'inattendues coïncidences surgissent. Durant son stage de l'ENA, accompli à la préfecture de Tours, il se lie d'amitié avec le jeune sénateur du lieu, Michel Debré, et le professeur Robert Debré l'invitera au château familial de Vernoux. Plus tard, jeune député de la Creuse, il est envoyé en mission dans l'Oranais. A la préfecture de Tlemcen, il retrouve des compatriotes : le chef de cabinet était précédemment en poste en Creuse, et l'un des chefs de division est un pur Guérétois. Dans cet entourage creusois, le préfet qu'il croise, lui, est un Lorrain : Alfred Diefenbacher ! Il sera affecté ensuite à La Réunion. Les pérégrinations des carrières nouent des liens de hasard et rapprochent des départements lointains : Creuse et Réunion...

*

Jacques Tarbes, le nouveau directeur de la DDASS de la Creuse, arrive à Guéret le 1er octobre 1965. La ville est grise d'ennui, gris le ciel poisseux, gris le ciment sale des façades, gris les dimanches cafardeux de solitude. Perçant l'ombre des fenêtres, des yeux luisants guettent les pas, suivent le flâneur par la fente des rideaux entrebâillés. Les passants furtifs qui se croisent lèvent leur casquette, se serrent la main et discutent à voix basse. Un silence de confessionnal. Guéret est immobile et muette. Après la cacophonie de couleurs et de bruits de Saint-Denis et Paris, le décalage le laisse abattu. Peu importe ! On ne va pas broyer du noir ! Le téléphone sonne ; d'une voix de miel, Colette le réconforte. Tout s'arrangera, ils se retrouveront. Il bout d'impatience, passe par tous les états : de l'inquiétude quand il se demande s'il n'a pas vu trop grand dans ses projets, à l'euphorie, en songeant avec fierté à Debré qui l'épaule en secret. Et ce qu'ordonne Debré n'est autre que la raison d'Etat. Le compagnon du général l'a chargé d'une mission de confiance, discrète, bien au-delà de son rang de modeste fonctionnaire. C'est lourd, c'est exaltant, mais on ne doit pas échouer avec un tel parrain.

Il se présente au préfet, René Erignac, et sans attendre l'informe par lettre [1] de sa mission. Diefenbacher avait préparé le

1. Lettre du 30 novembre 1965.

terrain par avance, auprès de son collègue de la Creuse.

Objet : Migration de Réunionnais vers la France. Création d'un centre de placement familial.

J'ai l'honneur de vous faire connaître que la proposition faite par Monsieur le Préfet de La Réunion me paraît parfaitement réalisable... J'ai eu l'occasion de m'entretenir de ce problème, avant mon départ de La Réunion, fin septembre 1965, notamment avec Monsieur le Préfet, Monsieur le Président de la Commission départementale et Monsieur Debré, qui m'ont demandé de faire tout mon possible en vue de réaliser cet objectif. Ils étaient entièrement d'accord pour l'envoi d'une assistante sociale du département de La Réunion.

Jacques Tarbès rend sa première visite au foyer de l'enfance flambant neuf. C'est la pièce maîtresse de l'opération migration. Le bâtiment, construit dans les jardins de l'hôpital, est clair et spacieux, de conception moderne. A l'étage se trouvent les vastes dortoirs des garçons et des filles, séparés par l'appartement de fonction du directeur. Au rez-de-chaussée, le réfectoire, les salles de jeu et de télévision. En arrière, un petit bois et une aire de sport goudronnée. Tarbes, très attentif, fait le tour du propriétaire, de pièce en pièce, en suivant le directeur de l'hôpital.

— C'est M. Barré, votre prédécesseur, qui a porté ce projet à bout de bras. Avec toute notre bienveillance, je dois dire, confesse le directeur. Mais Dieu que ce fut long. Pensez que nous avons attendu cinq ans pour voir ce projet réalisé.

— Combien de places disponibles ? l'interrompt Tarbes, perdu dans ses réflexions.

— Une cinquantaine, c'est plus qu'il n'en faut, je pense.

— Je ne crois pas, répond Tarbes, sibyllin.

— Il n'y avait aucun foyer jusque-là à Guéret. M. Barré se plaignait de devoir placer ses enfants en institutions religieuses. Des petits Creusois partaient en dehors du département, rendez-vous compte. Quelques-uns, même, séjournaient un temps chez nous à l'hôpital, dans les salles des malades.

— Un bel outil, conclut Jacques Tarbes. Ne vous inquiétez pas, nous le remplirons.

Il observe son guide avec un certain dédain. Ce directeur, qui lui fait l'article, s'est bien gardé de lui dire que la construction du foyer, en ajoutant cinquante lits à son établissement, le hausse dans la classe supérieure et qu'ainsi son directeur pourra briguer un échelon de salaire majoré. Il peut se frotter les mains, le bougre, il a bien mené sa carrière et sa promotion.

Puis Jacques Tarbes s'informe, fait le tour des organismes de placement et des compagnies consulaires, chambre d'agriculture, chambre des métiers, chambre de commerce. On le reçoit à bras ouverts, on manque de main-d'œuvre dans les fermes dépeuplées, on a besoin d'apprentis boulangers et menuisiers, de mécaniciens dans les garages, de jeunes gens dans les entreprises. Pour les petits, pas de soucis, on trouvera des familles d'accueil, la

Creuse, après tout, a une vieille tradition d'hospitalité. On se souvient ici des villageois et des paysans qui ont caché durant la guerre des familles et des enfants juifs persécutés. Il apprend de ses rencontres une autre singularité de la Creuse : le poids de la franc-maçonnerie. Une confrérie d'amitiés utiles : tous les notables, de nombreuses personnalités en sont. Paul Pauly, le président du conseil général, est un vénérable. La coutume remonterait aux fameux maçons de la Creuse chassés par la misère au XVIIe siècle, qui s'en allèrent bâtir la digue du siège de La Rochelle, à l'époque de Richelieu.

Jacques Tarbes, avant de quitter La Réunion, avait préparé une sélection de dossiers constitués. Il n'y a plus qu'à solder les comptes, et il hâte son successeur dans l'île, Roland Bertin. Pour 1966, la quatrième année de l'opération, les résultats promettent d'être exceptionnels. Les convois se succèdent à Guéret : 12 enfants en avril, 6 en juin, 41 en août, 38 en septembre, 47 en octobre. A la fin de l'exercice, un chiffre record est enregistré :

201 enfants en tout sont partis, 148 envoyés dans la Creuse, les autres éparpillés ailleurs. De surcroît, l'insistance du directeur de la DDASS a eu raison de certaines réticences : Colette a obtenu de haute lutte son détachement, elle a accompagné le convoi du mois d'août. Dans la Creuse, elle supervisera les placements et l'orientation des enfants en provenance de La Réunion.

*

Les réacteurs grondent, un tonnerre d'orage métallique. Jean-Yves s'amuse à compter les passagers : ceux d'Hell-Bourg, les plus nombreux, et ceux qu'il ne connaît pas : des garçons d'autres foyers, des filles pleurnichardes, les petits des pouponnières ; Christian et sa tribu qui ont annexé trois rangées, les cinq frères et les trois sœurs. Il recompte sur ses doigts, c'est dur, ils ne tiennent pas en place : quarante et un enfants. A ajouter, dans les fauteuils de devant, les crânes déplumés à côté des coiffures laquées. Et dans l'allée, les jolies hôtesses qui n'arrêtent pas de trottiner, impeccables en uniforme bleu marine. A l'aéroport, en montant en rang la passerelle avec son petit frère, Jocelyne s'est esclaffée : « Regarde, Dada, on a tous des tenues d'hôtesse ! » Tous les marmailles sont habillés pareillement, jupe plissée bleue et corsage blanc pour les filles, pantalon bleu et chemise blanche pour les garçons ; sandalettes de plastique pour tous. Les pensionnaires de Bellepierre et d'Hell-Bourg sautent et courent partout, escaladent les sièges, crient et s'interpellent, tout excités. Félix a fait une razzia sur les savonnettes carrées des toilettes. Voulant garder en souvenir le beurre enveloppé de papier doré du plateau-repas, il l'a mis dans sa poche et décoré son pantalon d'une belle tache grasse.

Dans les secousses, la carlingue se débat comme un poisson à l'hameçon. Alors la cour de récréation s'assagit sur-le-champ, la surprise et l'effroi pâlissent les visages, le cœur cogne et tamponne la tête. Les hôtesses accourent, distribuent des pastilles, une caresse sur la joue, et des sacs en papier. Au fond, les tout-petits hurlent de terreur et gémissent des : « Maman ! » en larmes. Une assistante sociale à la voix douce les console avec une belle histoire.

Depuis l'escale de Madagascar, l'avion fonce dans le noir, porté par un souffle rauque. « C'est long ! » « C'est si loin Paris ? » Tout le monde s'endort peu à peu. Des rêves de France – ce pays de cocagne où ils seront des rois – ou des rêves de mamans câlines effleurent les paupières baissées. Christian sursaute quand sa tête lourde tombe sur son épaule. Les yeux rougis, il se force à lutter contre le sommeil. Il y a tant de choses à découvrir, il ne veut pas en manquer une miette, si impatient de voir Paris. Attristé en pensant aux derniers de la couvée restés à Saint-Denis.

Atterrissage à Djibouti, lumières blafardes au loin. Le ronronnement lancinant reprend. Les gamins se recroquevillent en boule, bras et jambes emmêlés, enfouis au chaud sous les couvertures. Des heures interminables plus tard, une lumière crue éclabousse les rangées, le soleil se lève. Après le ciel, les nuages et la mer sans fin, des villes, des plaines et des montagnes remplissent les hublots : « L'Italie ! » crépite une voix caverneuse. « Y en a marre, c'est encore loin Paris ? » Les affamés dévorent à belles dents pains au chocolat et croissants, s'empiffrent de confiture en jouant avec les cuillères de dînette, avalent goulûment le gobelet de lait. Un goûter princier. Qu'est-ce que ça va être à Paris ! Félix se vante de son dernier exploit, chez le z'arab où ils essayaient les vêtements du trousseau. Le pauvre était débordé par la horde. Félix repère la vitrine des montres, l'entrouvre, en attrape une poignée, les autres l'imitent. Mais le boutiquier a téléphoné à Hell-Bourg et quand ils rentrent, le directeur les attend, les bras croisés.

— Tu sais ce que je lui ai dit, à ce con ?

— Non, vas-y !

— Est-ce que je peux aller aux toilettes, s'il vous plaît, monsieur !

— Ah ! Ah ! La ruse !

— Il m'a à moitié arraché l'oreille et il m'a dit : « Non ! Avant, on va regarder dans tes poches. » Il m'a bien eu, la vache !

Jean-Yves, tordu de rire, en rajoute à son tour et raconte l'histoire des scoubidous : quand il a démonté un par un les fils électriques du Berliet de son père pour en faire des kilomètres de scoubidous.

— Je vous raconte pas la correction. Au ceinturon ! C'est après ça qu'ils m'ont balancé à Hell-Bourg.

— Bien content d'oublier ce foutu bagne, grogne Félix. Ils nous ont tellement bassinés avec Paris, la France, ce grand pays, qu'on fera des études, qu'on deviendra médecin, architecte ou avocat ! On verra bien. De toute façon, ça peut pas être pire qu'au foyer ! Et on reviendra chez nous aux vacances !

— Tu te rappelles le jour quand l'instituteur nous a dit : « Qui veut partir en France ? » reprend Jean-Yves. On a tous levé le doigt. Il a dit : « D'accord, mais il faudra travailler dur. » Alors, on a mis les bouchées doubles ! J'ai jamais bossé autant ! Et je me tenais à carreau !

« Atterrissage à Marseille ! » proclame la voix nasillarde du commandant.

Une petite fille se lève, penaude, embrasse sa copine qui ravale ses larmes, prend sa valise de fer bleu. Une femme la conduit à la passerelle. Elle est arrivée.

— Je t'écrirai ! lance-t-elle, en envoyant une bise dans le creux de sa main.

— Mais j'ai pas d'adresse ! répond l'autre qui éclate en sanglots.

Aéroport d'Orly, six heures du matin. Une cohue joyeuse s'égaille et s'ébroue dans le grand hall qui résonne des cris perçants. Christian et ses sœurs sont plantés bouche bée devant les hautes parois de verre et observent le ballet des avions. Félix exécute des glissades sur le sol en marbre lustré ; il a ôté ses souliers neufs, soulageant ses pieds couverts d'ampoules. Jean-Yves s'est affalé de tout son long et dort sur une banquette en skaï. Des accompagnatrices courent de tous côtés après les égarés, s'escriment vainement à sonner le rassemblement et à ramener le silence, avant de renoncer.

— Laissons-les se dérouiller un peu, se résigne l'une. Ils sont ankylosés les pauvres petits. Comme ça, ils vont se réchauffer les jambes à courir... Fait frisquet ici.

— Il n'y a pas qu'eux qui sont ankylosés, rouspète l'autre, un bambin endormi sur son épaule. Je ferais bien un peu de gymnastique et un bon somme ! Vingt-cinq heures de voyage ! Je suis fourbue.

Des couples sont alignés en rang d'oignons. Les dames sourient aux anges, en tordant leur sac à main, les messieurs fument une cigarette, le col de leur manteau relevé. Ils s'approchent timidement. Une jeune femme vient à leur rencontre, un dossier cartonné serré sur la poitrine. Ils ont accompli à distance les formalités d'adoption et attendent. Conciliabules, paperasseries et signatures réglés, ils se penchent sur les berceaux désignés, déposés sur des fauteuils. Et des mamans esseulées s'émerveillent devant cette boule d'énergie qui manquait à leur vie. Les nourrissons pleurent et trépignent, elles caressent leurs fronts dorés, apaisés sous leurs doigts. Ils dorment sur leur joue potelée, elles les emmaillotent d'un châle de laine tricoté au crochet. Ils babillent et sourient, elles bafouillent et fondent en larmes de bonheur. Et ils repartent deux par deux, leur bébé dans les bras, malhabiles, le coin de l'œil brillant, rayonnants et émus. Ils étreignent leur petit de tout l'amour qu'ils gardaient sous clef, pour lui, un amour qui se gâchait et qui jaillit en ce matin gris.

— Tous en rang maintenant, et en vitesse !

Un moniteur, un Parisien sans doute, vu son accent et sa figure pâlichonne, frappe dans les mains et rappelle la meute éparpillée. Il n'a pas l'air commode. Les garçons ici, les filles là-bas. On l'assiège de questions.

— Où on va ?

— ...

— Où on va ?

— On y va ! L'autocar vous attend. Après, tu verras bien, mets-toi dans le rang et tais-toi.

Paris, un immeuble coincé entre des immeubles, un foyer. Les pensionnaires observent les nouveaux venus de travers, ou jouent les dédaigneux et vaquent à leurs occupations, comme si de rien n'était. Ils ne se mélangent pas, la bande des « Africains » ayant l'avantage du nombre. Ils les dévisagent en douce, la mine perplexe et amusée, les yeux écarquillés. Ils rigolent en catimini : « C'est quoi cette tribu ? »

A midi, une sonnerie retentit. « A table ! » claironne le cuistot en tablier blanc. Des odeurs bizarres flottent dans les couloirs. Les ventres creux dévalent les escaliers ; Félix glisse à califourchon sur la rampe. Ils plantent leurs fourchettes, méfiants, dans le saladier de carottes râpées à la vinaigrette, font la grimace et recrachent. « Ça pique ! » « Ça sent le pipi ! » « Dégueulasse ! » Le chef se lamente. Les habitués se marrent, aux tables de derrière. Arrive le bifteck : « Miam-miam » la belle tranche saignante qui fume, à condition de racler les brins d'herbe qui sont dessus et la sauce au goût de poisson pourri. Suivent les plats de frites : « C'est quoi ce truc ? » Mou, fade, écœurant.

— Mangez ! ordonne un surveillant. Il n'y a rien d'autre. Prenez des forces. Cet après-midi, on va voir Paris... la tour Eiffel !

— J'ai encore un peu de riz de reste, tente le chef, apitoyé. Je peux le faire réchauffer. Qui en veut ? Qui aime ça ?

Tous les doigts se dressent comme les piquants sur le dos d'un hérisson.

— Moi ! Moi ! Moi ! Moi !

Au dessert, les cantinières apportent des grappes de raisin.

— C'est poilant, on dirait des longanis, sans la culotte ! Ou des litchis à poil !

Félix entame une partie de jeu de massacre, des projectiles s'écrasent au plafond. Il s'en tire l'oreille violette, à moitié décollée.

L'autocar baguenaude de feu rouge en feu rouge sur les quais de la Seine. Des dizaines de billes illuminées contemplent le fleuve gigantesque, mangent les châteaux pleins de tourelles pointues, la grande cathédrale noire couverte de statues, le palais de La Samaritaine, les ponts aussi larges que cinq routes accollées. Ils n'ont pas les yeux assez gros. Tout est énorme, plus haut, plus grand. Le spectacle est près des nuages, pas au bout des chaussures. Il y a ceux qui sont béats, bouche ouverte, le nez en l'air, et ceux qui gesticulent, poussent des cris, montrent du doigt. Ils n'en reviennent pas : Paris ne ressemble pas du tout à La Réunion – ce qu'ils croyaient.

— Vise la grue ! Mais comment ils ont réussi à construire un machin aussi haut ?

— C'est la tour Eiffel, petit, rectifie un moniteur d'une tape sur la tête.

L'autocar ronfle et tousse, se dandine en tournant sur les pavés de la place de la Concorde, avant d'attaquer les Champs-Elysées.

— A gauche, au fond du bois, se trouve le palais de l'Elysée. C'est la maison du président de la République, le général de Gaulle, pédagogue le moniteur.

— Ah ! De Gaulle, c'est le patron de Papa Debré !

— Oui, si on veut, indulgente-t-il.

— C'est papa qui me l'a dit ! peste la fillette, vexée. Il en sait plus que toi !

Le lendemain de bonne heure, embarquement dans l'autocar. Un rectangle de ciel gris coiffe les immeubles. Sur les boulevards, des bouffées de vapeur s'échappent des voitures noires, des hommes en pardessus se dépêchent à grands pas, courent même, une femme en fichu, cabas au bras, poursuit un petit chien frisé attaché au bout d'une laisse.

— On ne reste pas à Paris ?

— On ne reste pas à Paris, acquiesce le moniteur.

— Où on va ?

— ...

— Où on va ? On nous a dit qu'on resterait à Paris !

— ...

— Quand est-ce qu'on retourne à Saint-Denis ? pleurniche une voix.

— A Sainte-Clotilde... à Saint-André... à Sainte-Marie... ajoute l'écho.

— Pourquoi y a pas de caffres ici ? Y a que des z'oreilles !

— Pas de Chinois... de z'arabs... de malabars... continue l'écho.

— Vise l'autoroute, c'est géant ! Tout le goudron qu'ils ont dû faire cuire !

— T'as vu la voiture, on dirait une raie ! Mais où ils ont mis le moteur, y a pas de capot !

La nationale défile sous les roues et la campagne derrière les vitres. Des villages se succèdent, des champs peignés en brosse, des vaches à taches noires, dominos dans les prés, des villes au ralenti où des files de voitures se reniflent le cul comme des chiens. Le moteur bourdonne depuis des heures. Les petits se sont endormis, les grands s'agitent. Le ciel s'assombrit, les arbres se secouent les feuilles dans les bourrasques, des gouttes de pluie s'écrasent sur le pare-brise.

— On a froid ! On a déjà le pull sur le dos et on en a pas d'autre !

— Je vais monter le chauffage, promet le chauffeur, tout en farfouillant dans les boutons autour de son volant.

— Monsieur, on peut s'arrêter un peu ? On a envie de faire pipi !

— Non, y en a marre ! s'énerve un moniteur. On s'est déjà arrêté deux fois ! On a plus de temps à perdre, la route est encore longue et on va arriver en retard !

— Bordel ! On a envie de pisser ! Ça presse, on va se faire dessus ! gronde Félix.

L'autocar languissant se rebiffe brusquement. L'éblouissement de Paris passé, le voyage ennuyeux, la destination mystérieuse ravivent les rancœurs. La colère bouillonne. Une boulette de papier, un chewing-gum s'envolent ; puis un soulier, une escadrille de souliers, tout ce qui tombe sous la main. Le chahut grossit, des claques tombent. Les jurons redoublent. Rien n'y fait. Les chefs rebelles, ivres de vengeance, arrachent les cendriers, éventrent les sièges, déchirent les rideaux, tordent les tringles, hurlent et vocifèrent, et les autres suivent la curée, surexcités. L'autocar est dévasté. Le soir tombe, Guéret approche, le chauffeur accélère.

En suivant d'autres convois reviennent d'autres souvenirs.

Etienne, ses sœurs et une trentaine d'enfants grimpent dans un wagon de deuxième classe, à la gare d'Austerlitz. La locomotive s'ébranle dans des craquements rouillés. Un tam-tam de chocs et de coups, après l'air fluide de la Caravelle. Les passages à niveau sonnent des refrains aigrelets, les fils électriques montent et descendent, les vaches – brunes, crème, noires, bigarrées – broutent. Les heures s'allongent, monotones, ponctuées d'arrêts soufflants et grinçants. Soudain, un moniteur s'affaire, désigne des enfants, la destination paraît proche. « Vous quatre, vous êtes bientôt arrivés, préparez-vous ! » ordonne-t-il. Ils enfilent leurs anoraks. « Et nous ? » s'inquiètent les autres. « Vous, restez à vos places et ne bougez pas ! » Un haut-parleur tonitruant s'égosille : « Guéret ! Guéret ! Trois minutes d'arrêt ! » Les fenêtres se fleurissent de têtes espiègles, perchées sur la pointe des pieds, de mains dissipées. Quatre enfants descendent le marchepied. Ils jettent des regards éperdus au train qui s'en va, égarés sur le quai, serrant leur valise à la main. Des femmes les emmènent on ne sait où.

Le train roule, fonce, rien n'arrête sa course haletante. Le crépuscule tombe dans les bois des vallons, la nuit s'épaissit sous les tunnels, la clarté ressurgit sur les viaducs. A intervalles réguliers, la locomotive freine et stoppe dans des petites gares désertes où attendent des chefs de gare en casquette blanche, sifflet à la bouche. Ce n'était pas encore celle-là. Le train repart, toujours plus loin. La nuit sournoise s'infiltre dans les compartiments silencieux. Les quatre de Guéret leur manquent, où sont-ils maintenant ? « Terminus ! Tout le monde descend ! » s'écrie un moniteur. « Sénaillac », annonce le panneau émaillé, vissé au fronton de la gare.

Un autocar attend dans la cour de derrière, chauffeur au volant, moteur ronflant. Un cortège de religieuses au sourire enfantin, aux gestes onctueux, en aube grise et foulard blanc, rassure les voyageurs d'un mot affectueux. Etourdis de lassitude, repus de kilomètres, ils se laissent conduire, dociles, contents d'arrêter enfin l'horloge déréglée et la cavalcade des images. L'autocar fait une halte dans la campagne, déverse la moitié de sa cargaison devant une grande bâtisse sous les arbres et redémarre. C'est à la nuit noire que les derniers touchent au but : Quézac, la Maison de l'orphelin. Un curé en soutane, béret sur le crâne, leur ouvre les bras. Etienne embrasse ses sœurs, elles rejoignent l'aile des fillettes, les lumières qui clignotent de l'autre côté du verger. Les derniers-nés, qu'ils ont laissés à La Réunion, feront le voyage neuf mois plus tard, mais poursuivront jusqu'à Albi et Lourdes.

Marcel et ses copains, c'est le directeur du foyer de Guéret qui est venu les attendre à Orly. Il en attendait cinq et en voit débarquer sept qui s'engouffrent dans sa voiture en se serrant comme des sardines. Il les rassure : « Ne vous inquiétez pas, il y a plein de copains réunionnais là-bas ! Vous verrez, vous ne serez pas dépaysés ! » La pauvre Simca 1500 tangue et roule, le conducteur s'agrippe au volant. La carrosserie traîne par terre, le moteur chauffe et tire la langue, ils s'arrêtent souvent. Un jerrican d'eau abreuve le radiateur, les passagers s'extraient, se dénouent, s'alignent en rang, tournent le dos et arrosent l'herbe du fossé. Avisant dans le champ un arbuste croulant sous les fruits jaunes, ils le secouent vivement et lui épluchent les branches.

— C'est pommes de France [1] ! s'esclaffent les joyeux pillards.

— Mais oui, on est en France, dit le directeur. Et c'est un pommier français. Je vous signale entre parenthèses que ces pommes appartiennent à un paysan et que s'il vous voit, on va se prendre un coup de pied aux fesses. Allez ! Dépêchons ! En voiture ! Et ne recommencez pas !

Le soir à Guéret, bringuebalés durant presque deux jours, le cœur chaviré, les jambes molles, ils croient revenir dans l'île, comme de retour après un long détour. « Ça alors ! Jean-Maurice, Jean-Jacques, Floris ! Vous êtes là ! » « Christian, qu'est-ce que tu deviens ? » Les filles minaudent, Isabelle, Marie, Dominique. Les gamines ont grandi, elles sont jolies à croquer, le sourire coquin, la peau douce.

1. Pommes de France : c'est ainsi qu'on appelait les pommes à La Réunion.

9

« La neige ! » Des acclamations matinales ont réveillé d'un bond les enfants, qui s'agglutinent aux fenêtres en pyjama. Un décor féerique s'est posé pendant la nuit : une plage de sucre en poudre recouvre le parc, les branches des arbres déplient des ailes blanches. Le silence. Des semelles de souliers dessinent un jeu de piste tortueux dans les allées. On leur a préparé une belle surprise pour leur arrivée. La neige ! Ils n'en ont jamais vu qu'en photo, sur le mont Blanc du livre de géographie.

Philippe et ses deux sœurs coursent en riant les flocons qui tourbillonnent, les attrapent au vol et s'inventent un jeu inédit : se camper la bouche ouverte et compter les gouttes glacées qui piquent la langue : gagné; celles qui fouettent la figure : perdu.

Une volée de boules de neige s'abat sur les bizuts. Un coup des Creusois, narquois, qui les guettent au coin du mur. Saisis une fraction de seconde, les Réunionnais lancent une contre-attaque. Les espions ont volé le secret de l'ennemi : une boule qui vole loin, c'est une boule bien tassée. Une joyeuse bataille rangée s'engage. Mais bientôt, les novices battent en retraite, grelottant, secouant désespérément leurs doigts raides, le nez, les oreilles, les orteils durs comme des galets. Ils courent se coller les mains sur les radiateurs, sécher les anoraks dégoulinants. On n'arrive plus à les déloger, ils frissonnent, transis, et rien ne les réchauffe.

L'éducateur propose aux ignorants d'apprendre la fabrication d'un bonhomme de neige. Il ne recrute pas grand monde. Pas question de ressortir au pôle Nord.

Les pupilles de Saint-Denis, de Saint-Pierre et d'ailleurs récitent en claquant des dents leur première leçon de choses : le froid, la morsure du froid. En France, le pays qu'on leur donne, l'hiver râpe la gorge qui l'avale, s'enfonce dans la poitrine et la gèle, fait tousser et coupe le souffle ; il racle la peau comme de la toile émeri, broie les os et les membres. Les escapades insouciantes pieds nus, torse nu, au bord de l'océan, les chemisettes, shorts et savates-doigt-de-pied sur le chemin de l'école, il faut les oublier. Ici, il faut empiler des épaisseurs de laine, bonnets, cache-nez, moufles, chaussettes et grosses chaussures qui tordent les pieds et donnent des ampoules ; s'empêtrer dans les pulls et les blousons qui alourdissent les mouvements. Ils ressemblent à des Bibendum pataudss et maladroits.

Mais quelle joie, hier soir en arrivant au foyer, de découvrir des copains couleur miel, la mélodie des mots créoles, autant de rayons de soleil où se réchauffer. Des garçons ont sorti des guitares, grattouillé des musiques cadencées, dansé des airs familiers et tapé dans les mains. Des curieux se sont vissés devant le cube bleuâtre de la télévision qui diffusait

Jacquou le croquant. Le directeur, M. Bujot, ne savait plus où donner de la tête avec cet arrivage nombreux. Il était submergé. Il a fallu préparer à la hâte un deuxième service au réfectoire et installer des matelas par terre dans le dortoir et dans une pièce au sous-sol pour caser tout le monde. Il a déjà écopé d'un surnom : « Cul de bouteille », à cause de sa vue basse et de ses lunettes aux verres de loupe.

Jocelyne et sa sœur Sabine sont tombées sur Lucie, la bonne copine du foyer de Saint-Pierre, arrivée quelques semaines avant elles. Elles se trémoussent de joie de ces retrouvailles. Philippe, leur petit frère, ne les quitte pas et ouvre grand ses oreilles.

— Tu te rappelles de Mlle Carmen ? Elle avait toujours des paquets de bonbons dans les poches, elle était si gentille.

— Pas comme la mère supérieure, rouspète Philippe. Quelle vache celle-là !

— Tais-toi, le petit diable, on t'a pas sonné, le sermonne Jocelyne.

— Tu te rappelles le jour où elle vous a dit que votre mère était morte ?

— Est-ce que c'est vrai, d'abord? s'énerve Jocelyne. Ça fait longtemps qu'on ne l'a pas vue, mais elle va revenir, j'en suis sûre.

— Moi aussi, j'en suis sûre, approuve sa sœur Sabine.

En les entendant, le petit Philippe éclate en sanglots :

— Ma maman ! Où elle est ? Je veux la voir !

Ses grandes sœurs le bercent tendrement.

— A nous aussi, elle nous manque, tu sais. Mais elle reviendra, t'en fais pas Ti'baba, on retournera tous les trois à Terre-Sainte et on restera avec elle, tous ensemble.

— Et avec Nicolette, la mignonne poupée. Tu te souviens, je jouais à coiffer ses boucles blondes. Qui sait où ils l'ont emmenée ?

— Et gramoune Ismelda, tu te rappelles ? C'était le bon temps.

Quelques jours plus tard, l'enchantement de la traversée éclate comme une bulle, en mille gouttelettes de désillusion.

On les a comblés de belles promesses et on les jette dans un pays froid et terne. Les nuages sont si bas, qu'on dirait que les gens les portent sur les épaules. Tout le contraire d'où ils viennent. Ils se sentent trompés, on leur a joué un mauvais tour. Pourquoi sont-ils venus ici ? Que vont-ils faire ? Rester ou repartir encore ? Personne ne dit rien, ne veut rien dire, personne ne répond aux questions. Un silence qui cache sans doute des noirceurs, des secrets inavouables ou, pire, l'ignorance : ils ne savent qu'en faire de tous ces marmailles. Des peurs, d'oubli, d'abandon, des chauve-souris tournoient dans les ténèbres. Rien de sûr et de clair devant eux. Rien derrière que des absences. On leur a volé des mères, enlevé des pères, caché des frères et des sœurs.

On leur a enjolivé la France avec des arguments sérieux, des bonnes écoles, un bon métier, pour les forcer à partir. Dans leurs rêveries d'enfants perdus, ils l'ont embellie à leur façon. Paris, la ville clignotante de lumières, débordante de luxe et de richesses. Quelqu'un les a choisis, eux parmi les autres, pour leur offrir une vie meilleure. Quelqu'un d'important enfin s'intéressait à eux, s'occupait d'eux. Ils n'avaient rien, n'étaient rien. Rien à perdre. Ils se sont laissé faire, en toute confiance, éperdus de gratitude, grisés comme des insectes autour de l'ampoule. Mais rien ne ressemble aux mirages qu'ils ont construits, et qui s'effacent. Alors, ils dessinent un petit bout d'île, pour ne pas pleurer. Des pailles en queue frôlent les vagues, des palmiers se balancent dans la brise, les souvenirs éloignent l'inquiétude.

Marcel se taille un franc succès avec ses histoires ; le cercle s'agrandit de jour en jour autour de lui. Attirés par les rigolades, des Creusois s'y joignent quand ils sont acceptés, et des titis parisiens de Belleville qui font les farauds.

— ... Et j'ai massacré son arrosoir à coups de cailloux ! Je cognais, je cognais, comme un fou ! J'en avais marre de la marraine et de charroyer l'eau, à deux kilomètres, à cinq heures du matin. Je suis retourné chez ma mère. Deux flics à vélo sont venus me reprendre. C'est comme ça que ça a commencé, j'ai atterri chez les bonnes sœurs à la plaine des Caffres.

— A la ferme, chez nous, raconte un Creusois, l'eau on la tire à la pompe à bras, dans la cour. Mais faut faire attention l'été, car il n'y en a plus dans la citerne. Alors mon père attelle la tonne [1] au cheval, et il part à la rivière.

— Chez moi, finaude un parisien, l'eau, on l'a au robinet de l'évier, comme tout le monde ! Ma corvée à moi, c'était de remonter tous les soirs le casier à bouteilles de chez Nicolas, le marchand de vin. Quatre étages s'il vous plaît !

— Moi, mon boulot à Saint-André, reprend Félix, c'était d'aller ramasser de la paille pour la vache. Je me faisais toujours engueuler parce que j'en ramenais pas assez. Un jour, quelle blague ! la vache a léché un pot de peinture qui traînait dans la remise. La couleur lui plaisait, c'était du vert. Elle a tout bouffé, et ça l'a fait crever. Bon débarras !

1. Tonne : chariot à citerne.

Dans la bande des Réunionnais, Marcel, Félix et Jean-Yves, les rois de la fugue, les champions de l'école buissonnière, sont devenus les chefs du clan en un clin d'œil. On se répète leurs exploits avec admiration, on rêve d'en être capables. Les yeux des filles brillent d'émoi. Marcel est passé au collège, il est intelligent et connaît quelques accords de guitare. Félix, la tête brûlée, rien ne lui fait peur. Jean-Yves, l'original, on se demande où il trouve ses idées bizarres. Les autres sont renfermés dans leur coquille, ils restent seuls, pleurent dans les bras des infirmières ou vont se cacher. On en a même vu un qui parlait au marronnier en créole.

— Je m'en souviens, raconte Marcel, j'ai eu un prix d'excellence au CP. C'était au cinéma Casino du Port : je suis monté sur la scène et tous les parents applaudissaient. La classe ! Bon, après ça c'est gâté. Ils m'ont tellement trimballé, j'ai fait trois foyers : Poitevin, Père Fontaine et Hell-Bourg, puis l'internat au collège de la plaine des Palmistes. Qui dit mieux ?

— Chez moi à Sainte-Marie, son truc au directeur, c'étaient les retards. Il attendait au portail, on se prenait des claques terribles ou des coups de règle. Je m'aventurais pas, je préférais faire un détour et aller poser mes vouves à la rivière. Mon grand frère signait le mot d'absence. C'était à la dure, à Sainte-Marie. Une fois, l'instituteur a jeté une ardoise sur un élève qui se bagarrait et lui a crevé l'œil.

Chaque soir, La Réunion se rapproche et les bêtises grandissent, agrémentées de détails de plus en plus héroïques. Mais les papas et les mamans restent à l'écart, ce sont des secrets de pudeur, de tristesse ou de honte, qu'on garde pour soi ou pour une oreille confidente. Seules les grand-mères sont admises, parfois, et ramènent des larmes légères sur les joues. Et les rires périclitent, le cercle se referme quand un étranger s'approche, La Réunion s'éloigne et on parle créole, pour décourager les curieux. Ou on parle d'autre chose.

Dans son bureau, le directeur s'affole : l'avalanche des pupilles bouscule la tranquillité du foyer et bouleverse son bon fonctionnement. Il y a deux fois plus d'enfants que de places disponibles. Certains commencent à râler. Si ça dure trop, ils deviendront intenables et on ira au-devant de sérieux problèmes de sécurité et de surveillance. Les éducateurs sont débordés.

Il téléphone à la DDASS, à Jacques Tarbes, pour lui faire part de ses soucis :

— Je ne sais plus où les mettre. Ceux du convoi du mois dernier n'ont pas tous été placés. D'autres ont fugué de leurs familles et sont revenus.

— Restons calmes, monsieur Bujot, répond Tarbes, agacé. C'est difficile, il y avait des retards à La Réunion. L'opportunité nouvelle de la migration a fait appel d'air. Mais ne vous inquiétez pas, je maîtrise la situation.

— Ils posent des questions, insiste Bujot, ils veulent savoir. Et je ne sais que leur dire. Les adolescents surtout, s'impatientent, ils tournent en rond comme des fauves en cage.

— Dites-leur qu'on prépare leur placement dans des familles d'accueil ou en apprentissage et que c'est une affaire d'une semaine ou deux, tout au plus. Je vais vous en mettre quelques-uns en internat au collège, ça vous dégagera déjà des places pendant la semaine.

— Ils me demandent aussi quand ils retourneront à La Réunion.

— Cela, c'est absolument exclu, s'énerve Tarbes. Je ne sais pas qui leur a fourré ça dans la tête, mais ce n'est pas du tout prévu. Absolument exclu, vous m'entendez ? Ce n'est pas le but de l'opération. Au contraire. Mais surtout, gardez cela pour vous, je ne vous ai rien dit. Prudence...

Le soir même, M. Bujot vient au réfectoire. Un tintamarre l'accueille, des dizaines de cuillères à soupe tapant sur les verres et les assiettes. Il lève les bras, pose son index sur la bouche.

— Les enfants, j'ai des choses importantes à vous dire ! Un peu de silence !

Quelques cris, claques et cheveux arrachés ramènent le calme.

— Les enfants ! Vous me demandez souvent ce qu'on va faire de vous. Vous êtes impatients de savoir, vous êtes désorientés, tous ces changements vous contrarient et je vous comprends. Soyez-en sûrs, on s'occupe bien de vous. C'est pour cela que ça prend du temps. Je me suis renseigné. On étudie les cas de chacun de vous avec le plus grand soin. Dès que possible, certains iront dans des familles d'accueil, d'autres en apprentissage chez des artisans.

— Quand ? crie une voix.

— Dès que possible, je vous l'ai dit. C'est une affaire d'une semaine ou deux, tout au plus. Mais d'abord, il faut vous préparer à reprendre l'école. Certains iront au collège, en internat.

— Et quand est-ce qu'on retourne à La Réunion ? lance quelqu'un.

Le directeur redoutait la question, elle est sur toutes les lèvres. Il hésite. Devant l'insistance, il cède et s'efforce de se montrer ferme.

— Là, je dois vous faire une mise au point. Je sais que cela en peinera beaucoup. Je ne sais pas qui a pu vous parler de retour, mais selon mes renseignements, il n'y aurait pas de retour prévu.

Un bourdonnement électrise le réfectoire.

— Mais on nous a promis qu'on reviendrait chez nous pour les vacances !

— Je vous le répète, ce n'est pas envisagé pour l'instant, malheureusement. Mais ça peut changer, je ne sais pas. Ce n'est pas moi qui décide cela. Vous savez, tout ce que l'on fait, c'est pour votre bien. Ici vous serez bien entourés, vous irez à l'école, vous apprendrez un bon métier. Croyez-vous qu'à La Réunion vous auriez eu autant de chance ? Et puis, là-bas, vous n'avez plus de parents, plus de famille, pourquoi voulez-vous y retourner ? Je sais que c'est dur, mais il faut vous y faire. Nous vous aiderons.

Les promesses trahies par ces mots, toute l'espérance s'enfuit. La blessure ouverte s'infectera le temps passant et gangrènera les plus faibles jusqu'à la folie ou la mort. La carapace de l'oubli, ceux qui n'ont que la solitude et le malheur à regretter s'y réfugieront, une épine de mélancolie piquée à jamais au cœur, réveillant la douleur et l'amertume les jours noirs.

L'école est la première épreuve du parcours balisé qui leur est tracé. Quitter le foyer devenu maison meublée d'habitudes, famille peuplée de joies et de colères. Recommencer, se frotter à la vie à côté d'eux, une planète mystérieuse à explorer, des visages à déchiffrer. Et il fait un froid de canard, comme disent les habitants.

Ils sont inscrits par petits groupes dans les écoles, les collèges, les lycées, selon les âges, les niveaux, entre garçons et filles, en fonction des places restantes. Nouvelle punition, les copains sont séparés, les bandes écartelées, deux ou trois par ici, cinq ou six par là. On les emmène un matin, le principal fait les présentations, l'instituteur ne sait sur quel pied danser, les élèves sont bouche bée, assis à leurs pupitres. Des paires d'yeux décortiquent les nouveaux sous toutes les coutures, des regards sournois ou insistants, ou fondants de gentillesse, ce qui revient au même. On ne les regarde plus sans les voir, ce qui rassure, mais avec une curiosité qui humilie. Les petits mulâtres font jaser, des caramels sucrés dans les classes en mie de pain. Ils ne se croyaient pas différents. Comme le dit Jean-Yves : « Je voulais être caffre à Hell-Bourg, car les coups font moins mal sur les cheveux crépus, mais à Guéret je maudissais ma mère de m'avoir fait la peau trop dorée. » Nouvelle déconvenue.

— Bienvenue aux enfants de La Réunion, sourit l'instituteur. Il y a une règle d'or dans ma classe : ceux qui veulent travailler s'assoient devant et les autres derrière !

Félix ne se fait pas prier, il a repéré le radiateur du fond, l'école il s'en fout, il est gelé. Ce matin, il a entassé l'un sur l'autre son pyjama, un survêtement, et tout l'attirail : pantalon, pull, bonnet et gants. Il se rue au dernier rang, suivi de son compère Pollux, se cale sur la chaise, remonte la fermeture Eclair de son parka et croise les bras avec une grimace insolente. « Ces deux-là sont des fortes têtes et des fainéants, comme tous ceux du fond », conclut l'instituteur.

— Enlève tes gants pour écrire, mon garçon, risque-t-il, mi-figue, mi-raisin, avant de renoncer par prudence et de continuer sa leçon, la bouche en cul de poule : *I, you, he, we, you, they...*

— Qu'est-ce que c'est que ce charabia ?

Félix et Pollux se marrent.

Ils ont quatorze ans et sont inscrits en 4e ; vu leur âge, c'est logique. Sauf qu'ils ont quitté La Réunion au milieu d'une 6e et sont incapables de suivre. A la fin du trimestre, ils redescendront en 6e.

*

Les convois se suivent à Guéret. A la préfecture de la Creuse, le directeur de la DDASS mène les opérations tambour battant. Des bataillons d'enfants à caser, des nourrissons âgés de huit mois jusqu'aux grands mineurs de vingt ans, le gros des troupes ayant entre dix et seize ans. Se dépêcher et fournir à chacun sans tarder une solution adéquate, telle est la consigne. Jacques Tarbes ne ménage pas ses rappels à l'ordre, aidé de Colette, l'assistante sociale dépêchée de La Réunion.

— J'ai vu le président de la chambre des métiers, il se lamente, il manque de bras : de couvreurs, de plâtriers, de peintres, personne ne veut de ces métiers. Si les Creusois n'en veulent pas, nous on les prendra. Allez-y, foncez. Placez nos petits Réunionnais, qu'ils préparent leur CAP.

— Bien, monsieur.

— Et faites la tournée des boulangers ! Ils ont fort besoin de petits mitrons à ce qu'on m'a dit !

— Bien sûr, monsieur.

Il y a urgence. Guéret est en mesure d'absorber les contingents programmés, en tout cas il faut le démontrer vite. Au chausse-pieds si la chaussure est trop serrée. La réussite du plan de migration est à ce prix. Sinon, Jacques Tarbes le redoute, sa belle construction s'effondrera, et lui sous les décombres. Il pousse ses subordonnés, ne s'embarrasse pas toujours des règles imposées[1]. Aux commis à tout faire que réclament les fermiers pour les travaux des champs, on délivrera la qualification très impropre d'apprentis. L'agrément des familles d'accueil est sommaire, les enquêtes expédiées à la va-vite. Une assistante sociale inspecte rapidement la maison, la propreté, les commodités, s'arrête dans la chambre destinée aux enfants, s'informe des moyens d'existence du foyer. Et quand on parle de sous, il est difficile de leur tirer les vers du nez aux paysans. Elle se dépêche, elle a encore deux femmes à voir – une au village, une dans une ferme perdue – et ses rapports à taper en rentrant au bureau. Elle s'en repart, un sac de blé pour ses poules ou une bouteille de gnôle cachés au fond du coffre. Au bout du compte, on fournit des enfants à tous ceux qui en demandent, car le véritable critère, c'est l'urgence. Et ça tombe bien, car sur le plateau de Millevaches, au bout du bout du monde, la vie est rude et chiche dans les fermes. Un

1. Précisons toutefois que les règlements n'étaient pas aussi exigeants et contraignants que ceux d'aujourd'hui.

robuste garçon, ça allège le fardeau des travaux, et le modeste pécule de la DDASS est un pactole qui améliore un ordinaire de misère. Bien souvent, les pupilles tombent dans des familles qui n'y sont pas préparées : chez des personnes âgées, des retraités, des veuves, qui n'ont pas d'enfants ou des enfants déjà élevés.

La loterie de la vie tourne, hésite et s'arrête : le gros lot ou la case blanche, chance ou maldonne. Ainsi Andrée, arrivée à cinq ans, placée dans une ferme, retirée trois mois plus tard et installée chez un médecin guérétois. L'épouse blessée n'avait pas d'enfant, son mari possédait les ressources et le bras long pour obtenir satisfaction. Brusque bifurcation du destin, de la cour de ferme à l'appartement cossu. Andrée a passé une jeunesse comblée, ses parents en l'adoptant en ont fait leur héritière. Elle vit toujours à Guéret.

Marie-Claire, à l'inverse, a sombré, de cure en cure, à l'hôpital psychiatrique de Saint-Vaury. Elle s'est étiolée lentement. On lui avait attribué une pauvre maison à

Seyroux, une grand-mère cloîtrée avec ses deux filles, des vieilles filles, qui vivotaient de petites choses, des travaux de couture, des volailles et des légumes d'un coin de potager. Pour gagner un peu, elles élevaient une autre fillette de la DDASS et le bâtard de la sœur de la ville. Marie-Claire s'est résignée, étouffée dans sa solitude.

*

Jean-Yves n'est resté que quinze jours au foyer de Guéret, avant qu'on lui trouve un placement. Il a pris le temps d'écrire à sa mère, il n'en avait plus de nouvelles depuis deux ans, pas une seule lettre, pas une visite durant tout son séjour à Hell-Bourg. Mais elle a écrit à Guéret. Si elle ravive le mal de l'île, au moins elle est là, bien qu'inaccessible. Il lui a raconté les surprises qui se suivent dans son nouveau pays, sa mésaventure dans un champ où il arrachait des touffes de luzerne et les secouait avec une grimace de déception.

— Et pourrrquoi don tu crrreuses mon champ ? gronde le paysan qui s'amène, intrigué par le manège.

— Pistaches ! Pistaches ! fait le garnement, effrayé par la grosse voix.

— Qui' q' tu râcontes, se moque le vieux. Y â pas de pistâches ici, mon gârrrçon. Ça pousse pas lâ.

— C'est peut-être pas la saison ?

— Allez, mon gârrrçon ! Et n'y r'viens pâs !

Les feuilles, par l'aspect, se ressemblent : Jean-Yves confondait la luzerne avec des pieds de cacahuètes.

Une place s'offre chez un boulanger à la sortie de Guéret. Lever à cinq heures sonnantes pour arranger les pâtisseries, poser les cerises confites sur les amandines, laver les jattes de chocolat et de confiture, passer un coup de balai au fournil, et en route pour l'école. Le régime est trop dur et l'entente impossible. Il retourne au foyer. Deux jours après, il repart au Châtelet dans une famille qui héberge un Réunionnais, Tiburce, quelqu'un à qui parler. Jean-Yves perd l'envie de fuguer. Il y restera de onze à quatorze ans.

Armand va à Saint-Hilaire-le-Château, en apprentissage chez les boulangers du bourg. Leur fils unique est instituteur. Ils ont essayé de mettre le mitron en classe à son arrivée, mais le maître d'école n'en a pas voulu : « Quatorze ans, trop de retard, il est trop vieux », s'est-il excusé. Armand apprend le métier jusqu'aux aurores et passe son CAP. « Je suis bien tombé, avoue-t-il, je n'ai pas à me plaindre d'eux. »

Pour Jean-Michel, direction La Chapelle-Taillefert. La vieille femme venue le chercher au foyer est une brave paysanne rondouillarde, de la bonté dans les yeux, dans la bouche, dans les mains. Elle a noué un fichu sur ses cheveux blancs, passé un manteau par-dessus son tablier. Elle a la larme à l'œil, attendrie de compassion pour le petit orphelin joueur. Il se jette dans ses bras en riant. Ils descendent du car au village et marchent la main dans la main jusqu'à la ferme. Jean-Michel y vivra quatre belles années, auprès de sa « tata » et de son « tonton ». Ils n'ont pas grand-chose, mais ils donnent tout.

A l'école des garçons, en CM1, Edouard fait des siennes. Il s'ennuie en classe avec son copain Maximilien. Max a perdu ses parents dans le cyclone Jenny. Edouard s'énerve un jour que le maître lui tire les cheveux, il lui balance son encrier à la figure. Furibard, sa chemise violette d'encre, l'instituteur traîne le mauvais élève dans le bureau du directeur : « Tu es un bon à rien et tu es méchant, je ne peux pas te garder. » Edouard est mis à la porte. Il arrive quelque temps plus tard à Measme. La nourrice est une Sénégalaise, son mari, conducteur d'engins, travaille sur des chantiers en Afrique, et ils ont adopté deux petits Noirs. Edouard se plaint qu'elle les préfère ; il la veut pour lui tout seul. Il s'enfuit, se réfugie au foyer, se cache dans le bois quand elle vient le reprendre. On lui confie un autre enfant et elle repart.

Félix n'a pas changé, il aime toujours la bagarre. A l'internat du collège Pierre-Bourdan, ils ne sont que sept Réunionnais. On l'a séparé de sa bande, il bout, l'injustice le hérisse ; il gèle, le froid lui porte sur les nerfs. Les sept copains ne bougent pas de sous le préau de la cour de récréation, car il y a deux radiateurs dans un coin. Le premier à descendre de sa classe est chargé de réserver les places pour les retardataires. Et ils restent là à bavarder, à mâcher des Malabar, les fesses bien au chaud, la capuche baissée, ignorant les moqueries des « ours blancs ». Mais, une fois, un des « eskimos » farceur, un de 4e, a eu l'idée saugrenue d'agripper Félix et de lui fourrer une boule de neige dans le dos, par le col de l'anorak. Le petit teigneux a vite rattrapé le grand dadais imprudent qui s'est affalé, tordu de douleur, la quéquette démantibulée. Pas de chance, c'était le fils du préfet. Le principal a convoqué Félix. Comme ses carnets de notes ne sont pas fameux, qu'à quatorze ans il traîne en 6e, que ça ne s'améliore pas, on l'envoie chez un gros fermier des environs.

Le patron a le nez écarlate et piqueté comme une énorme fraise et, quand il égoutte sa protubérance dans son mouchoir, ça fait le boucan d'un cyclone. Il garde un Réunionnais d'un précédent convoi, Gérard. Ça ne rigole pas avec le patron : il faut toujours travailler, il ne souffre pas qu'on s'arrête deux minutes. « C'est bon pour les fainéants », comme il dit. Et il leur trouve toujours quelque chose à faire. « Tu vas me monter les bottes de paille au grenier et quand t'auras fini, c't après-midi, t'iras m' tailler la haie au champ d'avoine. Et t'as intérêt de te dépêcher, sinon j'm'en vais te botter le cul. » Félix avise le bec pointu des sabots de bois et juge prudent d'obtempérer. Les autres jours, il ira garder les vaches, piocher les pommes de terre, donner les grains aux poules, bouillir topinambours et betteraves à la marmite des cochons, ou curer la porcherie et l'étable, à la fourche, les bottes dans le purin, et amener la brouette au tas de fumier. Comme le bonhomme n'est jamais content, les engueulades et les coups de sabots, Félix n'y échappe pas. Il regretterait presque le bon temps du collège. Gérard est plus coulant, il ne fait pas le hérisson dès qu'on l'effleure, il obéit et ne rouspète pas. Plus grand, plus fort et plus habile de ses mains, car sans doute met-il moins de mauvaise volonté, il est mieux vu, et on lui confie les tâches faciles comme la traite des vaches. Les journées sont lourdes de fatigue de l'aube à la nuit tombée, et le soir ils tombent de sommeil.

— J'en ai marre de servir de boy à ce gros con !

Félix ne pense qu'à s'enfuir.

— Fais pas le con, le calme Gérard.

Ils peinent à se réchauffer, serrés dans le lit, l'édredon tiré jusqu'aux oreilles, les pieds glacés. Dans la grange au-dessus de l'étable, le patron leur a aménagé une pièce – des panneaux de contreplaqué cloués –, grande comme le tour du vieux lit de fer et sa paillasse de jute bourrée de chaume. Le cabinet de toilette, c'est sous la pompe à bras de l'abreuvoir, en cassant la croûte de glace, l'hiver. Un jour qu'ils réclament des serviettes, le patron en apporte une blanche et une à rayures rouges, tend la première à Gérard et se ravise : « Non, toi, tu vas me la déteindre, prends l'autre ! » Une brute bornée. Pour lui, ils ne valent pas mieux que du bétail. Sa femme a quelques bontés, quand il a le dos tourné. Elle leur a acheté une montre au marché et tous les samedis rapporte un paquet de tabac gris. Ils se roulent des cigarettes en cachette. Ses filles, des pimbêches à l'air pincé, ne daignent jamais leur adresser la parole.

Félix se sauve à plusieurs reprises et le regrette aussitôt. Il n'a nulle part où manger et dormir. Chaque fois, il se résigne et échoue au foyer de Guéret, ne sachant où aller ailleurs. Le patron se pointe de fort mauvaise humeur, mais fait patte de velours devant le directeur : « C'est pas un mauvais bougre, feint-il de se lamenter, mais alors il est fainéant, fainéant ! Il mérite même pas que je lui donne à manger ! » Il rumine : « Rien à en tirer de cette sale caboche, un bon à rien ! Que la trique pour le faire obéir. » Furieux que ce vaurien plus récalcitrant qu'un âne lui tienne tête, les corrections pleuvent, ainsi que les méchancetés. Une nuit qu'il gèle à pierre fendre, Félix a fait ses besoins dans l'étable, il a la colique et pas le courage de traverser la cour pour aller au tas de fumier. Le matin, le patron découvre une feuille de papier journal déchirée et une crotte sur la paille. A la soupe de midi, il dénonce le coupable et lui fait honte, à table où ils mangent ensemble, le patron, sa femme, ses deux filles, et au bout les deux compères.

— C'est pas toi ! C'est pas toi ! Mais les vaches, elles s'essuient pas !

Le pauvre Félix a envie de se cacher sous la table.

— Tu me fais des crasses, tu n'arrêtes pas !

Félix marmonne entre ses dents.

— T'as qu'à te laver, gros con.

Les fugues se succédant avec assiduité, le bonhomme irascible se débarrasse de cette tête dure. On l'envoie à Saint-Sulpice-le-Guérétois retrouver son acolyte, Pollux.

De placement en déplacement, rejeté, Gérard, lui, passera par quatre fermes.

L'isolement, la dureté des paysans, et les labeurs éreintants pour toute enfance. Un poison lent brûlant dans les veines. Il tentera de se pendre à une branche, une chaîne de vache autour du cou, puis de se trancher les veines. On le sauvera *in extremis*. Il est rentré à La Réunion il y a peu.

*

Le récit des trois gamins de Terre-Sainte, Jocelyne l'exubérante, son aînée, Sabine la secrète, et leur petit frère Philippe déchiffre à distance les chemins de fortune et d'infortune qui les ont éloignés. Sans qu'ils le soupçonnent, un chef d'orchestre composait les notes de leur existence et ils jouaient sa partition.

Leur mère, Marie-Rose, est morte assassinée. Ils ont vécu trois ans au couvent de Saint-Pierre, une année au foyer de

Guéret, puis sont placés tous trois à Seyroux. Les sœurs ensemble, le cadet à part, dans deux maisons séparées par l'église, le café et la boulangerie. Leurs vies divergent le dimanche où on les a retirés du foyer. Les fillettes prennent la micheline à la gare, Philippe grimpe dans une 403.

Philippe arrive chez le maire de la commune. Au village, on l'appelle « le Shérif », car il s'efforce d'arranger les querelles du remembrement, et ça chauffe entre les paysans quand il faut s'échanger une parcelle. Les jours où il siège à la mairie, il sort de l'armoire aux effluves de naphtaline son costume de Tergal, la chemise blanche et la cravate qui va avec. A la ferme, il porte toujours son pantalon de velours et sa vareuse de toile bleue, qu'il ferme avec un tendeur de vélo en guise de ceinture. Il a une dizaine de vaches, une quarantaine de cochons, des poules et une vingtaine d'hectares de cultures : une belle propriété. Le grand-père habite avec eux. Quand il a voulu s'arrêter, il s'est entendu avec ses deux fils.

« J' n'ai pas assez d'argent pour payer des études à vous deux et comme il faut bien continuer... » Le cadet a repris la ferme. Les anciens commandent. L'aîné a eu plus de chance, il a suivi l'Ecole normale et il est devenu enseignant à Avignon.

A l'école communale où rapplique Philippe, le maître emploie une méthode bien à lui : les bons élèves derrière, les moyens au milieu et les mauvais sur les bancs de devant. Il installe le nouveau au milieu. L'astuce c'est d'écouter la leçon, de la retenir et de glisser aux derniers rangs où le maître ne s'aventure guère. Dans le repaire des dissipés, sa règle en aluminium tombe impitoyablement. Philippe s'applique et empoche le certificat d'études.

En rentrant de l'école, il prend sa part de travail comme tout le monde, les jeunes et les vieux : lui, il sue au fourneau à cuire la pâtée des cochons, puis à transbahuter les seaux dans les auges. Après, il monte faire ses devoirs dans sa chambre. Après, s'il reste un peu de temps, il va jouer au foot avec les copains dans la cour de l'école : un but entre deux tilleuls, et la partie s'arrête quand l'arbitre, les mères sifflent la fin de la partie : « A table ! » Le matin, avant de partir, il soigne les poules. « Petits, petits, petits ! » Le jeudi, il va garder les vaches au pré ou plutôt César les garde tout seul : le gentil berger allemand les connaît mieux que personne, les bonnes mères et les capricieuses qui craignent ses crocs. « Quand on est gamin, on aime les bêtes et ce n'est pas une corvée », s'excuse Philippe qui ne veut pas qu'on croie qu'il embellit les choses. Le grand-père est plus bourru, il a fait la guerre de 14. Il s'est mis le petit dans la poche et a obtenu qu'il lui porte son bois, lui allume son feu dans la cheminée de sa chambre et range ses affaires. La tâche finie, Pépé emmène le gamin au bistrot, écluse le verre de blanc sec qui l'attend au comptoir et lui achète une sucette à l'orange Pierrot Gourmand.

Philippe raconte ses petites joies d'enfant, des souvenirs heureux tout bêtes. Une friandise, un sourire, c'est leur façon à eux, ses parents, de lui monter qu'il est leur fils, malgré tout. C'est peu, mais c'est beaucoup pour eux, ça s'ajoute à des petits riens et ça lui suffit bien.

Le soir, ils s'assoient sous la lampe à pétrole, lapent à grand bruit une soupe de légumes à la crème et au pain trempé et décortiquent des châtaignes brûlantes en discutant des travaux du lendemain ou des progrès du petit à l'école. Parfois un couple de voisins frappe à la porte. Le père sort le jeu de cartes du tiroir, le tapis de publicité qu'a donné le cafetier, la bouteille de genièvre du buffet et les hommes jouent à la coinchée [1]. Jusqu'à temps que le grand-père se lève et décrète : « Bon, le p'tiot, c'est p'tet ben l'heure d'aller se coucher. Allez ouste ! »

Le tonton d'Avignon qui vient l'été en vacances au pays, lui a appris la pêche à la truite dans les ruisseaux qui courent autour du bourg. Philippe se débrouille tout seul à présent, avec ses copains. Il a sorti de l'eau un bestiau d'un kilo, sans casser le fil. Il n'était pas peu fier d'exhiber le trophée à son père. Sa mère l'a rôtie au four, farcie avec des légumes hachés. La sacrée bande de Seyroux, ils sont imbattables à la pêche et au foot. Ils ont annexé

1. Coinchée : manille.

la berge de l'Ardour, bricolé un barrage de pierres et de branches sous les peupliers et, dans la retenue, c'est la fête aux écrevisses. A l'écluse, à l'épuisette, ils remplissent des seaux de vairons, d'ablettes et de goujons. Quand la pêche est bonne, que midi sonne au clocher, ils courent à la cabane qu'ils ont construite dans le bois avec des planches de la scierie, allument des brindilles entre deux pierres, font griller la friture ou une omelette aux champignons et au dessert se gavent de mûres, de cerises ou de pommes, selon la saison. L'après-midi, ils se baignent dans l'eau vive, agrippés aux chambres à air de tracteur et se laissent glisser dans le courant.

Avec l'été viennent les jours joyeux des moissons. La batteuse bardée de poulies, de chaînes et de courroies vient se planter dans les cours des fermes. Elle toussote, ses entrailles gargouillent de coups sourds et de grincements. Les hommes y engouffrent à la fourche des gerbes de blé, elle les digère bruyamment et pisse une fontaine dorée dans les sacs. Autour de ses flancs tournoient des fantômes, torses en nage, bras et figures blafards de la poussière du son. Mains sur les hanches, les femmes encouragent les moissonneurs d'une moquerie ou d'une chopine de vin frais, les enfants courent en tous sens comme des sauterelles. Tous les fermiers des alentours viennent prêter la main. A la nuit, ils s'assoient, fourbus, aux longues tables amenées dans la cour et découpent en riant les quartiers de cochon et les gros pains que les cuisinières apportent. Une barrique désaltère les gosiers secs et les verres se lèvent pour fêter les chansons de l'accordéoniste : *La Madelon*, *Le Petit Vin blanc* et des vieilles bourrées d'autrefois.

— Bonne nuit, les boit-sans-soif ! rigole le fermier en serrant les dernières mains. A demain chez l'Hyppolite.

A la fin des moissons, le village se met en fête, décoré de guirlandes entre les marronniers. Les mamans se sont habillées de belles robes légères à fleurs, fardées de rouge à lèvres, les papas paraissent sévères dans leur costume des dimanches, les garçonnets paradent luisants de brillantine, les fillettes fières comme des princesses, des rubans enroulés dans les cheveux. On regarde passer le peloton de la course cycliste, on se bouscule à la course en sac, au tir à la corde, à la course à l'œuf, une cuillère entre les dents, ou au jeu de la ficelle, à celui qui en avalera le bout le plus long. Les adolescents roulent des mécaniques au stand de tir à la carabine ou montrent leur adresse au mât de cocagne, pour les jeunes filles qui roucoulent. Les cœurs batifolent sous les corsages espiègles, impatients en attendant le soir où ils se loveront contre une épaule, sur le slow de l'été et son cortège de larmes. Un parquet de bal rutilant a été dressé sur la place. L'orchestre de Jacky Durand et ses *Chaussures vertes* sont à l'affiche. Les guitares électriques ont fait sauter les plombs aux répétitions, c'est dire si ça chauffe.

Et bientôt les jours raccourcissent, les feuilles jaunissent, les maisons ferment leurs volets. C'est la rentrée des classes : Philippe grimpe dans l'autocar qui fait la tournée des villages, il passe en 6e au collège de Bénévent.

Ainsi coulèrent à Seyroux les jours heureux du petit Creusois d'adoption, devenu par magie creusois de cœur, sinon de peau. Tout autre fut le sort de ses deux sœurs, Jocelyne et Sabine, deux maisons à côté.

Entre frère et sœurs, deux regards tranchés découpent les souvenirs. Rien n'est ressemblant. Une immensité sépare les deux maisons. Le décor de Jocelyne est différent : son Seyroux est un village maudit, ses habitants lugubres ; le genre est différent : le frère met en scène une comédie légère, sa sœur, une sombre tragédie. La rancœur noircit la mémoire. Son parler nerveux se hérisse en évoquant ses sept ans passés à Seyroux.

Il pleut, les chaussures s'enfoncent dans la boue. Des poules et des canards furètent dans les flaques, un chien féroce tire sur sa chaîne et aboie. Les deux sœurs suivent la fermière, leur mère, qui fait le tour de l'habitation. Au cellier s'entassent des sacs de blé, deux barriques de vin, la huche à pain, des fromages sèchent sur la paille, des jambons pendent aux poutres. Marcelline montre fièrement l'écrémeuse électrique Alfa Laval rouge, toute neuve. A l'étable, des nids d'hirondelles s'accrochent dans les recoins, le fils de la maison trait une vache, il marmonne un bonjour, presse le pis et asperge les sœurs d'un jet de lait. Le fils de la fermière a leur âge. Trois vaches sont à l'étable : tout leur bien avec la volaille et un jardin de légumes. Gilles, un garçon de la DDASS, ramasse la paille et les bouses dans une brouette. Il embrasse les filles comme des bonnes copines et repique sa fourche dans le fumier. Elles grimpent l'escalier en bois, au fond de la pièce dallée de pierres où rougeoie la cuisinière en fonte, et découvrent leur mansarde. Sous le vasistas, un lit, une table et une penderie de Nylon la meublent. Il flotte une odeur rance de crasse et de bois brûlé.

— Vous aurez de la compagnie, il y a des souris la nuit, ricane la fermière.

Sa figure est vieillie de soucis, froncée de rides, ses lèvres sèches et amères. Ses mots, rares. Marcelline tient la maison, elle porte la culotte. Roger, son mari, est bûcheron à la scierie. Il boit, mais il a un bon fond. Lui couche en haut, elle en bas. Il rentre saoul le soir et ils se querellent pour des riens, en viennent parfois aux mains, s'arrachent les cheveux et se secouent en hurlant. Le fils s'en mêle et insulte son père. Les fillettes s'enfuient dans leur chambre.

A la sortie de l'école, été ou hiver, la semaine comme les samedis et dimanches, commence l'heure des corvées : laver le linge à la rivière, la tâche réservée aux filles, et avec Gilles, bêcher les carrés de légumes, biner les mauvaises herbes, arracher les carottes et les pommes de terre, cueillir les haricots, couper un chou du jardin pour le repas, puis faucher l'herbe aux lapins à la faucille, nourrir les volailles, traire les vaches et curer l'étable. Les hivers, Jocelyne attrape des engelures et des rhumes continuels. Elle travaille sans répit et s'endort souvent à l'école sur son pupitre.

Gilles, un jour, s'est cassé la jambe : il est tombé à Mobylette en faisant le fou.

Marceline ne supportait plus de le voir avec son plâtre, à rien faire, et n'arrêtait pas de l'engueuler, alors il est parti. Jocelyne, bien plus tard, a appris qu'il avait été enfermé à l'asile à Limoges.

Les visites de l'assistante sociale sont précédées de tout un cérémonial. Il faut briquer la maison de fond en comble, faire les lits et ranger la chambre d'en bas, celle qu'on lui présentera. Devant un bol de café, elle croque les gâteaux de la boîte sortie exprès du buffet en écoutant la fermière, tout sucre, tout miel, qui enfile les reproches à voix basse. Les filles ont été sermonnées et prévenues de ce qu'il faut dire ou non et elles obéissent, pour ne pas faire d'histoires. Elle les appelle, leur pose une ou deux questions.

— Vous dormez où ?

— A côté, là en bas, ment Jocelyne.

— Vous êtes bien ?

— Ça va, souffle Sabine.

— Elles sont terribles, je n'en viens pas à bout, se plaint la fermière.

L'assistante sociale fronce les sourcils, en une indulgente remontrance.

— Il faut être sages, mes petites, dit-elle. Et écouter ce qu'on vous dit.

Elle s'en retourne, en emportant un sachet de blé pour ses poules. Elle a prévu d'autres visites, il y a plusieurs enfants de la DDASS à Seyroux. Les petits Parisiens et les Creusois sont moins dépaysés et plus dociles. Les Réunionnais demandent plus d'attentions, ils sont plus difficiles à vivre, susceptibles, d'après les nourrices. Il y en a quatre au bourg : Jocelyne et Sabine, Philippe chez le maire, et Marie-Claire, chez les vieilles filles.

Marcelline est dure. Travailler et compter, tout est là, pas de place pour les sentiments chez elle. Quand elle s'essaie à la douceur, elle semble gauche et ridicule dans des gestes qu'elle ignore. Les filles n'ont aucune envie de se jeter dans ses bras ni de mendier des câlins, comme avec une mère. Elle se recule quand elles se font cajoleuses. Parfois, Jocelyne ne peut retenir la question qui lui brûle les lèvres : « Pourquoi est-on là ? » Marcelline répond toujours qu'elle ne sait pas. Elle ne sait jamais. Une seule fois, bref espoir, elle s'est un peu entrouverte, par surprise ou par mégarde. Elle demande à Jocelyne : « Tu te souviens de ta maman ? » La fillette s'emballe, tout feu tout flamme, et se jette dans l'interstice : « Oui, je la revois la nuit en rêve, elle est comme ci et comme ça... » Intarissable. Marcelline l'écoute, mal à l'aise, ne trouve pas de mots de réconfort et préfère changer de sujet.

Elle est si grippe-sou qu'elle annexe d'autorité au prix de pension l'argent de poche que la DDASS verse sur les livrets de Caisse d'épargne des filles. Elles n'en ont jamais vu la couleur. Le jour où passe la camionnette des *Modes de Paris*, les gamines accourent au son du klaxon, toutes frétillantes. Marcelline achète des nippes, pour elle et pour son Bernard, il n'y en a que pour lui. Elle les rabroue quand elles réclament un petit foulard ou un ruban à trois ronds.

— Non, c'est trop cher, on ne peut pas. Ça vous suffit bien vos affaires du trousseau !

Son mari, Roger, est un gentil géant, il écoute leurs peines, comprend leur solitude. Il s'est perdu lui aussi. Une complicité de chagrin les rapproche. Son mal de vivre, sa tristesse, sa misère, il les broie dans le vin. C'est sa manière d'oublier. Il envie les filles de se rebeller, lui qui n'en a plus l'âge ni la force. Il les gâte quand il n'est pas embrumé d'alcool, qu'il reprend sa fierté et ouvre son cœur paternel. Le jour de la paye du mois, il leur donne une petite pièce, prend leur défense quand Marcelline lève la main sur elles. Jocelyne s'amuse à lui faire des farces, ce qu'elle n'oserait jamais faire avec sa mère : cacher des pierres dans ses bottes ou vider sa bouteille, la remplir à moitié de vinaigre et la remettre à sa place dans le buffet. Surpris, il recrache dans l'évier en grimaçant, elle éclate de rire, il retient une taloche en souriant.

Les instants de confidences et d'évasion sont rares. Les parents ne parlent guère. Bernard préfère ses copains du village. Sabine, rien ne lui plaît mais elle avale et s'efface. Elle rêve de partir un jour, elle a décrété que son avenir commencera plus tard. En attendant, elle se tait. Philippe pousse, le petit lutin a grandi. Jocelyne l'observe de loin dans la cour de récréation, appliqué à ses parties de billes et de foot. Le soir, elle le croise quand elle va aux courses au café, acheter le vin ou le tabac de Roger. Parfois, en demandant l'autorisation et quand le travail est fini, elle va regarder la télévision chez ses parents et suivre *Thierry la Fronde*. Ils sont contents d'être ensemble comme autrefois, le temps du feuilleton. Mais ils ne parlent jamais de ce qui se passe chez eux, craignant de réveiller de mauvais démons. Leurs jours sont si différents, lourds et lents chez les unes, furtifs et joyeux chez l'autre. D'ailleurs, Marcelline n'aime pas qu'ils se voient trop souvent et que, peut-être, ils se montent la tête. L'espiègle Philippe paraît si heureux de vivre qu'il la dérange, elle si morne et vide. Elle l'a giflé un jour car il ne redescendait pas assez vite de la chambre des filles. A sa sœur, petite mère piquée au vif, elle a lancé, mauvaise.

— Ça ne te fait pas plaisir ? Eh bien, c'est comme ça !

Bientôt Jocelyne entre en 6e au bahut de Bourganeuf. Au pensionnat, elle savoure enfin le goût de la liberté, respire sa jeunesse à pleins poumons avec sa bande de copines. Enfin des oreilles auxquelles confier des secrets, des détresses, des émois naissants. Si le règlement prévoit une sortie tous les quinze jours, elle s'arrange pour les espacer en engrangeant des heures de colle.

Mais à Seyroux, quelle incroyable surprise, un bébé est arrivé, à dix-huit ans d'écart de leur premier. Ils l'ont appelé Bertrand. Les filles s'interrogent. Marcelline et Roger ne couchent pas ensemble, lui en haut, elle en bas. Sabine, pour une fois, en oublie sa timidité.

— Mais, papa, comment as-tu fait pour faire Bertrand ?

— T'occupe pas de ça, répond-il, gêné.

Marcelline est toute changée, on ne lui avait jamais vu ces attendrissements. Les filles, elle ne les voit même plus. Du coup, Jocelyne ne se fait plus coller, elle rentre à la maison jouer à la poupée. Savonner les langes, préparer la bouillie de légumes avec du jambon haché, cajoler le petit, l'amuser avec le hochet, le bercer quand il pleure ; elle apprend le métier de maman. Depuis que Philippe se croit un grand, cela lui manquait.

Jocelyne a quinze ans, des fourmis dans les jambes et des copines géniales. Mais elle n'a pas le droit de sortir. Bientôt sa mère cède aux pleurs et l'accompagne à ses premiers bals. L'œil aux aguets suit ses pas depuis la banquette et inspecte ses gestes. Amourettes interdites, retenir un mot doux, le flirt qui soude les joues brûlantes, le premier baiser quand la lumière s'abaisse et que la guitare câline le tube de l'été : *Et j'ai crié, crié-é, Aline, pour qu'elle revienne !* Avant-goût délicieux, la fièvre monte. Alors les copines s'inventent des stratagèmes. Les dimanches, des jeunes filles très sages viennent bafouiller leur demande en délégation : « Madame, s'il vous plaît, Jocelyne pourrait-elle cet après-midi venir réviser l'interro de maths chez l'une ou l'autre ? » Comme par hasard, il y a bal au bourg d'à côté. Jocelyne le tient de sa mère des îles, elle se trémousse comme une furie sur les twists et les rocks endiablés, et elle adore ça. Sur les parquets, avec sa bande de nanas délurées, elle allume des étincelles qui pétillent dans les veines des garçons, et fait des jalouses. Elle lève les plus beaux mecs, toujours des Blancs du pays, d'ailleurs, elle les trouve bien plus beaux que les Réunionnais.

Au bal à Montaigu, elle s'est bien marrée, elle est tombée nez à nez sur quatre filles qui portaient le même blouson qu'elle : celui de coton jaune du trousseau de la DDASS. Elles ne se connaissaient pas, ne s'étaient jamais vues, pourtant elles appartenaient à la même famille. Elles ont couru l'accrocher au vestiaire.

10

Michel Debré revient au gouvernement en janvier 1966, après une fière traversée du désert. De Gaulle, réélu, a reconduit Pompidou et nommé son fidèle compagnon au ministère de l'Economie et des Finances, en remplacement de Valéry Giscard d'Estaing. Debré surveille d'un œil vigilant et paternel sa Réunion, qu'il comble, et qui suit à marche forcée le cap de la modernité.

De passage à Paris, place Beauvau, Alfred Diefenbacher reçoit une convocation rue de Rivoli, détour désormais obligé pour le préfet de La Réunion. « On pourrait aussi bien l'appeler le ministère de La Réunion et des Finances ! » songe-t-il *in petto*.

Au cabinet du ministre d'Etat, la conseillère le questionne sur l'état d'avancement des migrations de pupilles et s'inquiète des résultats du centre de placement de la Creuse qu'installe son directeur, Jacques Tarbes, et qui promet tant. Elle renouvelle les consignes, le presse d'agir et de remplir les objectifs prescrits.

Le préfet Diefenbacher lui répond, de retour à Saint-Denis [1]. Son directeur de l'Aide à l'enfance l'a instruit des complications qui commencent à apparaître et que les calculs de Jacques Tarbes n'avaient pas envisagées à l'époque :

> « *Je tiens à vous signaler les difficultés rencontrées dans la sélection de jeunes éléments aptes à bénéficier de cette forme de migration :*
>
> *1° Problème ethnique : Le milieu le plus défavorisé de l'île étant essentiellement le milieu de couleur (origine africaine et malabare), il s'ensuit que la grande majorité des pupilles de l'Etat se compose d'enfants fortement colorés, et*

1. Lettre du 26 mars 1966 à Mlle Dulery, cabinet du ministre de l'Economie et des Finances.

qu'au regard de cette situation, les desiderata formulés par les nourrices de la Creuse sont encore très disparates.

2° Problème de « fratrie » : Les placements proposés par la Creuse sont essentiellement des placements individuels, alors qu'à La Réunion les enfants sont recueillis par le service d'Aide à l'enfance par groupes de frères et sœurs de 2, 3, 4, 5 et plus, et il est difficile d'envisager leur placement en les séparant les uns des autres.

3° Problème juridique : Dans la perspective d'une adoption possible sur place en métropole, ou tout simplement pour écarter toute possibilité de retour vers La Réunion, on ne peut sélectionner essentiellement que de jeunes enfants dont la rupture juridique avec le milieu familial d'origine aura été consommée, et cette obligation limite sensiblement le nombre d'enfants qu'il sera possible de faire migrer.

Néanmoins, je puis vous assurer que mes services s'attacheront à donner toute priorité à cette affaire, de manière à garantir, dans toute la mesure du possible, des départs réguliers vers la Creuse, de jeunes pupilles réunionnais. »

Roland Bertin, le méticuleux successeur de Jacques Tarbes à la DDASS de La Réunion, a douché les ardeurs du préfet et pointé les difficultés. Mille enfants ! Les promesses pharamineuses de Tarbes, il n'y croit guère. Tout les contredit. Son prédécesseur a simplement retiré des foyers les éléments en attente de placement depuis longtemps. Et puis, certains abandons dans des familles ignorantes et illettrées ont été obtenus par des procédés un peu contraignants. De ce fait, les premiers contingents étaient abondants, mais où prendre les autres ? Plus question à présent d'agir à la hussarde, question de principes.

Le préfet Diefenbacher, qui attend sa prochaine relève, enfonce cependant le clou au conseil général, le 4 avril : la migration demeure une composante prioritaire de la politique décidée pour La Réunion, même si d'autres perspectives existent. Ce qu'il souligne. « Il restera indispensable de donner à un certain nombre de jeunes la possibilité de trouver, en métropole, les emplois que nous ne pourrons pas leur offrir dans les prochaines années. Bien plus, cet effort pour ne pas être vain, devrait être accompagné d'une véritable politique de régulation des naissances. »

En juillet, le président du conseil général interrompt les débats et donne lecture du télégramme de Michel Debré qui lui parvient de Paris :

> « *Vous annonce la nomination de M. Jean Vaudeville, mon collaborateur direct lorsque j'étais Premier ministre, actuellement directeur de cabinet de M. Edgard Pisani, ministre de l'Equipement.* »

Et le préfet Diefenbacher, nommé dans l'Essonne, prononce quelques jours après son allocution d'adieux : « La Réunion est entre de bonnes mains, parce qu'il est un homme qui lui a voué une véritable passion, et dont le nom est sur toutes les lèvres, dès qu'on fait allusion à elle : je veux dire M. Michel Debré. »

Le 10 octobre, son successeur, Jean Vaudeville, se présente devant le conseil général réuni en session extraordinaire au palais Rontaunay. Le président Marcel Cerneau épelle, comme il se doit, le catalogue des retards de l'île et, comme ses prédécesseurs, s'alarme du dérèglement démographique : « L'effarante progression géométrique de la démographie ne laisse pas d'être inquiétante... Nous connaissons une véritable avalanche humaine et tout doit être mis en œuvre pour assurer une stabilisation démographique devenue tous les jours plus impérieuse... Elle postule, entre autres mesures, des départs importants en métropole. »

A Guéret, un an après son arrivée, Jacques Tarbes dresse le bilan de la migration dans la Creuse et l'assaisonne de critiques destinées à son collègue de La Réunion, Roland Bertin [1]. L'enthousiasme conquérant s'est émoussé au contact des réalités plus dures que sa volonté :

1. Lettre du 2 décembre 1966.

« Le placement de plus de 150 Réunionnais par l'intermédiaire de la DDASS de la Creuse appelle les observations suivantes :

1° Le placement des enfants de 0 à 12 ans en nourrices ou scolaires ne pose aucun problème. L'adaptation se fait très rapidement. Pour cette catégorie, nous avons d'ailleurs de nombreuses demandes. Nous procédons à l'instruction des dossiers. Dès que nous aurons arrêté la liste définitive, Mlle Payet, assistante sociale responsable de ces placements, devrait se rendre à La Réunion.

A l'avenir, il faut nous orienter presque exclusivement vers le placement des jeunes de moins de 12 ans. L'intégration est beaucoup plus facile, et lorsqu'ils arriveront à l'âge de l'apprentissage, ils auront pris les mêmes habitudes que les jeunes métropolitains, ce qui facilitera beaucoup notre tâche.

2° Nous avons de grosses difficultés avec les grands de plus de 14 ans. Dans presque tous les cas, ces jeunes arrivent en métropole espérant une situation très au-dessus de leurs moyens intellectuels ou physiques.

Il semble qu'il y ait là, au départ de La Réunion, un manque d'information fort regrettable, car il conduit à faire de ces jeunes des " aigris ".

Il sera donc nécessaire, à l'avenir, de limiter le nombre de ces placements, et pour ceux qui viendront, de bien leur expliquer qu'ils ne trouveront pas l'emploi de leurs rêves, mais que s'ils veulent faire un effort, ils auront la possibilité de gagner leur vie honnêtement et plus facilement qu'à La Réunion.

3° Nous avons constaté que nous étaient envoyés quelques mauvais éléments (débiles moyens, énurétiques, épileptiques). Je vous demande à l'avenir de bien étudier les cas. Le public jugera trop facilement l'ensemble sur quelques cas particuliers.

4° La plupart des dossiers sont incomplets. Compte tenu de l'intérêt porté par la presse et la télévision à cette affaire qui risque d'amener d'autres personnes à suivre cette expérience, il est indispensable que nos dossiers soient impeccables.

5° J'ai constaté avec regret que les enfants originaires de l'APEP d'Hell-Bourg et de l'établissement Père Fontaine étaient généralement de mauvais éléments, mal éduqués, voleurs dans certains cas. »

Par force, Jacques Tarbes freine des quatre fers : les lieux de placement sont saturés ou mal choisis, et les échecs nombreux. Cela, il ne peut l'imputer qu'à lui-même. Les pailles en queue ne font pas bon ménage avec les corbeaux. Les prévisions pour 1967 qui approche sont loin d'être aussi brillantes que celles de 1966, qui s'achève. Les départs devraient être moitié moins nombreux.

A La Réunion, Roland Bertin est pris entre deux feux : ses scrupules qui lui dictent la prudence et son devoir qui lui ordonne l'obéissance, sous la férule pointilleuse du préfet, l'exécutant des directives du député de La Réunion. Sur les fonctionnaires indisciplinés, il le sait et le redoute, plane la sanction de l'ordonnance Debré, la guillotine d'une mutation. Comment appliquer et accélérer une politique qui heurte ses convictions ? Dilemme de conscience. Roland Bertin le fera simplement avec méthode, sans excès de zèle.

Il s'avère indispensable en première urgence d'améliorer le suivi des enfants qui prennent le chemin de la métropole : Bertin renforce donc, au sein de sa DDASS, les moyens d'action de la cellule Migrations des pupilles, créée par son prédécesseur. Le débouché de la Creuse se révélant désormais improbable, il part en quête de destinations inexploitées. Par chance, le département du Gers, où il possède des attaches familiales et passe son congé durant l'été 1966, lui en fournit. A Monferrand-Savès, sa proposition d'implantation d'un centre de placement de pupilles réunionnais est bien accueillie par le maire de la commune. Le projet parvient aux oreilles du sénateur du Gers, Abel Sempé, lequel se montre favorable. Roland Bertin touche une corde sensible pour parvenir à ses fins : « Il serait intéressant de tenter cette expérience dans un département qui se dépeuple depuis plusieurs années... Mon préfet est entièrement acquis à l'opération. » Enfin, le directeur de la DDASS de La Réunion a été reçu à bras ouverts à l'aérium de Saint-Clar, sa directrice, Mlle Ducos, est toute disposée à recevoir des enfants. Elle projetait de transformer son établissement en centre d'accueil et de placement. Jusque-là, il hébergeait en effet des enfants tuberculeux, mais la pénicilline a tant fait régresser la maladie que de nombreux lits de l'aérium sont désormais vacants et disponibles.

Ces opportunités dans le département du Gers sont les bienvenues, car beaucoup de DDASS sollicitées et de chefs d'établissement renâclent à recevoir des Réunionnais. Les premiers par paresse, pour ne pas s'accabler d'un surcroît de soucis et de travail, les seconds par manque de places. La Creuse, la première, a fixé une restriction d'âge : pas plus de 12 ans. Et les foyers limitent les arrivées. Ainsi, Les Buissonnets, à Lespignan, dans l'Hérault, La Sainte Famille, à Saint-Paul-de-Vence, et les Œuvres du Père Colombier à Albi et Quézac, remplis au maximum de leur capacité.

Et de fait, au bout de l'année 1967, on ne comptabilise que 101 départs, contre 201 l'année précédente. Guéret ne reçoit que 23 enfants, contre près de 150. En revanche, dans le Gers, l'aérium de Saint-Clar accueille ses premiers pensionnaires. Au total, à la fin 1967, environ 500 enfants réunionnais sont rassemblés en métropole : un tiers dans la Creuse, un tiers confiés aux Œuvres du Père Colombier, entre le Tarn et le Cantal, le reste dispersé dans une vingtaine de départements.

Jacques Tarbes se crispe en parcourant le télégramme de Paris en provenance du ministère de l'Economie et des Finances, signé du directeur de cabinet de Debré :

> « *Désire vous rencontrer pour vous entretenir au sujet du placement des jeunes pupilles réunionnais dans la Creuse.* »

Il n'a pas de bonnes nouvelles à apporter. Il n'en a que de mauvaises, les objectifs n'étant pas remplis, loin de là.

Le préfet Erignac lui passe un mot :

> « *Je vous verrai 2 ou 3 jours avant votre départ, veuillez me le rappeler.* »

Le rendez-vous tombe à point nommé : Jacques Tarbes prévoyait d'assister à l'assemblée générale du syndicat des inspecteurs de l'Action sanitaire et sociale qui se tient dans la capitale. D'une pierre deux coups : au syndicat, mobiliser des collègues pour La Réunion et, au ministère, au mieux prendre des instructions ou, au pire, un gros savon...

*

Pendant ce temps, Armand, Edouard, Jean-Yves, Félix, Jocelyne et les autres, petits poucets perdus dans la forêt suivent des sentiers semés d'embûches.

Armand a dix-huit ans; il a réussi son CAP de boulanger et quitte sa famille de Saint-Hilaire-le-Château pour une place à Aubusson. Tout content de démarrer sa vie d'homme comme il l'entend, avec un travail et un salaire. On convient d'un arrangement : le patron donnera deux cents francs par mois d'argent de poche et versera le reste sur le livret de Caisse d'épargne où Armand a déposé toutes ses économies : une belle somme, six mille francs. Seulement, quand il veut s'acheter la Mobylette bleue de ses rêves – première tentation et grosse dépense –, il retrouve bien ses économies, mais pas un sou de plus. Le boulanger a oublié de verser le salaire convenu et, de plus, ne fournit pas de bulletins de paie. L'assistante sociale, Mlle Payet, se déplace de Guéret pour réclamer les arriérés. Elle est en pétard, le boulanger ne veut rien entendre. Armand déménage chez Belin, la grosse boulangerie d'Aubusson, mais, au bout de deux mois, son patron l'envoie pointer au chômage.

Entre-temps, Armand s'est marié à une jeune fille d'Aubusson. Appelé à la rescousse, M. Kissling, l'éducateur, s'est occupé de tout : les formalités à l'église, à la mairie, les faire-part, les trousseaux. Pour la pièce montée, Armand n'a laissé à personne le soin de la confectionner. Et comme il n'est pas décidé à faire la tournée des boulangeries de la ville, il se met à son compte, lui au fournil, Madame à la caisse enregistreuse et le petit commerce fait son beurre.

Souvent, La Réunion s'invite à l'improviste les soirs de blues et ramène un cortège de frères, sœurs, demi-frères et demi-sœurs. Il y en avait sept : c'est si loin, aujourd'hui. Les lettres s'espacent et s'arrêtent. Gisèle, sa grande sœur, s'est lassée. Loin des yeux, loin du cœur. Ne reste que Michel, « Dada », il n'oublie jamais sa carte de Noël. Grâce au courrier de là-bas, Armand a eu des nouvelles de Jacques, son inséparable, il a appris qu'il a été placé au Tampon, alors que lui partait pour la France.

Edouard fait son apprentissage de cuisinier à l'hôtel Saint-François de Guéret. Il s'était enfui de chez l'Africaine de Measme, on l'a replacé chez des cultivateurs à Saint-Martin Sainte-Catherine, du côté de Limoges. Il y est resté, histoire de pousser jusqu'au certificat d'études. Puis il est retourné au foyer, ne sachant que faire de ses dix doigts. On lui a proposé la peinture ; à Felletin, l'usine cherchait des apprentis. Bof ! L'éducateur lui a alors suggéré la cuisine. D'accord ! Il est à bonne école à l'hôtel Saint-François et rentre chaque soir coucher au foyer qui se trouve à deux pas. Il obtient son CAP, part à l'aventure à Paris, suivi d'un compère du foyer et trouve une place dans un restaurant situé près de la gare Saint-Lazare. Il a déniché une chambre de bonne bon marché à Neuilly. Il est économe, quand ses copains mangent leur argent à faire la noce. Il revient à Guéret pour une saison au Saint-François, rencontre celle qui sera sa femme, une Creusoise, se fait embaucher au centre Sainte-Claire, à la plonge pour commencer, et s'installe au chef-lieu.

Jean-Yves arrive au Châtelet, il découvre les maisons de brique rouge comme une frise régulière le long de la route. Toutes identiques, excepté les pots de fleurs et la couleur des peintures aux portes et aux fenêtres. Dans le temps, on exploitait une mine d'or ici et on a construit les logements pour les ouvriers, mineurs et fondeurs. Le mari est sicilien et maçon de métier, sa femme tient l'épicerie de Chambon-sur-Ouëze, leurs jumeaux sont sourds et muets et ils hébergent un Réunionnais, Tiburce.

Les premiers temps, Jean-Yves voulait écrire à sa mère, mais ils l'en ont dissuadé : « Pourquoi tu veux écrire ? De toute façon, tes parents t'ont abandonné. » Ils expliquent qu'un pupille de la Nation, c'est quelqu'un qui n'a plus de famille. Alors, il tourne le dos à son pays. Il pense qu'ils sont morts, peut-être, et qu'on n'ose pas le lui dire.

Avec Tiburce, il va explorer les galeries de la mine, s'enfoncer dans les boyaux sombres, frissonner de peur, s'inventer des aventures. Ou bien jouer à Lagardère et combattre les soudards du prince félon, l'épée en bois de noisetier à la main. Après s'être débarrassé des besognes domestiques, Jean-Yves est toujours volontaire quand c'est l'heure d'aller au lait, à la ferme. Il en profite pour marcher le nez en l'air et rêvasser. Il se plaît tout seul.

Parfois, il part ramasser des champignons dans les bois, cueillir des genièvres ou des framboises, et on ne le revoit qu'au repas. Ses devoirs en pâtissent, le maître d'école fait ce qu'il peut et ferme les yeux. L'instituteur est fan de rugby et, le samedi, à la saison du tournoi des Cinq Nations, la classe s'invite chez lui devant le poste de télévision et vocifère quand Roger Courderc s'excite au micro contre l'arbitre. Par contre, il n'est pas question d'aller faire la cour à Nathalie, sa petite chérie : l'interdiction des parents est formelle, des deux côtés. Pour tout il faut quémander une autorisation : pour sortir, pour écrire, pour acheter une babiole avec l'argent de poche, pour faire ci et pour faire ça. Dans certains cas, il faut demander à l'assistante sociale et écrire à Guéret. Ce qu'il s'est empressé de faire le jour où il a décidé d'apprendre la musique et de s'inscrire au conservatoire de Montluçon.

C'est un vieux professeur de violon en retraite à Chambon-sur-Ouëze qui l'a initié à la grande musique. Au village, on le considérait comme un original, un ours mal léché. Souvent, Jean-Yves passait devant la fenêtre d'où s'échappaient de belles mélodies. Un après-midi, bravant les on-dit, il frappe au carreau. Le professeur ouvre sa porte et lui montre sa caverne d'Ali Baba : des rangées de disques alignés dans l'armoire, qui en est pleine. Il en fait glisser un de sa pochette, le pose délicatement sur son tourne-disque; c'est *La Lettre à Elise* de Beethoven. Puis, son violon calé sous le menton, il lui joue *La Méditation de Thaïs*, les yeux fermés, hochant la tête, grimaçant parfois. Jean-Yves vient de se trouver un ami ; il revient souvent lui tenir compagnie, des après-midi entiers. Le professeur est si heureux de partager sa musique, la muse de sa vieillesse, et de la faire aimer à ce chiot égaré ! Il manque de tomber à la renverse de son fauteuil, lorsque le gamin, timidement, lui demande : « Tu voudrais pas m'adopter, toi ? J'ai plus de parents ! » Puis, un jour, le vieux est parti, les volets sont restés fermés, la porte barricadée, la maison silencieuse, on n'a plus entendu de musique. Il a dû s'en aller mourir à l'hôpital.

L'été suivant, Jean-Yves tombe sur Eric, le Parigot qui vient en vacances chez sa grand-mère, au bout du bourg. Il gratte méticuleusement les cordes de sa guitare. Quelle merveille ! Jean-Yves le regarde, admiratif.

— C'est *Jeux interdits*. J'ai vu le film au Pathé Palace. Tu pleures à la fin !

— Tu me la prêtes un peu ? Tu veux pas m'apprendre ?

Jean-Yves tire la langue, s'emmêle les doigts, et ne sort que des laborieux *dzzoing ! dzoing !* Il guette le retour d'Eric quand arrivent les vacances, casse sa tire-lire et s'achète une guitare. Tous les jeudis, qu'il pleuve ou qu'il vente, tête baissée sur la Mobylette de son copain Ghislain, l'étui dans le dos, il fonce sur la route de Montluçon. Vingt-cinq kilomètres jusqu'à la classe de guitare du conservatoire. L'évasion.

A quatorze ans, l'école est finie. Il faut choisir un métier. Une annonce réclame un apprenti chez un carrossier, on l'y envoie. Le garage met la clé sous la porte. Alors, on lui trouve une place chez un boulanger-pâtissier. Pas du tout ce qu'il voulait faire, mais il accepte. Jacky, le patron, l'emmène dans sa tournée des fermes acheter le beurre, les œufs destinés aux génoises, lui apprend à toquer les œufs d'une pichenette des doigts, les fêlés pour tout de suite, les autres à remiser dans la saumure. Le métier rentre. Torsader la pâte des croissants, arranger les fruits des tartes, battre la crème des choux, des éclairs et des religieuses et les remplir à l'aide d'un cornet de carton sulfurisé. Après la sieste, dans sa chambre au-dessus du fournil, Jean-Yves dévore les aventures de Tarzan et de Zembla : de perfides trafiquants d'ivoire à fine moustache, en casque colonial, dévastent les villages de huttes et tuent sans pitié les guerriers noirs qui ne sont armés que de sagaies pour affronter les balles de fusil. Mais Zembla, ou Tarzan, et l'armée des animaux surgissent toujours de la forêt vierge au moment où tout semble perdu. C'est une Afrique de bande dessinée où Jean-Yves retrouve les grands arbres, les couleurs vives, les odeurs sucrées d'un paradis perdu.

Au bon temps du service militaire à Bourges, il officie aux cuisines du régiment, eu égard à ses talents. Les femmes des gradés s'y aventurent, gourmandes, et viennent y dérober le savoir-faire d'une génoise ou d'une crème pâtissière. Lors des réceptions au mess des officiers, en pantalon bleu au pli impeccable et chemisette blanche à épaulettes, Jean-Yves prend son tour de garde, à la guitare. Quand les applaudissements éclatent sur les derniers accords, il incline la tête et adresse sa révérence au vieux professeur de Chambon-sur-Ouëze, qu'il n'a pas oublié.

Etienne grandit à Quézac. Les frères et sœurs de Sainte-Clotilde ont été éparpillés aux quatre vents, telles les aigrettes dans les prés. Des vingt enfants de Renée, des treize vivants, dix sont en France. Etienne, Germaine et Amélie à Quézac, à la Maison de l'orphelin ; Christian, Pierre et Gabriel à Capdenac ; Georges et Eugénie, à Albi ; Jean-Baptiste et Benoît à Senaillac. A La Réunion reste Clovis le dernier-né, placé chez sa marraine à Sainte-Clotilde. Quant aux deux aînés, Joseph fait son service en Allemagne et Axel s'est inscrit au Bumidom ; il veut partir travailler en France.

La maison de Quézac, enfouie aux confins du Cantal et du Tarn, est le sacerdoce du bon abbé Bauby. Sa soutane bedonnante flotte gaiement contre ses jambes. Un béret immuable auréole sa figure tout sourires, ronde et épanouie comme une bonne miche à la croûte craquelée. Sa paroisse est une grande ferme aux corps de bâtiments épars, formant un hameau : la chapelle, les greniers, les remises des machines, l'étable, la porcherie, les champs qui s'étendent jusqu'aux bois et les habitations des pensionnaires. Il n'y a que le pain qu'on achète au dehors. Une dizaine de sœurs sont attachées à l'Œuvre et travaillent sans relâche, chacune ayant une tâche à elle : à la buanderie, à la cuisine, ou aux travaux agricoles (les soins des bêtes et le jardin potager). Les cultures de blé et de maïs, les vergers et les vignes, un ouvrier s'en charge, qui habite une maisonnette à l'écart. A la saison des récoltes, il ne manque pas de main-d'œuvre, car les enfants sont réquisitionnés aux moissons et à la cueillette l'été, aux vendanges à l'automne et l'hiver aux châtaignes.

La mère supérieure, sœur Marie, régente l'intendance d'une main de fer. Remettre ces sauvageons dans le droit chemin, leur inculquer la politesse, le respect, la discipline, l'assiduité à l'école, et le travail bien fait, tels sont les commandements qu'elle répète à tout bout de champ. Elle est intransigeante, avec elle il n'y a jamais d'exception à la règle. Tous la craignent.

Sœur Marie-Josèphe, elle, se voue aux enfants avec une infinie patience, elle est douce et gentille, a toujours un mot de réconfort à la bouche, assorti d'une tape affectueuse sur la tête. Debout avant l'aube, elle réveille le dortoir, surveille la toilette aux lavabos, le goûter au réfectoire. Elle attend les écoliers au retour du village et aide les mauvais élèves aux devoirs. Chaque matin et chaque soir, avant le coucher, elle récite le *Je vous salue*

Marie et le *Notre Père* à Ses enfants agenouillés, mains jointes, au pied des lits. « Et n'oubliez pas le signe de croix ! » A l'extinction des feux, ils se roulent en boule pour réchauffer les draps imprégnés d'un froid glacial et tirent les couvertures par-dessus leur tête. A chaque extrémité de la pièce se trouve la chambre d'une sœur. Souvent, le judas de la porte s'entrouvre et le rai de lumière d'une lampe électrique se plante sur les lits. Les édredons tressautent parfois, secoués de pleurs étouffés. La discipline tue les rêves et sèche la tendresse.

Un verger touffu sépare comme un enclos les bâtiments des garçons et des filles, et Etienne de ses sœurs. La règle décourage les rencontres, la crainte étouffe les envies de se rejoindre, ils s'éloignent lentement les uns des autres. Séparés le jour, séparés le soir, ils se voient de moins en moins, presque plus ; le temps passe, et la fraternité se désagrège dans la solitude.

Il repense, l'Etienne d'aujourd'hui, à sa famille de bric et de broc. Son père, en guise d'éducation, ne leur a laissé à tous que son mauvais exemple : « Chacun pour soi ! Débrouille-toi ! » Trop égoïste pour donner. Trop pauvre pour partager. Trop indolent, trop insouciant pour être bon père. Sa mère, continuellement alourdie du poids de son ventre, posait ses enfants dans la cour sitôt qu'ils tenaient sur leurs jambes. Ils se serraient un peu au cou des aînés et apprenaient vite à marcher tout seuls, puis à courir. Vivre n'est qu'un jeu ou une bagarre. C'est la leçon qu'ils ont retenue.

— Mes petits enfants, se désole l'abbé Bauby, mais pensez donc, je n'ai pas les moyens de vous acheter la télé !

Il en pleure, ses yeux brillent de détresse. Il fait cette tête de chien battu, prend cette voix rocailleuse et plaintive chaque fois qu'il ne peut pas leur faire plaisir. Les gamins ne cessent de lui réclamer un poste de télévision, depuis qu'il y en a deux ou trois au village. Le cafetier a installé le sien comme un trophée, sur une étagère au-dessus de son comptoir.

— J'aurai peut-être une idée, mes petits enfants, reprend l'abbé en se grattant le menton. Voilà : vous me ramassez le plus de sacs de châtaignes que vous pourrez, j'irai les vendre et, avec l'argent, promis, je vous l'achèterai votre télé !

La troupe applaudit bruyamment.

— On commence quand ?

— Attendez un peu, ce n'est pas encore la saison !

Ils ont mis tellement de cœur à l'ouvrage que le grenier déborde de châtaignes. Trois jours après, l'abbé est allé en ville et en a rapporté la télé.

Etienne a passé cinq années à Quézac, avant de rentrer au collège Saint-Jean d'Albi. Il voulait être prêtre, est entré au petit séminaire, mais s'en est vite lassé, sa vocation n'étant pas très ancrée. Il a appris la mécanique. Puis, aux vacances, le boulanger de Mouziès ayant besoin d'un commis pour donner un coup de main, il y est allé. Ils se sont bien entendus, puis se sont disputés. En rentrant des trois jours du service militaire, il lui a annoncé qu'il s'était engagé pour cinq ans dans les troupes de marine, à Fréjus. Le boulanger en avait les larmes aux yeux.

« C'était la bonne occasion de quitter ces familles qui n'étaient pas les miennes », considère Etienne.

*

A Saint-Denis de La Réunion, le préfet Vaudeville se tourmente en voyant s'amenuiser le nombre des départs. Paris pousse. Le cabinet presse. Le ministre s'impatiente. Michel Debré s'enquiert auprès du préfet des causes des lenteurs qu'on lui rapporte [1]. Jean Vaudeville commande un rapport circonstancié à son directeur de DDASS. Roland Bertin s'exécute [2] :

> « *Au titre de 1968, 20 pupilles supplémentaires ont été proposés à la direction de l'Action sanitaire et sociale de Guéret.*

1. Lettre n° 515 / CM du 27 juin 1968.
2. Note du 9 août 1968.

J'ai reçu son accord pour 9 enfants qui partiront en septembre.

Il est à remarquer qu'en 1966, au moment de l'ouverture du centre de placement familial, tous les enfants proposés ont été acceptés par Guéret. Il ne pouvait en être autrement, étant donné les conditions particulièrement favorables dans lesquelles cette opération avait été présentée. Ne parlait-on pas en effet à ce moment-là de la possibilité d'accueillir dans la Creuse plus d'un millier de pupilles sans restriction aucune ?

Dans cette conjoncture, et pour essayer de répondre à la demande pressante qui était faite, j'ai été amené à proposer le plus grand nombre possible d'enfants.

Il est à signaler que quelques-uns de ces enfants, les plus âgés, ont posé certains problèmes d'adaptation, ce que M. Tarbes, particulièrement averti des problèmes de l'enfance à La Réunion, ne pouvait normalement ignorer lorsqu'il a, avec un optimisme exagéré, semble-t-il, lancé l'opération.

Si l'envoi des pupilles sur la Creuse a été ralenti, il n'est pas vrai de dire que le mouvement a été arrêté.

Mais il doit être souligné malgré tout qu'il devient de plus en plus difficile de trouver des enfants remplissant les conditions pour migrer valablement en métropole. La condition d'âge exigée actuellement par tous les établissements constitue un sérieux goulot d'étranglement, auquel viennent s'ajouter le nombre limité de véritables pupilles et les difficultés rencontrées souvent auprès des parents des enfants en garde pour obtenir les autorisations de départ. Il ne peut être envisagé de faire partir cette catégorie d'enfants sans l'accord préalable des parents.

Il convient d'indiquer enfin que les centres recevant des enfants ont atteint un plafond qu'ils ne peuvent pas dépasser. En ce qui concerne la recherche de centres de placement nouveaux, je pense qu'ils devraient être trouvés dans les départements du Sud-Ouest (Landes, Tarn-et-Garonne, Lot-et-Garonne par exemple) où le climat, plus clément que dans le Centre, permet une adaptation plus rapide des jeunes Réunionnais.

Je terminerai en rappelant que si 27 pupilles sont partis en 1963, 101 en 1964, 120 en 1965, 201 en 1966, et 101 en 1967, l'action entreprise se heurte à de nombreuses difficultés tant intérieures qu'extérieures au service, compliquées par le manque de personnel et le peu d'enthousiasme de certains pour la migration. »

Le préfet Vaudeville rend compte par retour à Michel Debré [1] des conclusions pessimistes de son directeur. Le préfet ne masque pas les difficultés rencontrées [2] :

« *Monsieur le Premier ministre,*

Par votre lettre n° 515 / CM du 27 juin 1968, vous avez évoqué le ralentissement de l'envoi de jeunes pupilles réunionnais dans la Creuse et vous m'avez demandé de vous tenir informé de l'évolution de cet aspect particulier de notre politique sociale.

Le nombre des jeunes Réunionnais actuellement accueillis en métropole par cette voie vient de dépasser le cap des 600 et continue d'augmenter régulièrement, mais moins vite que les projets initiaux de M. Tarbes ne permettaient de l'espérer. »

Puis le préfet Vaudeville passe en revue très objectivement, et dans le détail, les

1. Nommé entre-temps ministre des Affaires étrangères du gouvernement, Couve de Murville, lors du remaniement consécutif aux événements de mai.

2. Lettre 2303 / SG du 19 août 1968.

obstacles d'ordres divers mentionnés par Roland Bertin et formule les solutions qu'il préconise :

« *Pour les raisons indiquées plus haut, je ne pense pas que l'on puisse espérer dépasser le seuil de 200 départs l'an, atteint en 1966.*

Une campagne de conviction auprès des adultes réunionnais ayant la charge ou la garde des enfants est à mener sur place, et de nouveaux départements doivent être prospectés pour prendre le relais de ceux qui paraissent à peu près saturés. Je pense aux départements du Sud-Ouest, où la place ne manque pas. De même, la région du Limousin, la Corrèze et, comme vous le suggérez, l'Aveyron pourraient être, à mon avis, utilement sollicités. Je prendrai les contacts nécessaires et reste persuadé de l'opportunité de cette forme particulière de migration.

L'expérience, certes, doit être maintenue et cette forme de solidarité humaine entre La Réunion et la métropole encouragée. »

Le même jour, le préfet adresse une note comminatoire à son directeur de DDASS :

« Je vous serais obligé de bien vouloir persévérer dans notre politique départementale de migration de pupilles dans les départements métropolitains. Si le département de la Creuse ne peut plus augmenter beaucoup sa dotation d'enfants réunionnais, il convient de rechercher d'autres départements d'accueil [1] *de façon à assurer le départ de contingents de ces enfants selon le rythme qui a été atteint en 1966, et qui s'est sensiblement réduit par la suite. »*

Roland Bertin prend bonne note des consignes réitérées mais, en même temps, pousse son autre fer au feu. S'appuyant sur les derniers chiffres produits par l'INSEE, il alerte le préfet sur l'accroissement exponentiel des abandons d'enfants :

« On assiste à une augmentation régulière du nombre des pupilles : 876 en 1963, 2 601 en 1968. Cela représente une augmentation de 12 à 20 % par an. Si l'on tient compte du dépistage sans cesse amélioré, réalisé par les assistantes sociales

1. *Notamment la Haute-Vienne et la Corrèze, dont je connais bien les préfets.*

polyvalentes de secteur, et de la politique sociale en faveur de l'enfant, la situation exige qu'on prenne toutes les dispositions en vue d'augmenter les capacités d'accueil. »

Car des alternatives à la migration existent. Roland Bertin pousse à la création d'infrastructures sur place, à La Réunion. Le retard est considérable, les foyers existants ne sont pas à la dimension des besoins d'hébergement grandissant. Son appel est entendu. Le conseil général vote les crédits de construction d'un nouveau foyer de pupilles, à Sainte-Marie. Il comporte, sur plans, 80 lits pour des garçons et filles de 3 à 10 ans. D'autres projets sont à l'étude.

Comme attendu, les rapports pour 1968 attestent d'une diminution des départs : 82 enfants sont partis, 21 dans la Creuse, 23 à Saint-Clar, dans le Gers, les 38 autres répartis dans une dizaine de départements.

Le Bumidom, organisme qui gère l'organisation matérielle et financière des migrations de jeunes travailleurs – sa mission première – mais aussi à l'occasion celle des pupilles, mentionne quelques bévues [1] :

> « *Le directeur de la Compagnie Air France se plaint que je lui aie confié le transport d'enfants en bas âge sans aucun accompagnement. Il me précise que : " Les règlements de notre compagnie stipulent que les enfants de moins de 15 ans ne peuvent voyager seuls, sauf quelques exceptions limitatives. Ceux-ci doivent être obligatoirement accompagnés par une personne adulte et compétente, telle qu'une assistante sociale, par exemple. Il faudra à l'avenir que vos services trouvent les accompagnatrices qualifiées, faute de quoi les groupes de pupilles seront refusés à l'embarquement.* " »

Les archives du Bumidom conservent de nombreuses lettres d'intercession des politiciens en faveur de clients sollicitant un emploi en France. Et parfois, on retrouve dans les courriers de vieilles

1. Lettre du directeur départemental du Bumidom à la DDASS de Saint-Denis, 23 septembre 1968.

connaissances et des situations cocasses. L'ex-préfet Jean Perreau-Pradier, qui garde la nostalgie de son règne à La Réunion, réclame au Bumidom une femme de ménage réunionnaise. Il a choisi sa favorite. Le directeur de l'antenne de Saint-Denis est embarrassé et, entre les lignes, scandalisé par le passe-droit que s'octroie le préfet [1] :

> « *J'ai l'honneur de vous rendre compte que nous avons reçu ce jour la visite de Mlle N. V. Mlle V. accepte un emploi de maison et, de ce point de vue, sa migration ne pose aucun problème théorique. Par contre, elle a, depuis 7 ans déjà, dépassé l'âge limite de la migration, qui a été fixée pour les placements directs à 35 ans. C'est pourquoi nous lui avons proposé de constituer le dossier normal, que je proposerai à mon siège social en faisant état de votre intention et en sollicitant une dérogation en sa faveur. Je ne puis malheureusement préjuger de la suite qui sera donnée à ma requête.* »

1. Lettre du directeur départemental du Bumidom à Jean Perreau-Pradier, préfet de l'Aisne, 14 mai 1968.

Le préfet Perreau-Pradier n'est pas le seul a se servir ainsi sans vergogne. Le fonctionnaire du Bumidom ne décolère pas, dans la lettre codée qu'il adresse à son siège à Paris [1] :

> « *Quant à la dernière affaire dans laquelle la mauvaise foi côtoie le mensonge, elle me permettra demain de me débarrasser de la bande de chacals qui rôde autour du Bumidom, pour essayer d'avoir une employée de maison à bon compte.* »

Curieusement, les candidats à la migration ne sont pas tous accueillis à bras ouverts au Bumidom. Quand la politique s'en mêle, les portes se referment [2].

> « *Demande de migration de Julie B. : il y aurait peut-être lieu de vérifier si Mme B. ne serait pas proche parente du sieur Barret Gervais, militant communiste,*

1. Lettre du directeur départemental du Bumidom au sous-préfet Benamou, chargé du secteur social au Bumidom-Paris.
2. Lettre du directeur départemental du Bumidom à l'administrateur délégué, Paris, 30 septembre 1968.

grand détracteur de la migration et originaire de Petite-Ile. »

Gervais Barret figurait en effet sur la liste noire des fonctionnaires frappés de bannissement par l'ordonnance Debré. Directeur d'une modeste école à la Ravine-du-Pont, militant opiniâtre au syndicat des instituteurs et à la FOL (Fédération des œuvres laïques), l'engagement de son épouse Nelly dans une organisation féministe, tout désignait les Barret à l'ire du préfet Perreau-Pradier, grand chasseur de communistes devant l'Eternel. La sanction tomba : la mutation d'office en août 1961 à Clichy-sous-Bois. En 1971, Gervais Barret se présentera à distance aux élections municipales à Saint-Louis et sera élu second adjoint. L'ordonnance Debré abrogée, les Barret durent attendre encore jusqu'à la rentrée de 1973 leur affectation à Saint-Louis. Douze années d'exil pour prix de la chasse aux sorcières.

La Creuse et La Réunion et leurs directeurs de DDASS, Jacques Tarbes et Roland Bertin, sont touchés à la fin de

1968 par le chassé-croisé des chefs de service intervenant tous les trois ou quatre ans dans les départements.

Jacques Tarbes est affecté à Perpignan, où il bénéficie d'une promotion avec inscription au tableau d'avancement. « Un homme aussi obligeant que compétent », dira de lui Paul Pauly, le président du conseil général de la Creuse, en saluant son départ.

> « *Ce chef de service se distingue par sa compétence, son dévouement et sa courtoisie. Il est très coopératif avec l'administration préfectorale. Je n'ai qu'à me louer de M. Tarbes, que je verrai partir avec beaucoup de regrets* [1] », écrira le préfet de la Creuse à son collègue des Pyrénées-Orientales.

Jacques Tarbes emmène avec lui Colette, l'assistante sociale réunionnaise qui assurait le suivi des enfants déplacés, ce qui occasionnera quelque temps des difficultés, faute du recrutement d'une

1. Lettre du 25 juillet 1968 du préfet André Collot.

remplaçante. Paul Mulloz le remplace à Guéret.

Roland Bertin, pour sa part, est nommé en Lozère, à sa demande. Son épouse, inspectrice des Affaires sociales, y prend en charge le poste de responsable de l'Aide sociale à l'enfance. A La Réunion, un inspecteur le remplace pour un long intérim, durant toute l'année 1969, avant que Michel Debré n'intervienne et n'obtienne la nomination d'un nouveau directeur, René Leclerc, au début de 1970.

11

Conseil général de La Réunion, Saint-Denis, 16 décembre 1968.

Bruny Payet, le conseiller communiste de Saint-Paul et directeur de *Témoignages*, provoque un coup de théâtre au milieu de l'après-midi. Une histoire le préoccupe. Des bruits, des rumeurs qui grossissent parlent d'enlèvements et d'un trafic d'enfants qu'on enverrait en métropole. Non pas ces jeunes qui partent travailler en France avec le Bumidom, mais des enfants ! L'Administration ne couvrirait-elle pas, ou, pire, ne cacherait-elle pas ces agissements monstrueux ? Il veut en avoir le cœur net. Par chance, le rapport n° 16 de la DDASS, inscrit à l'ordre du jour, tombe à point nommé ; il s'intitule : *Création de postes d'éducateurs et d'assistantes sociales pour le service de l'Aide à l'enfance*. C'est la bonne occasion, s'est dit Bruny Payet, on pourra en profiter pour poser la question et dévoiler peut-être le pot aux roses. S'il y a un pot aux roses. On verra bien.

La discussion s'embourbe, les orateurs « philosophaillent » ou s'embrouillent dans de vagues et hypocrites considérations morales.

Bruny Payet demande la parole et se lance :

— Les assistantes sociales sont chargées, dans leur secteur, de repérer les enfants à la situation « irrégulière », Elles trouvent évidemment toujours une irrégularité – à La Réunion, c'est facile – et présentent un dossier au juge des enfants pour enlever la garde des enfants aux personnes en situation « irrégulière ».

« Je me suis rendu compte, après une enquête faite personnellement, que ces jeunes enfants sont arrachés en fait à ceux qui en ont pris la charge. A La Réunion, c'est comme cela, on aime les enfants, et s'il y a des enfants dont le père et la mère ont disparu, les familles les prennent. Ces gens ne sont pas nécessairement riches, bien entendu, mais ils élèvent ces enfants-là avec amour, avec le peu de moyens qu'ils ont.

« Or, dans des cas semblables, les juges enlèvent les enfants aux familles pour les confier à la maison des pupilles, et de là qu'est-ce qu'on en fait ? Nous avons posé des questions à ce sujet et il serait bon que M. le préfet y réponde !

« Est-ce que ces enfants ne sont pas envoyés en métropole ?

Le préfet Vaudeville sursaute et fait une grimace énervée. Les conseillers tombent des nues. Bruny Payet poursuit. Il ne sait pas trop où il va, mais à la mine déconfite du préfet, il sent qu'il a touché juste.

— Dans la mesure où l'émigration bat un peu de l'aile, est-ce que ce n'est pas là un moyen détourné de suppléer aux défaillances des chiffres prévus par les plans ?

« Ce sont des jeunes enfants, de deux à trois ans, que l'on envoie dans la Creuse, dans une maison dirigée, si mes renseignements sont bons, par M. Tarbes, ancien directeur de la Population à La Réunion, et ces enfants sont stockés dans cette maison. Ensuite, ils sont répartis, sans doute en France, je ne sais pas exactement comment. Mais là on pense que ces jeunes enfants, arrachés à La Réunion dès leur plus jeune âge, oublieront naturellement La Réunion et resteront en France.

Bruny Payet ignore l'ampleur des départs planifiés depuis cinq ans. Il s'agit, pense-t-il, de quelques cas, mais ce n'est pas négligeable et toujours bon pour mettre à mal le préfet. Il insiste, tentant de le pousser dans ses retranchements.

— Est-ce que ce n'est pas monstrueux d'arracher de si jeunes enfants à leur pays, à leur famille naturelle ? Il y a des cas douloureux à La Réunion, je ne le conteste pas, et il est nécessaire que l'Administration intervienne en faveur de ces enfants-là. Mais il est possible de créer à La Réunion même des maisons pour les accueillir, les faire grandir, les élever, les éduquer de façon à ce qu'ils deviennent demain des citoyens dans leur pays.

L'assemblée en reste sans voix. L'intervention de Bruny Payet n'a pas été interrompue par des sifflets ; le fait est rare pour un élu communiste. Ceux qui savaient vaguement ce qui se tramait s'étaient bien gardés d'en faire état ou d'essayer d'en savoir davantage, la chose faisant partie du « domaine réservé » de la préfecture. Certains, par indifférence et mépris, n'accordaient que peu d'intérêt à ces petits voyous des rues. Mais la plus grande partie des conseillers en ignorait tout, la question n'ayant jamais été évoquée, encore moins débattue, ni devant l'Assemblée, ni en commission.

Le préfet Vaudeville gesticule, furieux des fuites, furieux que l'opération soit exposée sur la place publique. Ainsi donc, ces maudits communistes sont au courant !

— Je voudrais tout de même bien mettre les choses au point. On nous parle d'enlèvement d'enfants, d'arrachement d'enfants à leur pays. Il n'y a jamais eu rien de tel. Nous avons ici, à La Réunion, comme dans tous les départements, tous les pays, des enfants abandonnés. Certes, certains sont recueillis de fait par des familles. Dans la mesure où ces familles peuvent donner une éducation valable et pourvoir à leurs besoins matériels, il n'y a aucune raison de ne pas les y laisser, si ce n'est peut-être tâcher de régulariser leur situation.

« Néanmoins, il est des cas où ils sont recueillis par des familles qui ne peuvent pas leur donner ce à quoi ils ont droit, c'est-à-dire non seulement de l'amour – c'est indispensable –, mais aussi tout ce à quoi ils ont droit.

« Je ne voudrais pas, monsieur Payet, que vous fassiez le procès des assistantes sociales qui sont des filles extrêmement dévouées, ni des juges pour enfants, qui, croyez-le bien, prennent leurs décisions avec beaucoup de circonspection.

« Certains enfants, effectivement, doivent être mis dans des maisons de pupilles. Il est exact aussi que certains enfants qui n'ont aucune attache avec

La Réunion, aucune attache, j'insiste là-dessus, soient transportés en France, dans des maisons qui sont faites pour eux, où ils se trouvent avec des petits camarades. Croyez-le, les expériences que nous avons tentées dans ce domaine sont particulièrement favorables et concluantes.

« Nous avons eu des enfants qui étaient ici totalement abandonnés et qui ont été recueillis par des familles paysannes de métropole, qui les considèrent comme leurs fils et qui en feront vraisemblablement des futurs chefs de l'exploitation. Visiblement, nous avons de jeunes Réunionnais qui, grâce à une adoption, vont se trouver à la tête d'une exploitation de quinze, vingt, trente hectares quelque part en France, et je ne crois pas que ce ne soit pas une réussite. En tout cas, je ne voudrais en aucun cas que l'on travestisse la vérité en parlant d'enlèvement d'enfants, d'arrachement à La Réunion ; il n'en est pas question. Tout ceci est fait sous un angle particulièrement humain et social.

Le docteur Gaston Hoarau, médecin aux Avirons, conseiller de Saint-Leu, se lève et vole au secours du préfet, d'un ton obséquieux.

— Il est évident que l'émigration n'a jamais été un système populaire. On a toujours dit que les Pays-Bas avaient tendance à rejeter leurs enfants à la mer. Il a été fait allusion à cette affaire d'enfants qui seraient arrachés à leur famille. M. le préfet a répondu qu'à sa connaissance il n'y a aucun rapt d'enfants, ce qui est parfaitement exact. J'ai personnellement connaissance de plusieurs cas d'enfants abandonnés qui ont été dirigés vers cet établissement que vous avez dit être dirigé par M. Tarbes. Ces enfants ont retrouvé une famille et, comme nous l'a dit M. le préfet, il est probable – je ne dis pas que c'est certain – que, dans quelques années, ces petits Réunionnais soient à la tête d'une exploitation agricole, sinon industrielle, ce qui leur permettra de sortir de l'ornière où ils étaient. Nous devons au contraire féliciter l'Administration d'avoir œuvré dans le sens d'une amélioration du sort de ces enfants.

Roland Payet, le maire de La Possession, s'étouffe d'indignation. Il est mal à l'aise et doit se justifier, car il se trouve au cœur du dispositif. Et se justifier des insinuations d'un communiste lui donne des haut-le-cœur :

— Faisant partie de la commission des Pupilles de la Nation et particulièrement du placement des enfants, je ne pourrai pas ne pas répondre au collègue Bruny Payet. En effet, il a dit tout à l'heure qu'on arrachait ces enfants à leurs familles ainsi qu'à leur pays. Eh bien, j'ai l'impression que le travail qui est fait par la commission de Placement des enfants est un travail minutieux. Je pose alors la question suivante à M. Bruny Payet : a-t-il relevé un seul cas d'enfant où le placement ait été mauvais ?

Et Roland Payet d'enfourcher le cheval de bataille, qui, il le sait, fera diversion et fera taire les mauvais scrupules. La ficelle est grosse, mais la recette est éprouvée :

— Ensuite, si M. Bruny Payet considère que la France n'est pas notre pays, moi, j'ai l'impression que la France est notre pays et que, par conséquent, les enfants en cause ne sont pas arrachés à leur pays.

Comme prévu, des salves d'applaudissements nourris se déchaînent. Bruny Payet les ignore et savoure son avantage et sa perspicacité. Il a démasqué les manœuvres de l'Etat. Il veut porter l'estocade.

— Je mettrai de côté la discussion, pour ne retenir que l'aveu de M. le préfet : donc, il y a bien des jeunes enfants qui quittent La Réunion. En vertu de quel texte ? On ne le sait pas ! Mais enfin, maintenant on est fixé sur la chose. Avant, on ne l'était pas. A nos questions, aucune réponse n'a été donnée. C'est la mauvaise conscience, évidemment.

« On insiste sur le fait qu'il n'y a pas de rapt. Mais alors, pourquoi les gendarmes accompagnent-ils les assistantes sociales pour prendre les enfants ? C'est parce que les parents refusent de les donner. Comment donc appeler cela ?

« On dit maintenant que les enfants sont bien placés en France, cela on ne peut pas le savoir. Mais je demande : pourquoi ne pas le faire ici, au lieu de les envoyer en métropole ?

Le docteur Sully Dubard, le fougueux benjamin de l'Assemblée, maire de Saint-

André, ne tient pas en place et fusille des yeux le communiste :

— M. Bruny Payet a dit qu'il y a des rapts d'enfants, mais je crois qu'il doit se tromper dans ses lectures, car ce n'est pas dans un département français, mais en Chine rouge, que cela se passe !

Il se rengorge sous les applaudissements qu'il reçoit. Irénée Accot, le maire de Cilaos, surenchérit, avide de glaner à son tour des miettes de cette gloire de tribun :

— Libre à M. Bruny Payet de dire qu'on enlève un enfant de son pays. On ne peut pas dire qu'en enlevant un enfant de La Réunion pour l'envoyer en France, on l'enlève de son pays. Si on envoyait un enfant du Nord de la France dans les Bouches-du-Rhône, on ne l'enlèverait pas de son pays. Donc M. Payet donne l'impression que, pour lui, La Réunion n'est pas française. Je lui demande alors de préciser si, dans son esprit, il voit La Réunion comme un pays autonome indépendant ou bien La Réunion comme un département français.

L'Assemblée tangue de plaisir. Les débats en reviennent comme toujours aux mêmes lunes, les conseillers s'échauffent, le ton monte. Le registre des communistes séparatistes, c'est pain béni, ça marche toujours et ça coupe court aux discussions. Bruny Payet demande la parole. Le président Pierre Lagourgue préfère interrompre la polémique :

— Mes chers collègues ! Je ne vais pas laisser la discussion s'égarer davantage. Monsieur Payet, vous avez déjà répondu trois fois ! Je demande maintenant l'avis de l'assemblée sur le rapport n° 16.

Les conclusions des commissions sont mises aux voix et adoptées. Trois postes budgétaires sont créés en vue du recrutement de deux éducateurs en milieu ouvert et d'une assistante sociale. Les trois conseillers communistes ont voté contre.

12

Au foyer de Guéret, le nouveau directeur prend possession des lieux. Il suit les pas de l'assistante sociale en chef qui le conduit de pièce en pièce. Il inspecte, écoute, questionne. La voix est chaude, la gaieté à la bouche, le rire tonitruant. Des yeux luisants observent ses allées et venues, curieux et intrigués. Il s'étonne de la grande proportion d'enfants des îles. Il s'inquiète : une porte est forcée, la serrure arrachée, des vitres cassées. En visitant l'appartement de fonction qui lui est dévolu, il découvre une lourde massue de bois, dissimulée derrière la porte. L'assistante sociale, gênée, lui décoche un sourire affligé.

— C'est un foyer difficile, vous savez. Très difficile !

— Cé bon gaillard ! Cé m'sieur d' La Réunion ça !

Des gamins à la tignasse crépue se trémoussent dans le dos du visiteur. Ils se poussent du coude.

— Cause à li créole, va voir.

— Dis, m'sieur, ti viens d' La Réunion, pas vrai ? lance un effronté.

L'impression était juste. Alix Hoair, le nouveau directeur, vient de Saint-Benoît. Ils restent plantés, tout bêtes de surprise en l'entendant leur répondre en créole :

— Mi v'nu en principe vous remettre dan'le droit chemin, i' paraît que vous zot', vous rouspétez ?

Ces mots-là, ils se les réservaient comme un code secret, pour faire bande à part. Et tout à coup, l'alizé les embrasse. Ils rayonnent de soleil. Les paroles ne sont plus captives, elles jaillissent joyeusement comme les cascades de Salazie. Elles pétillent d'une joie naïve, du plaisir de retrouver un être cher.

— Ah non, m'sieur, ni rouspète pas ! Ni veut seulement revoir nos parents !

— Ni pas v'nu d' La Réunion pour faire les boys des fermiers !

— Ni vé retourn' là-bas !

Une nichée de pailles en queue ! Des oisillons piaillant la becquée. Le directeur se reprend, se redresse, les fait taire. Il s'en veut de sa maladresse. Croyant bien faire, il a touché des bleus invisibles.

— Vous n'êtes pas plus bêtes que les autres. Il n'y a pas de raison que l'on ne trouve pas une solution !

— Ni compte sur vous, m'sieur, car nous zot', ni vé retourn' là-bas !

Alix Hoair est ému, ébranlé. Il ne s'attendait pas à voir percer cette amertume qu'ils se cachaient à eux-mêmes et dissimulaient aux étrangers. Ils placent en lui une folle espérance, avec une telle candeur.

Alix Hoair a fait ses armes d'instituteur sur la côte au vent, à Bras-Panon et Saint-Benoît. Devant ces marmailles du pays, il retourne vingt ans en arrière, dans ses classes turbulentes de certificat d'études. Sa première après l'Ecole normale comptait presque soixante-dix élèves. Ceux qui n'avaient pas de place aux tables s'asseyaient par terre, sur la terre battue.

Sur les ardoises qu'ils se disputaient, ils écrivaient, faute de craies, avec des griffes d'oursin. Une caisse en bois faisait office de bureau du maître. L'été, il faisait sa classe sous les zélastics [1]. En regardant les pieds des enfants, on devinait qui était fils d'un gendarme, du docteur ou du pharmacien : ceux-là venaient en chaussures. Les autres allaient pieds nus. Les choses ont bien changé. Dans la Creuse, Alix Hoair a rencontré sa femme, Jacqueline : au sanatorium de Sainte-Feyre où il soignait sa tuberculose, l'infirmière l'a tant dorloté qu'elle l'a remis sur pied. Il l'a épousée, puis est parti s'occuper d'une maison des jeunes en Normandie. Pour rejoindre Jacqueline, il a postulé au foyer de l'enfance de Grancher, à Guéret. Il prend son poste le 1er juillet 1969.

Un bougre frappe à la porte, l'entrouvre et passe la tête, soupçonneux. Il est vêtu d'une veste de velours, trapu, voûté, la face rougeaude tannée et couturée de sillons. Il se faufile dans le bureau, soulève son

1. Zélastic : hévéa.

béret, marmonne un bonjour et pose ses bras croisés sur son ventre. Ses gros doigts calleux pétrissent le couvre-chef.

— Monsieur le directeur, hésite-t-il, c'est la préfecture qui m'envoie, les gens de l'Aide sociale.

— Qu'est-ce donc qui vous amène, cher monsieur ? demande poliment Alix Hoair en lui montrant une chaise.

— Eh ben voilà, j'veux un p'tit Noir, lance l'homme, vidant son sac sans façon. I' m'ont dit que vous pourriez bien m'arranger ça.

— Ah bon ! s'exclame le directeur, interloqué.

— Ben oui, j'veux un commis. I' sont venus en Creuse pour remonter l'entreprise, à c' qu'on dit. Pas vrai ?

— Mais pourquoi nécessairement ceux-là ?

— C'est des gros bosseurs, i' paraît, et pas exigeants. Pensez donc, i' mangent qu'un repas par jour, i' dorment sur la paille, on y met n'importe quoi sur le dos, des sabots aux pieds. Et ça se plaint pas ! En Afrique, chez eux, i' sont tous nus et i' n'ont rien à faire.

Avisant la mine renfrognée du directeur, le paysan l'apitoie sur son sort.

— Vous savez, monsieur le directeur, la terre est ingrate et on est pauvres, nous autres. On travaille dur pourtant, mais on n'y arrive pas.

Alix Hoair, impassible, fouille dans la poche de son veston et en extirpe son portefeuille. L'autre l'observe, fébrile. Le directeur lui tend une carte d'identité.

— Regardez bien où je suis né, dit-il. Allez-y, ne soyez pas gêné.

— Ah ! Saint-Denis ! s'exclame le visiteur. J'connais, c'est du côté d' Paris, figurez-vous que j'ai mon beau-frère qui fait le maçon là-bas.

— Mais non, regardez bien, cher monsieur : Saint-Denis... de La Réunion ! Je suis réunionnais moi-même. Comme ces petits Noirs, ces enfants dont vous parlez.

L'autre se décompose, se dandine sur sa chaise, triture son béret.

— Mais c'est pas possible, ânonne-t-il, haletant. Vous êtes blanc, vous avez des yeux bleus !

Alix Hoair s'emporte, ivre de fureur :

— Mais vous ne connaissez rien ! La Réunion, c'est pas l'Afrique, c'est pas un pays de sauvages, c'est un département français ! Alors comme ça, vous voulez un petit Noir ? Un esclave peut-être ? Mais on n'est plus au temps des colonies !

— Ben...

— Regardez bien derrière vous, monsieur, vous verrez ce qui s'appelle la porte. Sortez d'ici avant que je vous botte le cul ! Vous êtes un négrier ! Vous vous êtes trompé d'adresse. Foutez le camp !

Le pauvre bougre sursaute, se lève et décampe, la tête rentrée dans les épaules, maudissant ces crétins de ronds-de-cuir qui l'ont envoyé dans ce traquenard.

Alix Hoair reste pantois. L'épisode, sitôt après son arrivée, éclaire crûment la bêtise et la cruauté immonde de certains, dans le coin. On considère ces enfants comme des bêtes de somme, des bestiaux au champ de foire. Et l'ignorance crasse le vexe, on gomme son île du planisphère. En Afrique ! Pourquoi pas une tribu de cannibales ! Ce ne sont pas des saints, ces gamins, certes, mais ils ne méritent pas le sort qu'on leur fait, ni ce mépris. D'instinct, il se range dans leur camp, fraternité des exilés.

La révolte gronde au foyer, les enfants en ont marre des humiliations et des mensonges quotidiens. Des grands parlent de descendre aux bureaux de la DDASS, à la préfecture, pour gueuler un bon coup. Il comprend mieux à présent pourquoi on l'a envoyé ici, lui, le Réunionnais. Ils se sont dit qu'un Réunionnais saurait leur parler avec leurs mots, et mater les rebelles sans faire de vagues. Ils l'ont trompé, pris en otage. Eh bien, ils verront ce qu'ils verront !

Un rendez-vous, une explication à la DDASS achève de le convaincre : « Un retour ? Des vacances ? Mais ce n'est pas prévu au programme ! » lui objecte-t-on. « On nous l'a promis », le serinent les enfants. Alors, s'ils ne peuvent pas retourner à La Réunion, La Réunion viendra à eux, décrète Alix Hoair. Comme on ne ramènera jamais ici la brillance du ciel, le goût suave du vent, au moins qu'on leur en apporte des reflets.

Les gamins rechignent au réfectoire : la nourriture aseptisée, prescrite par les cuisiniers de l'hôpital, les pommes de terre bouillies, les pâtes au beurre, les triangles de Vache-qui-Rit, les baguettes de pain, ils ne s'y font pas. Ils ne cessent de réclamer du riz, ils n'aiment que ça. Qu'à cela ne tienne, on apprendra au chef des recettes plus pimentées. Bientôt, des sacs de riz, des réserves de lentilles et de pois s'empilent à l'économat ; on dévalise les épiceries de leurs stocks de piment. Pas moyen en revanche de débusquer des chouchous [1] à Guéret. Et quand, un dimanche, apparaît sur les tables un cari-poulet, confectionné avec les moyens du bord, les tas de riz fumant dans les plats, les assiettes de grains, les ramequins de rougail-tomate [2], les Réunionnais retrouvent un solide appétit. Un grand gars de Bras-Panon, qui souffrait sans doute d'une nostalgie très aiguë, s'empiffre d'un plat de riz pour six à lui tout seul ! Les Français, quant à eux, la langue en feu

1. Chouchou : légume appelé chayotte dans le Midi, christophine aux Antilles.

2. Rougail : condiment pimenté, mélangé aux tomates.

baignant dans un verre d'eau fraîche, jugent la spécialité sévère.

Des garçons martyrisent des guitares, plaquent trois accords sur les cordes ou tapent sur des tambours de fortune, des filles aux voix sucrées connaissent des maloya [1] ; voilà de quoi composer un orchestre. Il s'appellera « Les Mascareignas ». Alix Hoair rassemble les talents égarés et les affuble de ce nom exotique, celui du navigateur portugais don Pedro de Mascareignas, qui découvrit l'archipel (La Réunion, Maurice et Rodrigues) en revenant de Goa, vers 1516. Les répétitions durent jusqu'à pas d'heure, voire plus tard encore les veilles de surboum au foyer. On se trémousse en cadence les dimanches, les filles ondulent, les garçons chaloupent. Appâtés par le boucan, des gars de Guéret se postent en rang d'oignons au bord de la piste improvisée ou se risquent dans la mêlée, rigolards et raides comme des bouts de bois.

1. Maloya : l'une des deux musiques traditionnelles de La Réunion. Le maloya, venu d'Afrique de l'Est, est une forme primitive du séga.

Bientôt, la réputation du foyer dépasse les bornes de la ville. Le réfectoire est comble les dimanches, on doit rajouter des tables. Tous les Réunionnais placés aux alentours et jusqu'au fin fond du département rappliquent à Guéret, car c'est le jour du cari, du rougail ou du massalé [1] : le cuisinier a fait des progrès de géant. Ils se retrouvent, bavardent des hiers joyeux, ressassent sans fin leurs misères à Hell-Bourg, leurs mésaventures chez un fermier, un boulanger, une nourrice, et disputent d'interminables parties de tarot ou de Monopoly. Le foyer est une île en miniature, ils s'y sentent bien.

Au-dehors, on commence à jaser sur le laisser-aller du directeur. Le bouche à oreille va bon train. On cancane que deux adolescentes de Mortroux, si bien élevées, si polies au village, sont revenues de Guéret la bouche maquillée jusqu'aux oreilles, les paupières dégoulinant de bleu, la cigarette au bec, en minijupe, et qu'elles se tortillaient les fesses comme des

1. Massalé : condiment composé de cumin, coriandre et graines de moutarde.

putains. Les commères sont au bord de l'apoplexie. Ce satané foyer serait devenu un lieu de perdition. Le boulanger d'Ahun se plaint que son apprenti dorme au fournil les lundis matin, celui de Saint-Fiel que le sien revienne fin saoul. Un fermier ameute la DDASS : son commis n'est pas rentré à l'heure dite.

Le directeur est débordé par le succès. Les enfants viennent de plus en plus nombreux et de plus en plus loin. Le foyer dispose d'une cinquantaine de lits, mais avec ceux qui s'invitent les week-ends, il faut caser le double de pensionnaires. « Je passe juste manger à midi », assurent-ils. Alix Hoair ne sait pas refuser, feignant de croire à leurs promesses, tout en sachant qu'il sera berné. « D'accord, mais à condition que tu repartes le soir. » Et, bien sûr, ils restent la nuit. Il faut improviser, installer des matelas par terre. Les derniers arrivés s'enroulent dans une couverture et dorment à même le sol pour être à la fête avec les copains.

Quand tout le monde s'est couché, Alix Hoair va faire sa tournée d'inspection dans les chambrées. Souvent, il surprend un matou dans le poulailler, des gloussements sous les draps. Un garçon descendu dans les dortoirs des filles s'est faufilé dans le lit d'une petite amie. C'est un souci, à cet âge. Ils sont précoces et n'ont peur de rien car ils ignorent les dangers, ils n'y pensent même pas. Ces deux-là auront droit à une bonne leçon de morale : la fille, qui n'a pas seize ans, à des bribes d'explication sur les choses de la vie ; le garçon, à une remontrance sur les conneries à ne pas faire. Et, pour finir à un : « Faites quand même attention, les enfants » et un : « La prochaine fois, pas d'excuse ». En raccompagnant le coquelet, Alix Hoair songe : « On va dire encore que mon foyer est un vrai bordel ! » Des bonnes gens colportent que les dortoirs sont mixtes, selon les idées dégoûtantes des soixante-huitards, des enragés pour lesquels « il est interdit d'interdire ». Faut pas s'étonner, alors, ricane-t-on en ville. Comme le disent nos grand-mères : « Chauffez un marron, comme de bien entendu, ça le fait péter ! »

Il a démêlé de tristes histoires, Alix Hoair. Celle de Gisèle, qu'un marin en bordée au foyer a engrossée avant de reprendre la mer. Le directeur a placé la mère et son bébé dans une maison maternelle du côté de Limoges. Quand il est allé la voir, elle allait se marier et paraissait heureuse. Celle de Lucette, enceinte d'un chauffeur de la préfecture. Là, il y a eu une empoignade musclée entre hommes. Le séducteur ne voulait rien entendre.

— Arranger les choses, mais vous savez qui je suis ?

— Cela ne vous donne pas droit à tous les abus ! Arrangez-vous.

Le chauffeur a consenti à s'occuper de l'avortement, il a trouvé une de ces faiseuses d'anges dans une ferme, mais Lucette a refusé, elle a gardé l'enfant.

Elles sont jolies et joyeuses, les jeunes filles des îles, insouciantes et frivoles. Et de tristes sires leur tournent autour. Elles se plaignent d'endurer des plaisanteries graveleuses à longueur de journée ; on leur fait des avances, on les tripote sans cesse. A la scierie, les bûcherons ont la main leste. Marie-Louise a avoué à sa meilleure copine que le fils du patron la forçait et la menaçait des pires représailles si jamais elle s'avisait de le dénoncer. Quand la confidence est arrivée aux oreilles d'Alix Hoair, la fillette s'est butée ; elle a refusé obstinément que l'assistante sociale ne s'y rende et qu'on porte plainte. Elle avait trop peur. Une autre fille est revenue en pleurs, enceinte de son père nourricier.

D'autres histoires se sont bien terminées, par des mariages. Jean-Maurice a épousé Michelle, une monitrice du foyer ; Alain, Jeannine, une Limousine ; Michel, Martine, une Creusoise. Mais la plupart ont trouvé l'âme sœur parmi les filles de l'île : Jean-Pierre et Gilberte, Arzul et Michèle, Jean-Yves et Maggy, Victor et Marie-Paule, Judex et Marlène, Christian et Marie-Louise. Ils ont quitté le foyer, loué un appartement et se sont mis en ménage. Et Christian, à dix-huit ans, est devenu papa juste après avoir obtenu son CAP de menuisier. Chacun a fait sa vie, portant tel l'escargot sa maison sur son dos, bien rangée ou en désordre.

Les bons moments aident à garder le sourire. Les escapades en autocar le dimanche, les pique-niques sur les sentiers du puy de Sancy, les excursions à Paris pour applaudir le spectacle des Mascareignas, à Bruxelles pour visiter l'Atomium, et les colonies de vacances l'été au bord de la mer, à Saint-Palais sur la Gironde ou à Saint-Jean-le-Thomas, non loin du mont Saint-Michel, un mois entier à faire du camping. L'autocar passait prendre les filles chez les bonnes sœurs à Allassac. Les garçons, plongés dans l'eau à la marée montante, n'en ressortaient qu'à la marée descendante. Les filles préféraient lézarder sur le sable et papoter. A marée basse, à la pêche sur l'estran, ils ramassaient des seaux pleins de crabes, de crevettes, de bigorneaux et de palourdes. Le soir, on jetait le tout avec du gros sel dans une marmite, ça faisait les repas – et la colique le lendemain matin.

Au foyer, pour leur trouver des occupations et les protéger de « l'oisiveté-mère-de-tous-les-vices », Alix Hoair a aménagé un atelier de bricolage, installé un établi, acheté des outils. Jean-Pierre et Christian, les plus habiles de leurs mains, fabriquaient des petits meubles. Pour les mordus de mécanique, il a récupéré au garage Renault une vieille 4L à la carrosserie rouillée et cabossée, qui a connu une seconde jeunesse. Ils l'ont trimballée à Paris chez Elf, qui offrait la peinture fraîche et la décoration, mais au retour le moteur, à bout de souffle, a rendu l'âme. Ainsi passait le temps, à la maison des Réunionnais qu'était devenu le foyer, à la sortie de l'école ou du travail. Beaucoup ont commencé à la Sodec, l'usine de flocage, ou à la scierie, grandes pourvoyeuses d'emplois mal payés, éreintants et insalubres, avant d'en ressortir, jetés après usage, et de revenir au foyer.

Des tristesses aussi sont rangées dans les cœurs. Des coups de blues, des coups de solitude qui débordent en sanglots. Des coups de colère qui éclatent à coups de poing. Les garçons avaient la bagarre à fleur de peau. Pour une fille, pour un rien, pour un oui, pour un non. Par moments, ils détestaient le monde entier.

Gérard, rentré furibard un soir au foyer, va à la cuisine, s'empare d'un long couteau et se met à courir dans les couloirs en hurlant, fou furieux :

— Je vais le saigner ! Je vais le saigner ! Où il est ?

Le directeur s'approche, le défi dans les yeux, la main tendue.

— Ecoute-moi, lui dit-il, très calme. On pourrait se parler.

De dépit, l'adolescent boxe de toutes ses forces une porte vitrée. Elle s'effondre et lui entaillc la main. Il s'enfuit à toutes jambes, le directeur sur ses talons, il se débat. La blessure est profonde, la chemise maculée de sang. A l'hôpital, tandis que l'interne recoud et suture la plaie, Gérard chiale comme un môme dans les bras de son ennemi, qui le console. C'est un appel à l'aide, il disait : Ne m'emmerde pas, je fais ce que je veux, je vous déteste, toi et tout le monde. Et, en même temps : J'ai besoin de toi, d'un peu de bon cœur pour m'orienter, mais je ne te l'avouerai jamais. Tous ces gamins sont en équilibre sur le fil de la vie qui leur saute à la figure. En déséquilibre en pays étranger.

Un autre jour, on a retrouvé Irène sur la pelouse au pied des dortoirs qui pleure et se tord de douleur :

— J'ai mal. Je veux mourir, je me suis loupée.

Entre deux gémissements, elle raconte avec force détails comment elle a grimpé sur le toit, fermé les yeux et s'est jetée dans le vide. Pressée de questions, elle reconnaît vite qu'en réalité elle n'a fait qu'enjamber la fenêtre du rez-de-chaussée.

Le souvenir des enfants perdus hante les survivants, les visages maussades de ceux qui n'ont jamais pu s'acclimater et se sont étiolés loin de leur terre : Richard, Christian se sont suicidés, au terme d'une longue descente aux enfers; Marius, Gaston, Frédéric ont effectué de longs séjours en hôpital psychiatrique; beaucoup sont morts prématurément, rongés par l'alcool et le désespoir.

*

Denise se languit sans enfant, à La Brionne. Et une vie sans enfant, c'est le plus cruel des chagrins pour une femme.

— Attends encore, il viendra bien, répète son mari, Raoul.

— Mais j'ai trente-quatre ans, s'impatiente-t-elle, c'est maintenant ou jamais, et ce sera bientôt trop tard !

Quand elle a su qu'elle ne pourrait pas en mettre au monde, son désir d'en avoir a été plus fort encore. Elle est comme cela, Denise, les épreuves l'aiguillonnent. Pour masquer le manque, elle garde des petits de la DDASS quinze jours, trois semaines, elle fait l'assistante maternelle. Mais elle veut un enfant à elle, rien qu'à elle et pour toujours.

Denise tient le café-hôtel-restaurant près de la gare de La Brionne, et Maryvonne, la belle-fille du chef de gare qui est assistante sociale à Guéret, lui a parlé d'adoption. Elle lui a expliqué les démarches à accomplir, l'a aidée à rassembler les papiers nécessaires et lui a ménagé un rendez-vous avec le directeur de la DDASS.

— Je suis très embêté, madame, se désole-t-il. J'aimerais vous satisfaire, mais savez-vous que, comme tenancière d'un commerce, c'est-à-dire d'un lieu public, le règlement exclut la faculté d'une adoption ? La loi entend protéger les mineurs des influences pernicieuses en les écartant des débits de boisson. C'est une prétention un peu sotte, j'en conviens.

— Ne pourrait-il pas y avoir des exceptions à la règle ? s'exaspère Denise. Mon établissement est très bien tenu !

— Madame, parlons franchement. Seriez-vous contre le fait d'adopter un enfant de couleur ?

— Bien sûr que non !

— Dans ce cas, alors... Disons que je n'ai pas lu cette disposition du décret. Une malencontreuse erreur de ma part, ironise-t-il. Je vous demanderai de revenir me voir bientôt.

Trois semaines plus tard, Denise se présente de nouveau à la préfecture, au bureau de l'Aide sociale. Jacques Tarbes déploie un classeur rempli de photos étiquetées : des frimousses en noir et blanc, riant aux anges.

— Regardez, madame, et choisissez l'enfant qui vous convient.

— Non merci, monsieur le directeur, refuse Denise, pincée. Vous me donnerez celle qui a eu le plus de misères. Un point, c'est tout.

26 avril 1969 : Denise se souviendra toujours de ce jour-là. Elle s'affairait, s'énervait, suait devant la cuisinière, un œil sur les marmites mijotant à petit feu, l'autre sur les tranches de charcuterie et les carottes râpées à agencer dans les assiettes. Une soixantaine de couverts, autant de ventres à satisfaire ce midi, comme d'habitude. Les ouvriers de l'usine, les cheminots et les bûcherons ont un bon coup de fourchette, une grande gueule, et le civet de lapin de la cantinière, les pichets de vin du patron, ils en redemandent.

Tout à coup, le remue-ménage s'interrompt. Tous s'arrêtent, la fourchette en l'air, la bouche en *o*. Une voix frêle tinte dans le silence :

— Bonjour, maman !

Denise se retourne. Elle est arrivée ! La petite poupée effarouchée se serre dans les jambes de Maryvonne, l'assistante sociale.

— Mon bébé ! Ma petite ! N'aie pas peur, ma fille, c'est ta maison ici. Tu vas t'y habituer, t'inquiète pas, on a tout notre temps maintenant.

Et elle claironne, expédiant le service :

— Vous autres, dépêchez-vous de finir vos assiettes ! Pierrette, amène-leur la tarte aux pommes !

Qu'elle est mignonne, la petite Germaine, si fine avec son bout de nez pointu, ses prunelles noires, trop tristes, ses cheveux frisés comme un mouton, ses longues jambes de gazelle. Mais comme elle est chétive, comme elle est craintive ! Elle tremble de peur, la pauvre. Denise s'extasie, la câline, la couvre de caresses, de tendresses et de baisers, la rassure doucement, joue contre joue.

— Que tu es jolie, petite noisette. Pierrette, passe derrière la caisse. Occupe-toi donc de faire régler les additions. Je monte lui faire visiter sa chambre, à ma princesse.

Une poupée lui tend ses bras potelés, la fillette s'illumine, se précipite, sous l'œil amusé de l'ours débonnaire et de son copain le lapin, posés sur la couverture de dentelle rose.

Une rapide inspection confirme les craintes de Denise. La tignasse est infestée de poux ; une bosse, des ecchymoses, des bleus aux jambes laissent supposer d'affreux traitements. Sûr qu'elle était battue. Ses pieds sont déformés, recroquevillés. Et elle a peur de tout. Un bruit, un cri, un mouvement brusque, et elle se cache la tête sous les bras. Quand Raoul rentre de l'usine, la gamine court se réfugier sous la table, rien à faire pour la déloger de là. Pendant le repas, bouche cousue, elle lui jette des coups d'œil inquiets, sursaute quand il parle, apeurée par la grosse voix du mari de Denise.

Avec eux vit François, un garçon de la DDASS. Il devait rester quelques semaines, mais il n'a plus voulu retourner chez lui et ils l'ont gardé. « Quand il y en a pour trois... », a admis Raoul. Les premières nuits, la fillette pleure des larmes déchirantes et Denise la prend contre elle dans le lit conjugal, renvoyant Raoul sur le canapé du salon. Petit à petit, l'enfant sourit plus souvent, profite bien, grandit, prend confiance et retrouve la gaieté de son âge. Mais elle restera longtemps méfiante – le temps qu'elle oublie le cauchemar des mois passés à Tercillat, à la ferme.

Sitôt arrivée de La Réunion, à l'âge de cinq ans, elle a été placée dans une famille nourricière avec ses aînés, Christophe, Jean et Sylvie. Les taloches tombaient souvent, les coups de pied au derrière et les punitions. La fermière élevait des enfants de la DDASS ; elle en avait pris cinq, en plus de ses deux filles, pour toucher l'allocation, la seule ressource du foyer. Le mari faisait la tournée des bistrots sur sa Mobylette après le travail, buvait sa paye et rentrait l'air mauvais à la tombée de la nuit. En sortant de l'école, les garçons enfilaient des vieux habits et allaient tout droit au jardin, et les filles à la cuisine. Le trousseau de la DDASS, les filles de la fermière l'accaparaient et repassaient à Germaine leurs vieilles chaussures, trop petites. C'est ainsi qu'elle s'est déformé les pieds. Christophe, lui, n'arrêtait pas de fuguer, ils ne le tenaient plus. Sept mois de pleurs et de peur, à n'attendre qu'une claque ou une remontrance. Avant les câlins de Denise.

Lorsque Denise est tombée par hasard sur la marâtre, dans les couloirs de la DDASS, ça a fait des étincelles. « Elle vient sans doute pêcher des gamins et des sous », s'est-elle dit. Son sang n'a fait qu'un tour, son cœur de mère tout neuf s'est emballé. La souillon, pour une fois peignée et doucereuse, l'a presque suppliée de l'autoriser à revoir Germaine.

— Quel culot ! Un droit de visite ! Vous n'avez pas honte ? Ma Germaine, vous l'avez battue, estropiée ! Elle ne veut plus vous voir, plus jamais ! Et n'allez pas baver vos sornettes ici, je dirai ce qu'il en est, moi !

Et, prenant à témoin l'assistante sociale qui observe la scène, écarlate :

— Savez-vous comment elle traite ses enfants, cette femme de rien, cette garce ?

Au fur et à mesure que Denise raconte, la mégère se ratatine.

— Vous ne devriez plus jamais avoir d'enfants en garde, sermonne l'assistante sociale, gênée. J'y veillerai, croyez-moi.

« Fieffés menteurs », rumine Denise. Ces hypocrites savent bien ce qu'ils font en plaçant des gamins chez des gens de cette espèce. Comme le pauvre Jean-Paul, qu'ils ont abandonné dans une masure, chez les soûlots du village. Avant de partir à l'école, Jean-Paul soigne les vaches, les mène au pré et passe au café prendre sa commission. Et Denise pose deux bouteilles de rouge sur le comptoir. Il fait peine à voir, emmitouflé dans sa cape perlée de rosée, les jambes griffées par les ronces. Denise lui prépare un bol de cacao brûlant et des tartines de confiture, qu'il avale en quatrième vitesse. « Faut que je me dépêche, mâchonne-t-il, il va encore se fâcher et me disputer. » Denise, à la fin, a dénoncé les parents indignes au maire de La Brionne, qui a alerté la DDASS. Jean-Paul leur a été retiré. Ils ne toucheront plus rien, bien fait pour eux.

Denise a terminé les formalités de l'adoption. Elle l'a voulue plénière et pas autrement. Rectification faite à l'état civil, Germaine B. s'appelle désormais Véronique C., née à La Brionne, département de la Creuse. Véronique, sa fille à elle, rien qu'à elle et pour toujours.

A sa première rentrée des classes à l'école du village, elle se débat, petite noisette, hurle de rage et pleure à fendre l'âme. Denise la console longtemps mais rien n'y fait. M. Faye, l'instituteur, la chouchoute et ferme à clé la porte de la classe pour qu'elle ne s'échappe pas. Denise s'en retourne le cœur serré, en entendant ses cris perçants jusque dans la cour de récréation.

— Maman ! Maman ! Je veux rester avec toi !

Elle est terrorisée, sûre que sa mère l'abandonne.

Véronique a vite trouvé une bonne copine, Ghislaine, la fille du mécanicien, pour jouer aux osselets, à la marelle et à la corde à sauter. Elles ont fait leur scolarité ensemble jusqu'au collège à Saint-Vaury. Didier, le grand garçon des voisins, passe tous les matins prendre la fille de Denise pour l'accompagner à l'école. Il roule des muscles pour la rassurer : « Si on t'embête, je te défendrai ! » jure-t-il. Le midi, Denise laisse cinq minutes sa cuisine et ses pensionnaires à Pierrette, saute dans sa 4 CV et ramène la petite pour le déjeuner. Le soir, elle l'attend à la grille à seize heures trente. Le brave M. Faye l'a poussée jusqu'au certificat d'études.

Au café, Denise et Raoul n'ont pas tardé à mettre les points sur les *i* à ceux qui se permettent des réflexions déplacées. Raoul, il ne faut pas le chatouiller avec ça. Un jour, Véronique court après son ballon qui roule jusque dans la salle de café. Le contremaître de la scierie, affalé devant un canon de rouge, s'esclaffe bruyamment :

— Tiens donc, qu'est-ce qu'elle fait là, la Blanchette !

Derrière le comptoir, Raoul bondit et relève ses manches :

— Duranton ! Vous devez une note à ma femme, vous la payez et vous fichez le camp. Allez chercher une pension ailleurs !

L'autre n'insiste pas, le ton du patron n'engage pas à la discussion. Avec ses bûcherons, ça fera six couverts en moins les midis, grimace Denise. Une autre fois, Raoul a décoché son poing à la figure d'un fier-à-bras qui avait prononcé des grossièretés. Le type n'est plus jamais revenu faire l'intéressant au bar.

Denise s'y attelle, quand on se moque de Véronique au collège. Une méchante gamine l'a prise en grippe et lui rebat les oreilles à la récréation avec sa chanson *Une négresse qui pisse dans l'eau*. Véronique ne veut plus retourner en classe. Denise fonce à Saint-Vaury, à la réunion des parents d'élèves. Blême de colère, elle rapporte à l'assistance les misères qu'on fait à sa fille :

— Si ça continue comme ça, si vous ne faites pas attention, jure-t-elle, solennelle à la directrice, je serai obligée de retirer ma fille d'ici.

La fautive a dû écoper d'une bonne punition ou bien elle n'avait plus le cœur à chanter, mais on n'a plus entendu sa vilaine chanson.

Véronique pousse sans qu'ils s'en aperçoivent : le bébé apeuré est devenu une grande fille rieuse, une jolie fleur du printemps. Denise ne compte pas ses heures et sa peine au café-hôtel-restaurant de la gare, et on refuse du monde à table. Raoul travaille à l'usine, tôt parti, tard rentré. Véronique est une bonne élève, appliquée, brillante en français. Elle ira jusqu'au bac, au lycée de Guéret. Ses parents la gâtent, lui passent tout. « Pas tous ses caprices, tout de même ! » : Raoul sermonne Denise qui veut acheter une Mobylette à sa fille. Ils lui doivent tant de bonheur. Elle est inscrite le jeudi à l'amicale laïque, le samedi va à la pêche avec son père qui lui a offert de jolies bottes rouges, et le dimanche aux déjeuners qui s'éternisent jusqu'au milieu de l'après-midi chez les oncles et les tantes du voisinage. L'été, Denise fait venir les petits cousins et cousines et tisse patiemment les liens de famille. Quelle joie de contempler cette nichée de chiots joueurs et chamailleurs qui s'égaillent dans la maison ! Mais lorsqu'elle envoie Véronique chez la belle-sœur, il faut aller la rechercher ; l'enfant s'ennuie, elle a peur de perdre sa maman, n'arrête pas de la réclamer et de pleurer son petit bisou du soir.

Tous les ans, au mois d'août, Denise, Raoul et Véronique s'entassent dans la 403 bourrée de valises. Ils partent un mois à la mer à Arcachon. Ils louent une maisonnette, toujours la même, qu'ils réservent d'une année sur l'autre. Un voyage au long cours, en voiture, au fil des nationales, ballottés, collés sur le skaï des banquettes, sous le soleil de plomb. Véronique chante à tue-tête les chansons de Sheila et de Claude François qui passent à la radio. Ils ont le cœur serré à chaque fois qu'elle reprend sa préférée, le tube de Joe Dassin : *Qu'il est loin, qu'il est long le chemin, papa !* Raoul renifle, les mains crispées sur le volant.

Véronique ne peut s'en empêcher, ses yeux reviennent se poser sur l'adolescent accoudé au zinc, devant son bock de diabolo menthe. Elle le détaille quand il lui tourne le dos. Leurs regards s'esquivent chaque fois qu'ils se croisent. Souvent le garçon revient, et le manège recommence. Ce n'est pas un habitué, il doit venir de Guéret. Surtout, il lui ressemble, couleur café. Elle a l'étrange impression de connaître son visage, mais d'où ?

La première fois qu'il est apparu, Denise a poussé Pierrette du coude, derrière le comptoir. Elle tenait à servir elle-même ce nouveau client.

— Ah non, une bière je ne peux pas, mon garçon. L'alcool est interdit aux mineurs.

— Ma sœur Germaine est chez vous, je l'ai vue, a lâché le gosse, comme s'il en avait gros sur le cœur.

Denise a bien cru que le ciel s'effondrait. Elle reprend ses esprits, se radoucit.

— Prends plutôt un Orangina, je te l'offre.

— Non, je préfère une menthe à l'eau.

— Mon petit, je t'en supplie, attends un peu, je ne peux pas lui dire tout de suite. Elle serait malheureuse. Elle n'a pas l'âge de comprendre ces choses-là. Elle est innocente. Sois patient. Je te le promets, je vous réunirai tous dès que je lui aurais parlé. Tiens-toi tranquille en attendant, je te le demande. Je suis sa mère maintenant, ne nous déchire pas, ne nous sépare pas.

En rentrant de l'école, Véronique est de nouveau tombée sur lui. Cette fois, ils étaient trois attablés, une fille et un autre garçon, à lui jeter des coups d'œil furtifs tout en chuchotant des messes basses. Véronique leur a souri en passant.

— Monte donc faire tes devoirs, ma chérie, la presse Denise. Et quand tu auras fini, tu pourras aller jouer chez ta copine Ghislaine.

Christophe a emmené son frère Jean et Sylvie voir la petite qu'il avait retrouvée. Puis ses visites se sont espacées. Il a tenu parole, il n'a jamais rompu sa promesse, jamais bravé l'interdiction.

Ces trois étrangers entrevus mais si proches, la couleur de leur peau et la mélodie dans leur voix, cette île des tropiques dont parlent Denise et Raoul, tout cela turlupine parfois Véronique. Toute petite déjà, elle posait des questions – de ces questions dont les parents ne savent se dépêtrer et où ils s'embrouillent :

— Dis, maman, je ne comprends pas. Toi et papa vous êtes blancs, comme tout le monde au village, et moi j'ai la peau en couleur. Pourquoi je ne suis pas comme vous ?

— Mais regarde papa, bafouille Denise, il est quand même un peu bronzé.

— C'est vrai, reconnaît Véronique, à moitié convaincue. Surtout sur la plage, à Arcachon, car l'hiver il est blanc comme un cachet d'aspirine. Moi, je ne change pas de couleur, je ne déteins pas.

Denise trouvait toujours un dérivatif pour ne pas approfondir la question du bronzage de Raoul. Des bizarreries, Véronique en découvrait de temps à autre. Comme son baptême qu'on lui a fait faire à huit ans – à l'église de La Brionne, ce sont des bébés en robe de dentelle que le curé baptise, pas des écolières. Ou comme ces gribouillis sur son carnet de santé, ratures griffonnées au stylo Bic à l'emplacement du nom. Denise a réponse à tout, mais cela ne rassure pas la gamine. Et, un beau jour, la grande question fuse. Ils l'attendaient, évidemment, mais n'y sont pas préparés pour autant :

— Est-ce que vous êtes mes parents ?

— Mais bien sûr, petite noisette, sursaute Denise, en renversant son verre, les joues cramoisies. Je suis ta maman et Raoul est ton papa, ne t'inquiète pas. On ne se quittera jamais tous les trois. Jamais de la vie.

Raoul reste la bouche ouverte, les mots coincés dans la gorge. Denise s'acharne dans sa casserole, écrase les pommes de terre à coups de fourchette désespérés. Les pauvres tubercules passent un sale quart d'heure.

— Tu sais, nous deux, on ne veut que ton bien, alors on essaie d'écarter de ton chemin tous les malheurs. Tu comprendras, tu nous remercieras plus tard, quand tu seras grande. Allez, reprends un peu de purée, mignonnette, c'est bon pour ta croissance. Si tu veux courir comme le lièvre de La Fontaine, mange bien. Et au fait, avant d'aller te coucher, n'oublie pas de me réciter ta fable.

Cette fois, Véronique en est sûre et certaine, ils lui cachent quelque chose. Ils mentent, ça se voit. Elle s'invente de sombres histoires de Barbe-Bleue, s'aperçoit qu'elles ne tiennent pas debout, en échafaude d'autres, puis n'y pense plus. La vie est belle tous les jours et ils sont si gentils ! Pourtant, elle le sent, elle se rapproche du secret qu'ils lui cachent.

C'est la bonne tante Lucie qui a commencé à dévider la pelote. Un dimanche qu'elles se promenaient, bavardant de choses et d'autres, elle a glissé à Véronique, sans avoir l'air d'y toucher :

— Tu sais, ta maman va te dire quelque chose, un de ces jours.

Sous le déferlement de questions, tante Lucie a lâché prise.

— Tu avais une autre maman, mais elle est morte.

— Alors je suis orpheline ?

— Mais non, ta maman, c'est Denise.

— Mais c'est pas la vraie ?

— Mais si, bien sûr... Enfin non, s'emmêle Lucie. Ah ! c'est compliqué. Je t'ai dit, elle t'expliquera mieux que moi.

— Alors on rentre à la maison, vite. Dépêche-toi.

Tante Lucie hâte le pas sur le chemin de noisetiers, légère comme un rossignol. Elle est soulagée, la petite l'a bien pris, sans pleurs, sans drame. Denise sera contente, qui tremble de perdre sa fille. Elle ne savait pas comment s'y prendre et reportait toujours le moment. « D'accord, mais tout doucement », avait-t-elle concédé à Lucie, qui la poussait : « Elle a quatorze ans, il est temps de lui dire ! Elle sent bien que vous cachez un secret ! »

— Maman, je sais tout maintenant !

Denise la serre à l'étouffer dans ses bras, les larmes aux yeux.

— C'est vrai, je ne suis pas la maman qui t'a mise au monde. Je suis la maman qui t'aime, qui t'a recueillie et élevée. Est-ce que tu as senti une différence ?

— Ben non ! Ben oui ! Ben je sais plus !

— C'est bien triste, tu sais. J'aurais tant aimé te bercer dans mon ventre et t'entendre babiller contre mon cœur.

— Mais pourquoi tu ne l'as pas fait ?

— J'ai peur de tout pour toi, coupe court Denise, la gorge nouée. Que toutes ces affaires te fassent du mal, que tu ne nous aimes plus, que tu t'en ailles. Je ne voulais ni te mentir, ni rien te cacher. J'attendais que tu sois en âge de comprendre ces choses-là. Tu es une enfant. Après l'enfance, tu sais, commence l'âge des soucis, et tu as bien le temps d'y entrer, petite noisette.

Avec délicatesse, Denise et Lucie avaient levé les brouillards d'incertitude. Véronique avait appris la vérité, mais elle n'avait pas envie d'en savoir plus. Pour l'instant. Elle ne demandait rien. On n'en a plus parlé. Pendant quelque temps.

*

A Guéret, dans le chaudron du foyer, le directeur s'efforce de dompter ses fauves. Le gros des arrivants une fois placé, il ne reste plus que les cas les plus difficiles, des adolescents en crise, en mal d'eux-mêmes, rejetés d'un travail ou d'une famille. Seuls, paumés. Ils reviennent, aigris, au bercail. Là, devant un cari ou un baby-foot, ils crachent leur haine ou rentrent leurs griffes et ravalent leur colère. Au-dehors, la plus grande partie endure en silence l'amertume ; un petit nombre s'est fondu dans le paysage ; il reste les durs, les rebelles, bagarreurs, fugueurs, mauvaises têtes, qui s'accrochent à la bouée du foyer. D'autres Réunionnais continuent d'arriver, qu'il faut caser pour faire de la place. Alix Hoair parcourt la campagne jusqu'à Limoges ou en Corrèze, cherchant un asile ou démarchant un travail. Paul Mulloz, le directeur de la DDASS, essaie d'organiser les choses en bon ordre. Paris exige des résultats, il se sait sous surveillance, mais résiste : il doit d'abord régler les problèmes d'intégration mal résolus, avant d'accepter d'autres arrivées.

Alix Hoair est excédé. Les enfants n'ont tous qu'une rengaine à la bouche : le retour. Ils se débattent dans la nasse, fous de désespoir. Le directeur n'en démord pas, depuis le premier jour il juge monstrueuse et aberrante cette politique de migration. Que des technocrates au sang-froid aient pu concevoir cela, déraciner des enfants, ses petits cousins de l'île, une telle perversité le scandalise. Mais, à Guéret, personne autour de lui n'écoute ses avertissements, ni ne partage ses sentiments. Il interpelle, rédige des courriers qu'il adresse à la préfecture, à la DDASS, au conseil général. Les politiques, les fonctionnaires exécutent les ordres sans états d'âme, ou les devancent par opportunisme. Alix Hoair estime qu'il est bien le seul à écouter la détresse des enfants qu'ailleurs on considère comme de la graine de voyous. Peu à peu, il s'est laissé dévorer par la cause de ses protégés. Et plus il essuie de rebuffades, plus il se convainc d'avoir raison, se grise dans la posture du justicier, seul contre tous, et rumine sa revanche. Il n'a pas le tempérament à fermer sa gueule, le petit doigt sur la couture du pantalon. Comme il vaut mieux s'adresser au bon Dieu qu'à ses saints, c'est Debré qu'il appelle à la rescousse et auquel il adresse ses doléances, au ministère de la Défense. Les promesses de retour qu'on a faites aux enfants ne sont pas tenues, écrit-il. Certains sont arrivés depuis cinq ans et depuis n'ont plus revu leur foyer d'origine. Ne pourrait-on pas envisager d'organiser un séjour chez eux, à La Réunion, pendant la durée des congés scolaires ? Ne pourrait-on utiliser à cet effet un avion de transport militaire ?

Le préfet explose au téléphone quand, à Paris, le cabinet du ministre l'informe de l'arrivée d'un tel courrier.

— Mais pour qui se prend-il, ce zèbre ? Quel toupet ! De quel droit un subalterne se permet-il de s'adresser au ministre ? Il faut le remettre à sa place dare-dare.

Un conseil d'administration extraordinaire de la DDASS est convoqué, le limogeage notifié : « Vos diplômes ne correspondent pas à l'orientation nouvelle du foyer. Vous serez en conséquence réintégré dans l'Education nationale. »

Alix Hoair tente d'ameuter les journaux locaux, *La Montagne*, *L'Echo du Centre*, *Le Populaire*, mais on ne l'écoute pas. Pas un article n'annonce son départ, pas une ligne. De dépit, il met son éviction sur le compte d'une cabale des francs-maçons. Et, à la rentrée suivante, part à Ivry-sur-Seine prendre le poste de professeur de mathématiques et de physique où il est nommé, loin de la Creuse. S'ensuivent sept ans d'allers-retours hebdomadaires par le train entre Sainte-Feyre et Ivry, sept ans de purgatoire, séparé de sa femme et ses enfants, sans qu'il parvienne à obtenir la mutation dans la Creuse qu'il réclame. Le prix de l'impertinence.

Un tel personnage, idéaliste, tonitruant, hâbleur, ne laisse pas indifférent et suscite la controverse. Les mauvaises langues grommellent qu'il a bien su utiliser ses pensionnaires à son profit. Qu'il les employait au chantier de sa propre maison, à côté de Sainte-Feyre, à défricher les herbes du terrain, monter les murs, exécuter les travaux de peinture. Et la baby-sitter de ses enfants... Et d'autres choses encore... Qu'il en rajoute un peu aujourd'hui et qu'il embellit le tableau.

Son coup de gueule, ses façons de faire dérangeantes, son imprudence lui ont coûté un long exil. En tout cas, entre juillet 1969 et octobre 1971, le foyer de l'enfance de Guéret était devenu une joyeuse île de La Réunion. Sa sincérité était réelle. Aussi, quand il est venu faire ses adieux un soir au réfectoire, les enfants lui ont-ils promis : « On va vous défendre, monsieur ! »

13

Des contingents de pupilles continuent d'atterrir à Orly. Toutefois, les rouages de la machinerie administrative se dérèglent parfois, s'emballent ou se grippent. Le manège des rotations de directeurs redistribue les cartes dans les départements. La migration reste une exigence inamovible, mais les résultats acquis fluctuent, s'accélèrent là ou ralentissent ici, en fonction des difficultés et des solutions qui se raréfient – en fonction surtout du tempérament des hommes en place, de leurs qualités, de leurs défauts, de leurs convictions, et de nombre d'aléas.

Dans le chassé-croisé des nominations de la fin 1968, Jacques Tarbes, après avoir officié à La Réunion et dans la Creuse, s'installe à Perpignan, à l'écart. Roland

Bertin, venant de La Réunion, est affecté en Lozère. Dans l'île, un inspecteur principal lui succède, faisant office de directeur par intérim.

Celui-ci ne reste pas les bras croisés. En bouclant son rapport d'activité de 1969, il se félicite de l'accroissement des départs : 144, par comparaison aux 82 de l'année précédente. Ce succès s'explique par une hausse exceptionnelle des adoptions en métropole : 42 en 1969, contre 9 seulement en 1968. Faute de trouver sur l'île des foyers d'adoption, on les a cherchés en France. Et on a accéléré auprès du tribunal de Saint-Denis, empressé auprès des familles, les formalités d'abandon en souffrance. La question des bébés une fois réglée, les pouponnières désengorgées, l'inspecteur zélé et prévoyant souligne [1] :

> « *Pour que le recensement des pupilles se rendant en métropole n'accuse pas une baisse sensible en 1970, il sera nécessaire de porter l'effort notamment sur les enfants d'âge scolaire et les adolescents. Si*

1. Rapport d'activité de la DDASS, 1969.

l'on tient compte que la migration des pupilles, pour être rentable, doit porter essentiellement sur les jeunes de plus de seize ans, il est évident que l'effort de propagande auprès des départements d'accueil devra encore être intensifié. »

A cet effet, décision a été prise d'envoyer en prospection en métropole l'assistante sociale chargée de la migration des pupilles. Elle s'est rendue à Limoges, Guéret et Montpellier, et prépare une prochaine tournée dans d'autres départements. En outre, pour favoriser une meilleure coordination entre les DDASS de départ et d'arrivée, on projette la création d'une antenne de La Réunion en métropole. L'idée sera abandonnée devant les réticences du ministère des Affaires sociales, mais elle va cheminer.

L'inspecteur note en conclusion :

« *En l'absence de solutions suffisantes en nombre et en qualité à La Réunion, il apparaît donc que le transfert de nos enfants en métropole, s'il n'est pas le remède idéal, n'en constitue pas moins une solution à maintenir jusqu'à ce que nos conditions locales soient devenues meilleures.* »

Roland Bertin, qui s'installe en Lozère en décembre 1968 en rentrant de La Réunion, trouve dans ce département déshérité d'intéressantes opportunités de placements. La petite DDASS de Lozère est pourvue de peu de moyens et d'effectifs restreints. Aussi Roland Bertin, épaulé par son épouse, dirige-t-il les opérations. Des relations sont établies avec des établissements, des inspections sont diligentées, puis un état des disponibilités est transmis à La Réunion et les enfants aussitôt « mis en route ». La débrouillardise et le système D permettent d'atteindre les engagements et de maintenir le flux. La Lozère supplante la Creuse et le Tarn, désormais saturés, en tant que débouché majeur des migrations. Près de 150 enfants y arrivent entre 1969 et 1970. Cinq établissements les reçoivent : « La Providence » à Mende, « Le Clair Séjour » à Antrenas, « Saint-Rome-de-Dolan », « Sainte-Angèle » à Serverette, et « La Castagnade » au Pompidou. Les enfants les plus âgés n'y effectuent qu'un bref séjour, avant d'être placés dans les départements mitoyens ou des fermes, comme apprentis ou employés à gages. Mais, s'inquiétant des difficultés survenues, le préfet de Lozère ne tarde pas à fermer le robinet [1] :

> « *L'adoption des plus jeunes enfants se poursuit. Les aînés, garçons et filles, posent des problèmes, dus en partie à leur inadaptation dans le département, mais encore, pour ceux qui doivent travailler, à la pénurie d'emplois qu'ils sont susceptibles d'occuper.* »

Des départements renâclent. Ainsi, la Haute-Vienne, qui a reçu 47 enfants, refuse d'en héberger davantage. Des établissements renoncent. Dans le Tarn, les Œuvres du Père Colombier ne reçoivent aucun enfant en 1969 ; Guéret n'en accepte que 9 en 1969, 3 en 1970 et l'aérium de Saint-Clar, dans le Gers, 4 en 1969, aucun en 1970. Ces années-là, la Lozère a recueilli l'essentiel des arrivants de La Réunion. Mission accomplie,

1. Rapport d'activité de la DDASS, 1969.

Roland Bertin quitte le département pour la Guyane.

Au début de 1970, un nouveau directeur est nommé à La Réunion : René Leclerc. Michel Debré a piqué une de ses colères légendaires en apprenant que la DDASS de Saint-Denis demeurait sans directeur titulaire depuis des mois et qu'un simple inspecteur principal en faisait office. Il a exigé qu'on remédie au plus tôt à cette irrégularité et qu'on désigne à ce poste un homme de valeur. René Leclerc prend ses fonctions mandaté et instruit en haut lieu. Sa compétence est appréciée, ses qualités humaines reconnues et l'étendue de ses diplômes, ès lettres, théologie et psychologie sociale, remarquable. Il a démontré ses mérites au poste de directeur-adjoint de la DDASS en Alsace. Si le fonctionnaire est intègre, l'homme est ferme dans ses principes, alliant un sens aigu du devoir à celui du bien public. Il en résultera d'épineuses contradictions.

Il mesure sur-le-champ les dysfonctionnements de la politique de migration.

On recense, au 31 décembre 1970 [1], 610 enfants placés en France, répartis dans 59 départements, dont 24 % dans le seul département de la Creuse. Devant les blocages qui s'accumulent, il corrige et infléchit la politique conduite par ses prédécesseurs, Jacques Tarbes et Roland Bertin. Pas de course au rendement ni de migrations à tout prix, mais de l'intelligence et de la compassion d'abord, et l'intérêt des enfants avant toute chose. René Leclerc renverse la logique du dispositif. La migration ne sera plus la panacée à tous les maux de La Réunion, mais l'ultime recours, lorsque toutes les autres solutions – en premier lieu le maintien des enfants dans l'île et si possible dans leur famille – auront échoué. Priorité aux liens naturels : la préoccupation est très novatrice pour l'époque.

Afin de restreindre le recours aux migrations, René Leclerc s'efforce, d'une part, d'intensifier les adoptions et, d'autre part, plutôt que de transplanter les enfants en foyer, de les conserver dans la

1. Rapport d'activité de la DDASS, 1970.

mesure du possible dans leur famille ou en garde en famille nourricière, en distribuant au besoin des aides éducatives aux parents. Puis il préconise la création d'un service de prévention des abandons d'enfants [1]. Et les assistantes sociales reçoivent la consigne d'instruire avec une plus grande minutie les dossiers des enfants proposés à la migration. Les résultats ne se font pas attendre : alors qu'en 1969 on comptait plus d'enfants hébergés en foyer que d'enfants suivis dans les familles, la proportion s'inverse un an après. Et, par contrecoup, les départs en métropole se réduisent : 92 en 1970, 96 en 1971, 40 en 1972.

Reste à améliorer le sort de ceux dont la migration est inévitable. Devant les difficultés de suivi et de gestion engendrées par les dix mille kilomètres de distance, René Leclerc relance le projet d'une antenne de la DDASS-Réunion basée en

1. Le nombre des enfants relevant de l'Aide sociale à l'enfance (orphelins, abandonnés, mineurs confiés par la justice ou les familles) est en constante augmentation : 876 en 1963, 1 580 en 1965, 2 316 en 1967, 2 862 en 1969, 3 354 en 1972, 3 829 en 1975.

métropole, dont l'une des tâches serait de « multiplier les contacts avec et entre les enfants réunionnais pour les aider et faciliter leur adaptation ». Il évoque l'idée d'organiser des voyages-vacances d'adolescents dans leurs familles, une question jusque-là taboue. Enfin, il assigne à ses agents une règle impérative : un contrôle accru des conditions et des lieux d'accueil :

> « *Un travail difficile par suite de l'éloignement, mais il est indispensable de revoir certains placements qui semblent n'apporter aucune formation professionnelle valable aux enfants... Certains départements sont arrivés à saturation. Il convient donc de rechercher de nouveaux placements dans d'autres départements.* »

Ses espoirs sont vite déçus : un courrier-circulaire est adressé aux DDASS, mais la quasi-totalité des responsables pressentis répond négativement. René Leclerc dépêchera, l'année suivante, un inspecteur en métropole.

*

Pendant ce temps, à La Réunion, les temps changent doucement. La modernité et les conversions orageuses qui agitent la société française résonnent en écho dans l'île. La pilule est arrivée, et avec elle la contraception. L'idée du contrôle des naissances commence à faire son chemin dans la population. Les partisans très actifs d'une politique de limitation font peu à peu entendre leur voix et préconisent cette solution alternative au fléau lancinant de la surpopulation. Pierre Lagourgue, le jeune médecin frais émoulu de la faculté de Paris, qui était revenu au pays, la tête remplie d'idées neuves et d'ambition, a été élu député, puis président du conseil général. Il a fondé l'AROF (Association réunionnaise pour l'orientation familiale) et a inauguré, à Saint-Denis, le 2 avril 1967, le premier Centre d'orientation familiale de l'île. Neuf mois plus tard, le Parlement votait la loi Neuwirth [1]. L'AROF lance alors une campagne virulente. Une marée d'affiches de quatre mètres sur trois recouvre les panneaux publicitaires le long des rues et des routes. Des messages tournent en boucle sur Radio Saint-Denis. « Ne faites plus d'enfants ! » répète le speaker, sur un fond de pleurs de bébé. Jusqu'aux feuilles de maladie de la Sécurité sociale qui portent en encart conseils, adresse et téléphone des Centres d'orientation familiale. Les jeunes médecins-conseils sont accommodants, les tablettes de pilules distribuées en abondance. Mais les femmes souvent leur reviennent enceintes. Elles rechignent à se plier à la discipline régulière, oublient et sautent des jours. On vante alors le stérilet. Télé Réunion consacre une émission à la méthode durant toute une soirée et diffuse des reportages de commande puisés au fond des bidonvilles.

Les vieux notables grognent, l'évêque fulmine, les curés tonnent en chaire et

1. La loi Neuwirth, votée le 16 décembre 1967, autorise la délivrance de contraceptifs uniquement par ordonnance et interdit toute propagande nataliste.

menacent de refuser les sacrements dans toutes les églises aussi bien à celles qui auraient recours aux méthodes contraceptives qu'à leurs « orienteurs [1] ». Le père Rigollet s'emporte à Saint-Benoît quand apparaissent les immenses affiches rouge sur noir : une mère au gros ventre, qui semble gravir le mont des enfers, son dernier-né dans les bras, tirant une ribambelle de marmailles, silhouettes frêles et sans visage. Les affiches sont barrées de lettres énormes : « ASSEZ ! Consultez gratuitement les Centres d'orientation familiale. » Le père spiritain s'indigne : « Mais pourquoi n'y a-t-il pas d'homme sur l'affiche ? Il n'y a pas quinze jours, notre maire de Saint-Benoît épinglait en grande pompe la médaille d'or de la famille à une mère de douze enfants, et des médailles d'argent à celles qui en avaient neuf ! Et à présent on les insulte ! »

Les mœurs changent. On se souvient des jugements sévères prononcés à Saint-Pierre, qui avaient fait grand bruit dans l'île et causé une grande peur parmi les fai-

1. *Le Monde*, 7-8 avril 1967.

seuses d'anges. Le tribunal avait condamné une femme à quatre ans et un couple à dix-huit mois de prison, tous trois étant reconnus coupables d'avoir procédé à des avortements clandestins.

Le 3 mars 1971 s'ouvre un procès retentissant, devant la cour d'appel : celui des avortements opérés à la clinique de Saint-Benoît. Le Dr Ladjadj et consorts figurent dans le box des accusés. Le président Lapeyre évoque par un doux euphémisme « la grande activité » de la clinique, l'avocat général, pour sa part, montre moins de pudeur et dénonce sa « grande productivité ». Les avocats fustigent, quant à eux, « le gang, la mafia de l'usine de Saint-Benoît ». Il ressort de l'instruction que le nombre des hospitalisations à la clinique a décuplé d'une année sur l'autre, passant de 4 000 à 40 000 journées entre 1968 et 1969. Tout le monde savait que les médecins y pratiquaient volontiers des avortements, les femmes y venaient de tous les coins de l'île, certaines croyant même que cela y était autorisé. Les Centres d'orientation familiale y avaient fréquemment recours. Du coup, on surnommait Ti'Baba l'administrateur de la clinique et maire de Saint-Benoît, David Moreau.

Alors qu'il a plaidé non coupable en correctionnelle, le Dr Ladjadj décide cette fois d'expliquer à la cour pourquoi et comment, durant deux ans il a été amené à effectuer sur une grande échelle interruptions de grossesses et ligatures des trompes.

— Pourquoi ai-je pris ce risque considérable ? Parce qu'on me l'a demandé ! s'exclame-t-il. Je répète qu'ayant le feu vert, à aucun moment je ne me suis senti coupable. Il y a à La Réunion une atmosphère prédisposante, plaide-t-il. Toute une publicité antinataliste orchestrée a contribué à me faire prendre ces responsabilités.

Il invoque pour sa défense la lettre d'une personnalité justifiant l'interruption de grossesse et la présentant comme un moyen de juguler la surnatalité de La Réunion. Sur l'insistance de l'avocat général, il en dévoile l'identité : il s'agit de Marc Jacquet, l'ancien ministre des Travaux publics et des Transports du général de Gaulle.

— L'avortement, je le maintiens, martèle le Dr Ladjadj, est bien la seule solution valable au problème démographique tragique de ce département. Par imprudence, et pour m'être fié à certaines assurances, je vais perdre tout ce qui faisait ma vie. Je le dis en mon âme et conscience : je n'ai fait qu'aider des femmes et des jeunes filles en détresse.

Dans le box, à ses côtés, se trouvent quatre accusés : les Drs Lehmann et Leproux, l'anesthésiste Valentini et l'infirmier Gonvindin. Lehmann conteste la qualification d'avortement et parle de curetages. Leproux, à qui l'on reproche d'avoir envoyé quantité de clientes à la clinique, proteste qu'il n'était pas le seul dans ce cas et cite des confrères, qui ne sont pas inquiétés. Valentini est un de ces z'oreilles venu faire du CFA à La Réunion, entend-on dans la salle d'audience. Saint-Benoît est son premier poste, le salaire et ses primes étaient engageants. Quant à l'infirmier Govindin, le seul créole, tous ses compères lui tournent le dos car il a avoué lors de l'instruction avoir effectué un grand nombre d'avortements. A l'audience, il le nie et révèle que des étudiants en médecine aussi opéraient à la clinique. Abattage.

Pour les remboursements de la Sécurité sociale, on ne facturait pas « avortement » puisque c'était interdit, mais on déguisait la nomenclature en « myomectomie », voire parfois en « appendicite ». Escroquerie.

Le Dr Ladjadj se couvre en évoquant une réunion tenue en novembre 1969 à la Sécurité sociale, en présence du président du conseil d'administration de la Caisse, du directeur, du médecin-chef contrôleur, des Drs Pierre Lagourgue, David Moreau et de lui-même. Il y avait été décidé de suspendre les interruptions de grossesse, après les premières révélations de la presse et en prévision de l'ouverture imminente des poursuites. Pourtant, les protagonistes réunis ce jour-là jurent à la barre qu'ils ignoraient ce qui se manigançait à Saint-Benoît, qu'ils avaient connaissance tout au plus de rumeurs. Ainsi, le Dr Daire, le médecin-inspecteur départemental de la Santé, qui, certes, reconnaît que toutes les normes n'étaient pas respectées, loin de là, mais ajoute avec fatalisme :

— Peut-on voir le problème de la même façon à La Réunion qu'en métropole ?

De même, le Dr David Moreau, gérant de la SARL-Clinique de Saint-Benoît ne sait rien, ne se souvient de rien. Trou de mémoire généralisé.

— Mais tout de même, monsieur le maire ! l'invective un avocat. Plus il y avait d'interventions chirurgicales, plus cela rapportait à votre clinique ! Est-il vrai que le Dr Ladjadj a été couvert, oui ou non ?

— Tous les actes ont été remboursés par la Sécurité sociale, répond Moreau, sibyllin.

— Vraiment docteur, n'aviez-vous pas aussi à votre clinique un service d'amnésie ?

— Comment ? répond-il, déclenchant les rires.

Le Dr Ladjadj sera condamné à trois ans de prison, dix-huit mois avec sursis, et 3,6 millions de francs d'amende. Gonvindin à un an, six mois avec sursis,

150 000 francs d'amende. Les Drs Valentini, Leproux, Lehmann seront acquittés au bénéfice du doute. Et la cour retiendra dans son arrêt la responsabilité civile du Dr David Moreau.

Croix Sud, la brochure de l'évêché, consacre le lendemain son éditorial à l'affaire sous le titre : « Réflexions sur un procès ». Le commentateur se félicite, mais ne cache pas ses réserves :

> « *Le procès a eu lieu. On disait et répétait que l'action judiciaire serait étouffée, et de fait les pressions n'ont pas manqué. Mais il a eu lieu quand même, c'est un point positif.*
>
> « *Mais on peut s'interroger. Les interrogatoires ne semblaient pas être menés à fond, bien des choses ont été laissées dans l'ombre. Des médecins dont les noms n'ont pas été prononcés, bien que connus par la justice, paraissent être aussi coupables que tel qui a été condamné. Il en ressort l'impression pénible qu'on a voulu limiter au maximum le procès et les responsabilités. Ceci est d'autant plus néfaste que la population instinctivement soupçonne une intervention du pouvoir poli-*

tique et en retire une nouvelle cause de méfiance. »

Témoignages, le journal des communistes, n'écrit pas autre chose : « David Moreau, au centre du scandale, organisateur et bénéficiaire, doit être inculpé ! » Seulement voilà, David Moreau, le maire de Saint-Benoît, est un cacique de l'UDR dans l'île. Les lampistes imprudents paieront.

*

Préfecture de Saint-Denis, vendredi 6 octobre 1972, 10 heures.

Michel Debré a convoqué une réunion de travail consacrée à la migration. Le nouveau préfet, Claude Vieillecazes, est présent, ainsi que les trois députés Cerneau, Fontaine, Sers, le sénateur Repiquet, le président du conseil général, Pierre Lagourgue, et l'ensemble des chefs de services et directeurs départementaux.

Debré ouvre la séance.

— Le volume de la migration, messieurs, accuse un certain retard sur les prévisions. Un effort particulier devra être fait pour développer le courant migratoire au cours des trois ou quatre prochaines années, si l'on ne veut pas avoir à faire face à un volume de chômage inadmissible.

Le directeur de l'INSEE souligne que, compte tenu des prévisions démographiques, la migration devra absorber au cours des prochaines années 60 % des excédents de population, contre 50 % actuellement. Le directeur du Travail observe que la difficulté majeure provient de l'insuffisance du niveau scolaire des postulants à l'emploi. Il cite à l'appui le dernier recensement indiquant que 18 % des jeunes âgés de quinze à dix-neuf ans sont analphabètes. Il ajoute que, lors de la venue des agents recruteurs de la SNCF, de Peugeot et Chrysler-France, 40 % des candidats ont échoué dès l'épreuve théorique, composée d'une courte dictée et d'opérations simples. Le préfet s'étonne qu'une grande entreprise telle que Renault ne recrute pas de Réunionnais, alors qu'à l'usine du Havre-Sandouville, l'année dernière, 1 000 Sénégalais et Maliens ont été embauchés. Les intervenants passent longuement en revue les moyens de remédier aux carences constatées.

Alors que la réunion paraît s'achever, que le directeur de la DDASS, René Leclerc, n'a pas pris la parole ni été invité à la prendre pour exprimer les problèmes dans son service de la migration des pupilles, son inspecteur de l'Aide à l'enfance, Maurat, se hasarde à attirer l'attention sur une question annexe : la prise en charge financière des voyages de pupilles séjournant en métropole et demandant à revenir en vacances à La Réunion. Le député Fontaine argue que cette charge grèverait le budget du département, les pupilles ne disposant pas de salaires. Et l'on en reste là. L'ordre du jour étant épuisé, Debré remercie les personnalités présentes et lève la séance. Deux mois plus tard, le débat sera plus profond.

*

Conseil général de La Réunion, 5 décembre 1972.

Le conseil examine le rapport n° 16 SG-DAF, préparé par le directeur de la DDASS et intitulé : *Création d'une antenne décentralisée du service de l'Aide à l'enfance en métropole*.

René Leclerc s'apprête à quitter La Réunion, une promotion brillante et rare l'attend à Paris, à l'Inspection générale de la Santé. Il tient à installer ce dispositif si nécessaire qui parachèvera sa mission. Il s'est battu durant trois ans pour en imposer l'idée et il y est enfin parvenu. En métropole, les problèmes se multiplient, dus au grand nombre d'enfants déplacés, à leur dispersion, à l'éloignement. On s'est dépêché jusqu'à présent de les expédier et – advienne que pourra – on s'est peu soucié de leur devenir.

L'antenne pourrait être localisée à Paris, un projet de convention est en cours de négociation avec la Ville de Paris. Elle sera composée de deux assistantes sociales et d'un commis, recrutés de préférence à La Réunion. Sa tâche sera vaste : l'accueil des arrivants, la surveillance des placements (en établissement ou en famille), le règlement immédiat des problèmes survenant, la multiplication des contacts avec et entre les enfants réunionnais, la recherche d'établissements d'accueil, d'écoles et d'emplois.

La commission des Affaires sociales et celle des Finances ayant exprimé un avis favorable, le débat s'engage. Paul Vergès, le secrétaire général du Parti communiste réunionnais, s'empresse de prendre la parole. Puisque l'occasion en est fournie et que, pour la première fois, cette politique de migration d'enfants se trouve inscrite à l'ordre du jour officiel, il entend bien porter le débat sur le fond et obtenir des éclaircissements. Le Parti, accaparé par d'autres luttes plus capitales, n'y avait guère prêté une attention soutenue jusque-là.

— D'abord, il y a actuellement plus de six cents enfants réunionnais en France. A partir de quel âge ces enfants sont-ils envoyés ? Dans quelles conditions et où ? questionne Paul Vergès. Nous voudrions le savoir et avoir une étude sur les conditions de placements de ces enfants. Y a-t-il des problèmes qui se sont posés ? De quel genre ? Des travaux récents de sociologie du travail ont montré que des problèmes d'adaptation se posent. Une proportion importante de travailleurs d'outre-mer se trouve en hôpitaux psychiatriques. Ce transfert en France de l'enfant extrait de son milieu familial ne pose-t-il pas de problème d'équilibre ? A partir de cela, serait-il possible d'avoir une étude sur cette expérience ?

Le directeur de la DDASS, René Leclerc, expose alors méthodiquement les principes de la politique suivie avant et avec lui.

— Il y a eu deux stades dans les placements en métropole. Les premiers ont été indifférenciés, portant sur des enfants de tous âges, placés dans des départements ruraux. Mais, depuis trois ans, nous avons adopté une politique totalement différente parce qu'il nous paraissait assez mauvais d'envoyer des enfants réunionnais dans des familles paysannes, précisément en raison des difficultés d'adaptation qu'il pouvait y avoir.

« La politique actuellement suivie est donc la suivante. Je mets à part les enfants placés en vue d'adoption, en très bas âge. Dans les familles, choisies selon des critères extrêmement sévères, ils s'intègrent parfaitement. Pour le reste, ce sont des enfants dont nous nous sommes préalablement assurés : 1) qu'ils n'avaient pas de famille avec laquelle des liens affectifs aient existé, de manière à éviter cette rupture. 2) Ce sont des enfants qui ont été testés comme ayant des grandes capacités d'adaptation. 3) Les enfants sont envoyés dans la mesure où la scolarité ou l'insertion professionnelle pourront être suivies de près. C'est pour mieux suivre les enfants que cette antenne est créée.

Le vieil Evenor Lucas, maire de Saint-Paul, prenant alors la relève de Paul Vergès, soulève une objection :

— Monsieur le président, mes chers collègues, les renseignements que vient de nous donner M. le directeur de la DDASS m'amènent à poser certaines questions. Au lieu d'envoyer en métropole ces enfants sans famille à La Réunion, ne serait-il pas possible de les laisser dans leur pays ?

René Leclerc lui répond en souriant, avec la satisfaction du travail bien fait :

— La question posée répond exactement à l'une de nos préoccupations puisque, précisément, nous avons augmenté de plus de 50 % les placements en famille à La Réunion. Nous n'envoyons plus d'enfants en métropole pour la bonne raison que, ne connaissant pas les familles, nous ne pouvons pas les choisir.

D'une façon générale, je précise que nous ne considérons pas du tout que le placement d'enfants en métropole doive s'insérer dans un contexte de migration massive.

Mais Evenor Lucas revient à la charge, comme à son habitude pour avoir le dernier mot :

— On a soulevé des difficultés d'adaptation de nos enfants en France. C'est normal. Les enfants qui ont vécu à La Réunion sont complètement dépaysés au point de vue climat, etc. Mais ce que je ne comprends pas, et c'est malheureux, c'est que de tels renseignements ne nous aient pas été donnés. Et je reviens à ma question : pourquoi vouloir à tout prix envoyer ces enfants en France ?

Faute d'autres questions, les bancs de la majorité restant cois, l'assemblée passe au vote. La création en métropole d'une antenne du service de l'Aide à l'enfance de La Réunion est adoptée. Montpellier sera son lieu d'implantation, les négociations avec Paris ayant capoté entre-temps. Elle n'entrera en fonction qu'en mai 1974, avec un an et demi de retard sur le calendrier projeté par René Leclerc.

Depuis l'éclat inopiné du communiste Bruny Payet devant le conseil général, quatre ans auparavant presque jour pour jour, jamais les élus du département n'avaient eu à discuter au grand jour de la migration des enfants. Jamais, depuis le commencement de l'opération et les premiers convois, soit neuf ans de secret et de silence officiel. Juste troublé par des cris étouffés d'enfants, des reproches refrénés, des indignations reprises çà et là par la presse. Craintes des foudres de Jupiter, le ministre d'Etat, le Compagnon fulminant ? Durant neuf ans, des fonctionnaires ont accompli leur besogne en catimini, consciencieusement, malgré les cris d'alarme et les plaintes. Au nom de la raison d'Etat.

Jamais l'Etat, la préfecture, personne n'a jugé utile de réclamer un examen de fond ou de discuter du bien-fondé de cette politique de migration, hormis les conseillers communistes. Leurs seules interrogations et leurs critiques justifiaient d'ailleurs qu'on enterre aussitôt tout débat. Ainsi allait le jeu politique à La Réunion.

*

Un après-midi, dans la salle des colonnes de l'Assemblée nationale, Michel Debré croise André Chandernagor. Ils s'esclaffent, heureux de se retrouver. Ils se sont connus et appréciés en Touraine à la Libération, le premier était jeune sénateur RPF d'Indre-et-Loire, le second stagiaire de l'ENA à la préfecture de Tours. Chandernagor vient d'emporter la présidence du conseil général de la Creuse ; Debré le félicite, rappelle des souvenirs de leur ambitieuse jeunesse, et lui lance abruptement :

— Comment ça va, les petits Réunionnais dans la Creuse ?

Chandernagor est surpris. Debré poursuit le fil de ses méditations. Une ride soucieuse barre son front. Une confidence lui échappe :

— Je ne sais pas si on eu tort ou raison. On verra.

Doutes en dedans, poigne de fer en dehors. La raison d'Etat ne s'accommode pas de faiblesses. L'amour de la France, c'est le sang de Debré, il abreuve son cœur.

14

Jacques Tarbes se délecte. Une bouffée tiède l'a cueilli sur la passerelle du Boeing 707. La Réunion langoureuse, ce vertige de parfums, ce bain de miel, s'offre comme une madeleine fondante. Revoilà le jour d'août 1961 où, jeune fonctionnaire impétueux, il posa le pied sur l'île pour la première fois. Cela fait douze ans déjà. Il s'encroûtait à Perpignan dans des tâches à son goût peu gratifiantes, à la DDASS des Pyrénées-Orientales. Colette s'ennuyait loin de son île. Dans les bureaux, l'entente n'était guère cordiale, l'air s'était empoisonné de griefs. Une vilaine cabale tournait au vinaigre, on cherchait querelle à l'ombrageux directeur. Pas disposé à transiger, Jacques Tarbes a sollicité sa mutation, acceptée par le ministère « dans l'intérêt du service ». Il a obtenu le poste de Saint-Denis.

Tout recommence. Cette impression enivrante de débarquer, en missionnaire ou conquistador, sur un rivage sauvage. Travailler pour Debré, encore une fois, au service d'un grand dessein, forcer le destin d'un pays, forme une grande et noble ambition. Jacques Tarbes s'enthousiasme. Debré incarne toute la clairvoyance, l'intransigeance, la force de volonté propres aux grands hommes d'Etat. Après Perpignan, La Réunion représente un défi d'une autre dimension ! Mais, tout compte fait, quatre ans de solitude, à l'écart de cette poudrière, n'étaient pas inutiles pour faire oublier les bévues de la Creuse. Un plan de carrière conduit avec sagacité impose parfois la prudence et de menus sacrifices.

Dans le bâtiment de Saint-Denis repeint de frais, déménagé rue du Général-de-Gaulle, les bureaux sont plus spacieux et modernes que les cagibis encaustiqués, sombres et encombrés de la préfecture. Jacques Tarbes y retrouve des têtes connues, des anciens du bon vieux temps, mais il fait aussi la connaissance d'une foule de nouvelles recrues, assistantes sociales, éducateurs, secrétaires : la petite équipe s'est étoffée. C'est une véritable entreprise à présent. La Réunion est méconnaissable. Jour après jour, les réalités d'autrefois s'estompent et se diluent. L'île est métamorphosée, il ne la reconnaît plus. Debré est passé par là, apportant une manne prodigieuse de crédits de développement [1]. L'Aide à l'enfance en a pris sa part – une large part.

René Leclerc aussi est passé par là. Le précédent directeur de la DDASS a transformé le service et imposé des méthodes aux antipodes de celles que l'on pratiquait dix ans auparavant. Il a eu la chance, lui, de tomber au bon moment, pense Tarbes. Leclerc freinait les migrations. Ses résultats de 1972, en forte baisse, en témoi-

1. Entre 1965 et 1975, le montant des transferts sociaux passe de 50 à 240 millions de francs, soit une augmentation de 479,25 %. En 1967, 220 000 habitants bénéficient d'une assistance sociale, soit 52 % de la population de La Réunion. 45 % bénéficient de l'assistance médicale gratuite, contre 2 % dans l'Hexagone.

gnent : 40 départs en tout et pour tout. Tout oppose les deux hommes. Pour Leclerc, la morale prime : les enfants d'abord. Pour Tarbes, la politique commande et l'urgence dicte sa loi.

René Leclerc laisse derrière lui une organisation méticuleuse. La détection des enfants en danger, la préparation des départs s'entourent d'un luxe de précautions auprès des familles. A l'arrivée, l'antenne de Montpellier nouvellement ouverte se révéle un outil d'intégration efficace. Surtout, tous les efforts tendent à accroître l'offre de placements à La Réunion même. De nouveaux équipements sont en construction, comme le Foyer 150. Des associations subventionnées [1] fleurissent et dispensent enseignement et secours aux mères en détresse. Les retards se résorbent. Les droits sociaux en vigueur en métropole et les diverses allocations familiales sont peu à peu étendus à

1. L'AROF (Association réunionnaise d'orientation familiale) œuvre pour le contrôle des naissances, l'ARESS (Association réunionnaise pour l'éducation sanitaire et sociale) enseigne des modes de vie plus hygiéniques.

La Réunion. Le SMIC [1] progresse à vive allure. Des écoles, des dispensaires, des logements HLM poussent à travers l'île. Les conditions de vie s'améliorent. La misère recule. Les méthodes contraceptives entrent doucement dans les mœurs. En conséquence, les abandons d'enfants commencent à régresser [2].

Jacques Tarbes conserve des convictions inébranlables. Pour lui, tous les perfectionnements sont les bienvenus à la condition qu'ils ne freinent pas les départs. Il en est persuadé, Debré le dit et le redit : la migration reste nécessaire, sinon l'économie de l'île s'effondrera sous le poids de la surpopulation et du chômage. Que les communistes grommellent, grand bien leur fasse, La Réunion fait partie de la France, non de l'URSS et c'est tant mieux.

Pour maintenir envers et contre tout le courant de migrations, remplir les objec-

1. Le SMIC passe de 2 920 francs en 1964 à 4 680 francs en 1970 et 6 960 francs en 1973.

2. Le nombre des abandons avait explosé au cours des années 1960. Entre 1963 (369 abandons) et 1968 (756), il est passé du simple au double.

tifs assignés sans renouveler les erreurs passées, Jacques Tarbes décide de sélectionner deux tranches d'âge : les moins de 7 ans et les plus de 15 ans – les moins problématiques. Les premiers seront destinés aux adoptions. Dans le Gers, l'aérium de Saint-Clar en recueille une grande part, grâce à l'activité débordante de sa directrice, Mlle Ducos. Aux seconds, les adolescents, on ne proposera la migration qu'après avoir pris soigneusement en compte leur comportement, leurs facultés d'adaptation, leur volonté de partir, l'avis des éducateurs, d'un psychologue, et ils seront pourvus d'informations précises sur les établissements qui les accueilleront. Telle est la méthode Leclerc, et Tarbes s'y plie.

Néanmoins, concernant la question des voyages-vacances – une revendication de son prédécesseur –, Jacques Tarbes se montre réticent [1]. Il le précise dans une note au préfet [2] :

1. Il les rejetait en 1966, estimant que « des retours pourraient provoquer des réactions de nature à mettre en péril la politique de migration des pupilles ».
2. Note du 8 mai 1973.

« Les voyages ne toucheront annuellement qu'un nombre aussi réduit que possible de jeunes Réunionnais. J'inviterai mes services à se montrer extrêmement prudents dans le choix des adolescentes et adolescentes concernés. »

L'année suivante, le principe étant admis, il fait volte-face à contre-cœur, dans un rapport au conseil général :

« Une mesure paraît s'imposer d'urgence : l'organisation de voyages de vacances à La Réunion pour les mineurs ayant accompli un séjour de 4 à 5 ans en métropole et susceptibles de se retremper dans une atmosphère familiale bénéfique dans leur département, avant de poursuivre plus avant leur formation. »

Les contreparties qu'il impose à l'octroi d'un billet d'avion sont draconiennes.

Après la chute enregistrée sous l'administration de René Leclerc, les courbes s'inversent dès les premiers mois suivant le retour de Jacques Tarbes. 83 enfants sont « mis en route » en 1973, soit le double de l'année précédente. 152 en

1974, le nombre est quadruplé. Seulement 76 pupilles en 1975, année de recul. Puis le flux s'accélère de nouveau : 104 départs en 1976, 153 en 1977, année où le directeur de la DDASS quittera La Réunion. Il légitimera, bien plus tard, son entreprise à la productivité pléthorique d'un laconique : « Je n'ai fait qu'exécuter les ordres. »

Le 19 mai 1974, la France se donne un nouveau président : Valéry Giscard d'Estaing. C'est une relève de génération après deux décennies de gaullisme inflexible. Le président de la République appelle Jacques Chirac au gouvernement et Simone Veil au ministère de la Santé [1]. Deux ans plus tard, il nommera à Matignon un Réunionnais natif de Saint-Denis, Raymond Barre. La Ve République a vieilli, mais la société bouillonne, et les réformes sont menées tambour battant. Une nouvelle ère commence. La majorité est abaissée à dix-huit ans. Six femmes entrent au gouvernement. Un ministère de

1. Avec René Lenoir au secrétariat d'Etat à l'Action sociale. Simone Veil occupera de 1974 à 1979 le ministère de la Santé.

la Condition féminine est créé. Simone Veil marquera de son empreinte ce septennat. En janvier 1975, le Parlement vote la loi sur l'IVG (Interruption volontaire de grossesse), au terme de débats houleux. Simone Veil, seule au banc des ministres, droite et digne à la tribune, défend la cause des femmes sous les insultes des députés de son propre camp. Un peu plus tard, la ministre obtiendra le remboursement de la pilule contraceptive.

*

Le 3 septembre 1975, une lettre courroucée atterrit sur le bureau du préfet Robert Lamy, nouvel hôte de La Réunion. Elle porte la signature du directeur général de la Santé au ministère, le Pr Pierre Denoix. Elle fera l'effet d'une bombe.

A l'occasion d'un rapport établi par Mme le Médecin Inspecteur départemental de la Santé sur le fonctionnement du Centre sanitaire et scolaire de Saint-Clar, dans le département du Gers, mon attention a été appelée sur la présence dans cet établissement de pupilles de l'île de La Réunion.

Malgré le renforcement des actions préventives à La Réunion, le recrutement de travailleurs sociaux, d'éducateurs spécialisés notamment, qui a permis de diminuer nettement depuis trois ans, le nombre des recueils, il n'en reste pas moins qu'un certain nombre d'enfants est encore placé dans divers départements métropolitains.

Il me paraît souhaitable qu'il soit mis fin à de telles pratiques, les jeunes ainsi écartés de leur milieu naturel étant dans des conditions psychosociales propres à favoriser leur inadaptation. Ces « déportations » d'enfants ne suffiront d'ailleurs probablement pas à résoudre le problème de l'emploi dans les départements d'outre-mer que l'on met en avant pour les justifier.

Je vous saurai gré de me tenir informé de la suite que vous comptez donner à cette affaire.

Le préfet Lamy empoigne son téléphone d'un geste vif et réclame la ligne du directeur de la DDASS.

— Déportations ! Vous entendez ? Déportations ! Qu'est-ce que c'est que cette foutue histoire ? demande-t-il, furieux, à Jacques Tarbes. Vous avez des problèmes avec Saint-Clar ?

— A ma connaissance aucun, monsieur le préfet. Je tombe des nues. Au contraire, c'est l'un des tout meilleurs centres de placement dont nous disposons. Il pose d'autant moins de problèmes que sa directrice place pour l'essentiel des enfants en adoption.

— Démerdez-vous. J'exige des explications. Savez-vous au moins qui est Denoix ? C'est tout bonnement le numéro deux du ministère, le plus proche conseiller de Mme Veil. Ça va faire du barouf, cette histoire. J'imagine la réaction de Debré. Madeleine, appelez-moi de toute urgence le cabinet du Premier ministre et passez-le-moi. C'est prioritaire.

Debré entre dans une colère noire en apprenant la nouvelle. *Déportations* : le mot le transperce, lui, le compagnon du général. Et ce Denoix exige l'arrêt des migrations, l'une des composantes majeures de sa politique à La Réunion ! Sa fureur retombée, il prend aussitôt sa plume, l'ironie et la menace percent sous les mots choisis [1].

Monsieur le Professeur,

La lettre que je vous adresse à un caractère strictement personnel. Elle est destinée à attirer votre attention sur une instruction que vous avez donnée et qui provoque, dans les milieux intéressés, une assez vive émotion.

En arrivant ici et en m'informant, comme je le fais plusieurs fois chaque année, du rythme des voyages d'adultes et de jeunes, j'ai trouvé des visages préoccupés. Renseignements pris, j'ai appris qu'au début de ce mois était parvenue, sous votre signature, une circulaire qui intimait l'ordre d'arrêter l'envoi en métropole, et plus particulièrement dans le Gers, de pupilles de La Réunion.

Certes, dans l'ensemble des orientations destinées à améliorer l'avenir de

1. Lettre datée du 25 septembre 1975, à Saint-Denis de La Réunion.

cette île, l'envoi de pupilles est une action marginale. Elle n'en est pas moins fort utile pour des enfants dont l'avenir, dans cette île au très fort peuplement, serait incertain, et elle a donné, au cours de ces récentes années, les meilleurs résultats. Des difficultés ont existé, existent encore. De grands dévouements permettent de les surmonter.

Puis-je vous dire qu'en ce qui me concerne, c'est avec une stupeur mêlée à la fois d'ironie et d'indignation que j'ai appris qu'un groupe de psychiatres, spécialisés dans les maladies mentales infanto-juvéniles, avait condamné cette « déportation » ? Ce mot incroyable est paraît-il dans la circulaire.

Il est bien évident que je ne tiens pas à mettre ce débat sur la place publique. L'effort entrepris par la direction de l'Action sanitaire et sociale mérite compliments et encouragements, que, pour ce qui me concerne, je ne lui ménage pas. S'il apparaissait que la position de votre ministère et de votre ministre était bien celle que paraît avoir inspiré ce « groupe de psychiatres », alors je serais amené à poser la question devant l'Assemblée nationale.

Mais je suis persuadé qu'il vous suffira d'examiner personnellement cette affaire pour constater avec stupeur que ces « déportations » sont l'expression de vues irréelles dont les conséquences seraient néfastes pour de jeunes êtres et que l'entreprise doit être poursuivie avec constance.

P.S. : Quel dommage, Monsieur le Professeur, que ne vive pas de nos jours un nouveau Molière pour nous dépeindre ce groupe de psychiatrie infanto-juvénile !

Le préfet Lamy, fort du soutien énergique que lui prodigue Debré, monte en première ligne pour défendre la politique de migration et adresse au Pr Denoix une fin de non-recevoir argumentée [1].

Vous me demandez de cesser de placer en métropole les pupilles du département de La Réunion, cette pratique est qualifiée de « déportation ». Cela me paraît méconnaître totalement les conditions dans lesquelles sont placés ces enfants, la situation démographique, économique et sociale du département de La Réunion, et

1. Lettre du 13 octobre 1975.

l'action menée en ce domaine par le gouvernement.

Il serait très regrettable de remettre en cause une politique générale de migration. L'orientation préconisée aboutirait à priver de nombreux pupilles des possibilités de formation, d'emploi et d'épanouissement que leur offre la métropole. Les résultats très positifs obtenus depuis dix ans dans ce domaine témoignent de l'intérêt qu'il y a à poursuivre cette entreprise.

Je vous demande donc de bien vouloir reconsidérer ce problème. Dans l'attente de vos directives, j'ai donné toutes instructions utiles à mes services pour que, d'une part, les conditions d'accueil soient contrôlées et améliorées et que, d'autre part, les placements des pupilles y soient poursuivis.

Le Pr Denoix, s'il se repent de ses excès de langage, s'il admet les spécificités réunionnaises, ne baisse pas pour autant pavillon. Il fait une question de principe de l'arrêt des migrations d'enfants [1].

1. Lettre du 29 octobre 1975.

Votre réponse à ma lettre fait part de votre étonnement, sinon de votre indignation, au sujet du terme de déportation employé à propos des déplacements d'enfants réunionnais à treize mille kilomètres de leur île.

Ce mot a été utilisé par diverses instances désireuses de montrer leur émotion lorsqu'il est question de dépaysement de jeunes qui, soustraits de leur milieu naturel, sont mis d'office en d'autres lieux et en dehors d'un placement familial.

Vous savez que la politique générale en la matière consiste à fournir de préférence sur place, *aux enfants et aux adolescents les moyens qui leur permettent de « réussir leur vie », leur adaptation sociale, leur épanouissement.*

Il est bien évident qu'en ce qui concerne La Réunion, les conditions sont différentes. Il existe des problèmes spécifiques à ce département, inhérents surtout à l'absence d'équipements spécialisés.

Il me paraît souhaitable que le département favorise certaines implantations afin qu'au moins les enfants qui n'ont aucune chance d'être adoptés ou mis en placement familial en métropole puissent rester dans leur milieu naturel de vie. Les nouvelles structures installées au plan local créeraient d'ailleurs de nouveaux emplois sur place.

Il ne s'agit aucunement de remettre en cause une politique générale de migration puisque aussi bien la migration concerne les jeunes gens et les jeunes filles qui, cherchant du travail, « choisissent » de partir en métropole. Les enfants placés, à mon avis, ne pouvant être considérés comme des migrants.

Certes, l'aérium de Saint-Clar, qui a mis le feu aux poudres, ne possède pas un statut bien défini. En tout cas, à l'époque, il ne détient pas l'agrément en bonne et due forme de « Centre de placement familial ». Il repose sur les épaules d'une femme de bonne volonté, Mlle Ducos, sa directrice quarante ans durant, de 1950 à 1989, qui met beaucoup de cœur et d'énergie à l'ouvrage, davantage sans doute que de rigueur dans sa gestion, et œuvre en marge des cadres légaux. Très jalouse de ses prérogatives, elle traite exclusivement avec La Réunion, par-dessus la tutelle de la DDASS du Gers, qui ferme les yeux. On fait avec, en bonne intelligence, puisque l'établissement fonctionne à la satisfaction de tous.

Mais l'incident n'est qu'un prétexte. Attisées par le souffle libertaire de Mai 68, des conceptions novatrices sur l'éducation émergent alors. L'enfant est un sujet de réflexion et de querelle des Anciens et des Modernes. La controverse oppose (aujourd'hui encore) les tenants d'une coupure radicale d'avec le milieu naturel, considéré comme pathogène, coupure qui serait l'occasion d'un nouveau départ, et les partisans du maintien des liens familiaux, la séparation étant une douleur pour des enfants à l'équilibre fragile. Dans la mêlée des idées, on se jette au visage invectives et excommunications.

Pourtant, quelque temps avant que n'éclate la bombe Denoix, Jacques Tarbes se fait encore le propagandiste obstiné et lyrique de la migration, lors d'un congrès des directeurs de DDASS. Son argumentation ne varie pas, indifférente à l'air du temps :

« La croissance démographique explosive et le marché du travail très engorgé de La Réunion donneraient, mes chers collègues, un appui supplémentaire au bien-fondé d'une action entreprise depuis une dizaine d'années en faveur de jeunes pupilles dont le besoin de réussir et la soif de découvrir ne devraient pas connaître de frontières. Hormis les cas de placements en vue d'adoption, la migration repose sur le volontariat, ce qui implique de la part du jeune Réunionnais, par nature rêveur et nonchalant, une solide détermination d'accomplissement et de changement. A leur arrivée, ils sont dispersés vers le plus grand nombre de régions de France, de sorte à favoriser leur assimilation, en évitant la formation de petits groupes où des sentiments de particularisme pourraient s'exacerber. »

*

A l'été 1977, Jacques Tarbes quitte La Réunion. Pour sa dernière année de règne, il a rempli ses objectifs : 153 départs, et retrouvé les niveaux des années 1960. Il bénéficie d'une promotion en Seine-Saint-Denis, difficile département de banlieue, fief communiste, nécessitant poigne et diplomatie. Une femme le remplace dans l'île.

Dans le sud de La Réunion, le volcan entre en éruption et, pour la première fois depuis deux siècles, il jaillit en dehors de l'Enclos, ce cirque de falaises qui contient ses débordements : une bouche s'est ouverte sur les pentes, au-dessus de Sainte-Rose. Les coulées de lave qui avancent à la vitesse de soixante kilomètres/heure, traversent le village évacué à la hâte. Une dizaine de cases en bois sous tôle flambent comme des allumettes, mais la lave contourne l'église et épargne la gendarmerie.

En janvier 1978, Simone Veil commande à Jean-Louis Bianco et Pascal Lamy [1] un rapport portant sur la situation, les dysfonctionnements et les améliorations à apporter à l'Aide à l'enfance [2]. Ses conclusions viennent corroborer les inflexions en cours. Les rapporteurs préconisent que cessent les éloignements d'enfants de leur milieu naturel. Aussi, à La Réunion, les changements ne se font-ils pas attendre : les migrations s'arrêtent, sitôt Jacques Tarbes parti et la nouvelle directrice installée. Les départs, au nombre de 153 en 1977, chutent à 19 en 1978, 19 en 1979, 17 en 1980, et 16 en 1981. Le flux se tarit, l'existence de l'antenne de Montpellier ne se justifie plus. La date de sa fermeture est fixée au 31 mars 1982.

Durant une vingtaine d'années, de 1963 à 1981, environ 1 600 enfants réunionnais sont partis en métropole. Mais la politique de migration officielle touchait aussi des

1. Jean-Louis Bianco est conseiller d'Etat, sous-directeur du bureau Enfance et Famille au ministère de la Santé, et Pascal Lamy, inspecteur des Finances.

2. Rapport publié en 1980 sous le titre *L'Aide à l'enfance demain*.

jeunes travailleurs, incités à prendre un emploi dans l'Hexagone. Ils ont été 27 000 à s'expatrier entre 1962 et 1975. En proportion, la migration des pupilles ne représente qu'une faible partie.

Michel Debellut, directeur du foyer de Guéret de 1974 à 1980 et actuel directeur de la Solidarité au conseil général de la Creuse, a suivi de l'intérieur la transition entre ces deux époques. Un abîme d'incompréhension les sépare. Ses réflexions montrent combien les choses ont changé.

L'Aide à l'enfance était en ce temps-là un métier naissant, dit-il. Les chiffres parlent : 2 assistantes sociales officiaient alors dans le département de la Creuse, ayant en charge de 800 à 1 000 enfants. Elles sont à présent 12 pour 300 enfants. On employait des bénévoles, faute de disposer d'éducateurs qualifiés et diplômés. Les faibles moyens disponibles expliquent les lacunes et les erreurs commises auparavant, aggravées par des méthodes d'éducation différentes. On raisonnait selon l'idée tranchée de bons ou de mauvais parents. Les seconds étant considérés comme incompétents, on coupait toute relation, en cherchant à construire une famille de substitution. Aujourd'hui, on s'aperçoit, avec l'expérience, qu'un placement n'est souvent qu'un « emplâtre sur une jambe de bois », observe Michel Debellut, et on s'efforce de maintenir le lien familial, par des rencontres, des courriers, un soutien aux parents. A l'époque, l'agrément des familles d'accueil n'était pas aussi fouillé, la procédure est désormais plus exigeante quant à leurs qualités éducatives, leur motivation, leurs conditions de vie et de logement. Trois enquêteurs visitent et sondent les candidats, au lieu d'un seul.

Enfin, avec les enfants, constate à distance Michel Debellut, il y avait beaucoup de non-dits, peu de dialogue, l'on passait sous silence la question de La Réunion, taboue. La parole n'avait pas l'importance qu'elle a prise aujourd'hui. Les enfants n'avaient pas droit à la parole. Enfin, on ne faisait pas de différence entre Réunionnais et Creusois, le but étant l'intégration avant tout, selon le vieux principe républicain.

*

Les enfants, qui ont grandi, font leur entrée dans la vie, à grandes enjambées ou sur la pointe des pieds, poussés dans le dos, ou à reculons. La vie les cueille ou les fauche. Ils rêvaient de liberté, elle se révèle cruelle, et lourde à porter, un véritable fardeau, ils l'apprennent.

La Réunion est un lointain mirage, qu'efface la sarabande des peines, des soucis et des joies, le venin du quotidien. Trouver un travail, bâtir une maison, fonder une famille. Recommencer, oublier, devenir un homme, une femme. Etre heureux et en paix, enfin. Avec, au bord du cœur, la solitude qui apeure, les pleurs qui affleurent. La séparation, l'absence, méchantes compagnes des jours tristes. Sans famille et sans pays, telle est leur identité à l'heure où les yeux s'ouvrent. Une enfance entre parenthèses. Une revanche, une vie d'homme à construire.

Armand, le boulanger d'Aubusson, ne pense plus depuis longtemps au pays d'où il vient. Il n'a jamais réclamé son père, son père ne l'a jamais réclamé. Il l'a laissé, gamin, et Armand a vingt et un ans à présent, il s'est marié. Après son apprentissage dans tous les fournils de la ville, il a ouvert sa boulangerie à lui. Une fille est née, puis un garçon. Alors que sa vie commence, il l'ignore, mais à La Réunion, une sœur qu'il a oubliée écrit au préfet et demande des nouvelles de ses frères. Nul ne sait où ils sont. Une assistante sociale a rouvert les dossiers, enquêté et rédigé son rapport [1].

> « *Actuellement Armand se trouve en métropole et Jacques en nourrice au*

1. Lettre du 17 août 1973.

Tampon, et il semble peu souhaitable de les troubler en leur parlant d'une famille qu'ils n'ont jamais connue. Ceci, d'autant plus que leur sœur n'offre pas toutes les garanties nécessaires pour faire face à des problèmes s'il y avait lieu. Il est peu souhaitable de donner suite à sa requête. »

Félix, la tête brûlée du foyer de Guéret, n'a pas eu davantage connaissance des démarches de sa mère. Après l'avoir expédié au centre de rééducation d'Hell-Bourg, elle a réclamé qu'il lui soit rendu. Sa situation est meilleure, elle travaille comme femme de ménage chez un couple d'instituteurs et habite une petite case en tôle, chemin la Boue, au milieu des champs de cannes à sucre, au-dessus de Saint-André. Mais l'enquête de comportement conclut par la négative [1].

« *Ses patrons sont contents d'elle, mais lui reprochent son insouciance, voire même son indifférence face à ses responsabilités de mère de famille. Pendant les vacances, et en dehors des heures de*

1. Note du 26 juillet 1966.

classe, ses derniers enfants sont gardés par une voisine. La mère s'absente facilement pour courir les fêtes, mariages et communions. Tous les prétextes sont bons. En conclusion, il n'est pas dans l'intérêt de Félix qu'il revienne chez sa mère. Elle n'est pas plus capable de diriger le garçon aujourd'hui qu'il y a deux ans. »

Plus tard, alors qu'il a achevé son apprentissage et obtenu son CAP de serrurerie à l'internat de Lamotte-Beuvron, Félix veut rejoindre La Réunion et sa mère. La DDASS de la Creuse transmet la requête à son homologue de l'île [1] et l'invite à organiser le rapatriement. Refus.

« *Il n'est pas possible d'envisager le retour à La Réunion de l'intéressé, d'une part parce que je ne pourrai pas garantir de lui procurer un travail salarié valable, d'autre part parce que le rapatriement des pupilles n'est envisagé que pour des raisons de santé, et enfin surtout parce que le milieu familial dont il est issu est particulièrement défectueux. Je vous demanderais de bien vouloir rechercher un*

1. Lettre du 8 juillet 1970.

placement de travail qui permette à Félix d'apprendre à se suffire dans la vie en attendant qu'il soit appelé à effectuer le service militaire. »

Nulle part, nul port où s'amarrer. Félix erre de petits boulots en grosses conneries. Il traîne et végète, oublie l'appel. Les gendarmes le rattrapent à Limoges, l'emmènent à Paris en train, et le déposent au camp de Montlhéry. La tondeuse du régiment creuse des tranchées dans ses cheveux longs à la mode hippie. La boule à zéro, il endosse l'uniforme kaki et l'adjudant l'envoie à la corvée de chiottes en guise de bienvenue.

Véronique, la grande fille de La Brionne, en fait voir de toutes les couleurs à sa mère, Denise. Elle a maintenant seize ans, l'âge des impatiences, des caprices et des impertinences. De temps en temps elle aide au service, au restaurant ou derrière le bar. Elle aime jouer à la patronne. Denise est pleine d'espoirs :

— Quand tu auras ton bac, viens avec nous, essaie, vois si ça te plaît. Tout ça sera à toi plus tard, tu sais.

Un jour, en fouillant dans une armoire, Véronique a trouvé sous la pile des draps un dossier cartonné, à la couverture chiffonnée. Tout y est, sur les feuilles de papier pelure, tapé à la machine, daté, signé, tamponné. Denise a classé tous les courriers et les formulaires, les a cachés dans sa chambre. De page en page, le cœur battant, Véronique découvre ses années perdues. Elle savait qu'elle venait de La Réunion, Denise le lui avait dit, mais elle n'y pensait plus. Là, Véronique lit la misère d'où elle vient, que des fonctionnaires décortiquent sans pudeur. La tête lui tourne. Une mère, un père, des frères, des sœurs, une famille... Des lettres à l'encre noire, des noms qui l'appellent. Toute la vérité est là, affreuse, sans fard, dans le rapport de l'assistante sociale : sa mère, morte en couches ; son père, qui cultive un bout de cannes à Saint-Paul-Bois-de-Nèfles, en cure de désintoxication à l'hôpital et incapable de s'occuper de ses six enfants ; Sylvie, sa sœur aînée, maîtresse de la maisonnée, les deux garçons, Jean et Christophe ; et les trois toutes petites : Inès, Nadine et elle, Germaine (son véritable nom de baptême). Elle avait trois ans, il ne lui reste plus de souvenirs. Ce passé, qui n'existait pas, jaillit de nulle part. Mais si présent.

— Je sais !

Véronique fixe Denise sans ciller, butée.

— Tu savais déjà un peu, ma fille chérie, assez pour ne pas t'inquiéter. Maintenant, tu peux accepter ces choses-là et je vais tout te dire.

— Aide-moi, maman. Je veux savoir qui je suis et d'où je viens. Je *veux* le savoir.

— Tous tes frères et tes sœurs sont ici. Ils sont tous venus en France. Ils sont à Guéret et dans les alentours.

— Je les retrouverai !

Denise redoutait ce moment où il lui faudrait avouer, où, peut-être, elle perdrait Véronique. Ce jour est arrivé, à l'improviste. Comment lui faire comprendre que c'était inutile avant, afin que son enfance reste belle et sans soucis ? Son visage enfantin est devenu si dur.

Véronique n'a plus que cette idée en tête : retrouver tous ses frères et sœurs. Elle téléphone à la DDASS, arrête tous les Réunionnais qu'elle croise dans la rue, supplie sa mère, et finit par apprendre que Christophe travaille à la fabrique de meubles. Elle l'appelle.

— Bonjour ! Je suis ta sœur. Est-ce que tu veux bien me voir ?

— Mais oui, bien sûr, petite sœur, répond Christophe, interloqué. Comment vas-tu ? Es-tu heureuse là où tu es ?

Volubile comme un papillon, elle le noie sous sa joie.

— Maman ! Maman ! J'ai retrouvé Christophe ! Est-ce que ça te dérangerait si on l'invitait à manger à la maison dimanche ?

— Dimanche ? Demain ? s'étonne Denise. Toi, au moins, tu ne traînes pas. Appelle donc Fernande, qu'elle nous tue un gros canard. Un Barbarie. Je le ferai au sang.

Recroquevillée au fond du canapé, Véronique attend. Une voiture s'arrête dans la cour. Des silhouettes s'avancent derrière le verre opaque de la porte. Christophe entre, avec sa femme et son petit garçon. Véronique l'observe, muette de surprise. Quelle ressemblance ! Le sourire clair, les traits, la démarche nonchalante, la voix mélodieuse, la couleur de la peau, sont des copies conformes. D'un coup, elle se détend, bondit, se jette dans ses bras et pleure sur son épaule. Christophe est embarrassé. Il ne sait pas quoi dire à cette grande fille délurée qu'il ne connaît pas.

— Embrassez-vous, suggère Denise, la voix fêlée par un sanglot.

Ils s'épient, sur leurs gardes. Denise découpe le canard et s'applique à démêler les nœuds où ils sont empêtrés. Elle plaisante mais rien n'y fait, autour de la table les sourires sont figés. Et puis, peu à peu, ils effleurent des connivences secrètes, se reconnaissent, découvrent les liens qui les attachent. Véronique, délivrée, assaille son frère de questions. Elle apprend qu'ils vivaient à dix kilomètres de là pendant toutes ces années. Sylvie et Jean sont mariés. Inès et Nadine, adoptées, comme elle.

Le lendemain, elle va attendre Inès, la fille d'un médecin de Guéret, à la sortie du lycée. Elle téléphone chez les parents de Nadine, qui acceptent sur-le-champ qu'elle vienne voir sa sœur. Elle les a tous retrouvés, et avec eux le sens de sa vie.

D'autres, au contraire, préfèrent oublier leur île, leur paradis naufragé du bout du monde. Marcel a longtemps refusé de se souvenir de ce pays ingrat qui l'a rejeté, abandonné, et qui ne s'est jamais préoccupé du sort de ses enfants éparpillés. Par vengeance, il l'avait mis en quarantaine. Et puis un jour, il a ressorti sa guitare, remisée au garage. Il lui a caressé le ventre, elle lui a chanté des airs lointains, impatiente de faire la paix avec ses doigts ankylosés. Marcel a formé un petit orchestre, pour qu'elle ne se sente pas orpheline. Et il a jeté toute sa rancœur dans l'océan.

Philippe avait rangé sa Réunion dans sa cabane, au coin du bois de Seyroux, dans le fouillis de ses trésors secrets. Elle est revenue lui faire du charme, autour de ses vingt ans. Il aurait bien voulu y retourner, le temps du service militaire. Son père, le maire du village, avait le bras long, mais il a refusé, de peur qu'il ne revienne pas. Et, comme par hasard, Philippe a été affecté au camp de la Courtine, non loin de Seyroux. Au retour, il a trouvé un travail à La Souterraine, s'est marié, a divorcé, s'est remarié, a eu des enfants, s'est fait construire un pavillon. Le dimanche, il est marié avec le foot. Il avait pris sa première licence à douze ans au club de Bénévent, avant d'être transféré à Vieilleville, le bourg voisin. Comme il était timide et bien bâti, on l'avait mis en défense, mais comme il avait un bon dribble, on l'a poussé au poste d'avant-centre. Et Vieilleville s'est hissée en sélection régionale de la Creuse. A présent que son souffle est plus court, mais sa passion intacte, Philippe s'occupe de l'entraînement des poussins à Bénévent.

Les enfants perdus se sont éparpillés aux quatre coins des hasards. Certains sont rentrés chez eux au terme d'un long voyage. Beaucoup d'autres sont restés et ont pris racine dans leur nouvelle patrie.

Les désillusions, ils n'en parlaient pas. Le tourbillon de la vie.

On les a oubliés.

Aux élections législatives de 1988, Michel Debré a perdu son siège de député de La Réunion, évincé par la génération montante. Les fils ingrats ont tué « Papa Debré » pour se faire une place au soleil.

15

Trente ans, quarante ans après, où sont-ils, les pupilles arrachés à leur île, à présent pères ou mères de familles ? Qui sont-ils, les gosses de Saint-Denis, Saint-Pierre ou Saint-André – Etienne, Félix, Véronique, Philippe, Armand, Jocelyne, Jean-Yves, Gérard, Edouard, Michel, Marcel, leurs frères, leurs sœurs et leurs copains ?

Le passé n'est pas si éloigné, les années n'y ont rien fait. Plus le temps passe et se presse, plus sont lourds les regrets. Ils ne guérissent pas de leur enfance, leurs belles années volées ne reviendront plus. Des instants sans importance, des visages aimés, des parages qu'ils croyaient oubliés renaissent, plus présents que jamais.

Jean-Yves s'arrête soudain au détour de son récit, la voix cassée. Il s'agenouille auprès de sa bonne tante Falémi. Tous les soirs, la cérémonie recommençait, au pied du lit, devant la croix de bois et la Sainte Vierge auréolée, accrochés au mur. Le gamin et la vieille cafrine, les mains jointes, priaient ensemble. Tous les dimanches, elle l'emmenait à la messe. La grâce, une douceur infinie habillaient la pieuse tante Falémi. Jean-Yves se sentait bien près d'elle. Il serait devenu un autre avec elle. Quand ils se sont retrouvés, elle lui a dit : « Si on m'avait demandé, je t'aurais pris chez moi ! »

Armand tremble d'en parler. Il le sait, le souvenir de ce jour est intact et le hante souvent. La case de tôles, brûlante sous le soleil haut, à La Possession. Sa mère, allongée, les yeux clos, les mains croisées sur la poitrine. Le père a cousu des sacs de jute, passé deux bâtons dans les trous des bords, et il l'emporte. Armand embrasse la main froide. Il a six ans, croit qu'elle est endormie. Il est bouleversé et sanglote encore, quarante ans après. Sa mère est morte. C'est le seul instant qu'il garde d'elle. Il n'a même pas une photo.

Jocelyne se contient, se tait, écorchée. Puis elle parle vite, haletante et, soudain, bute sur d'indicibles douleurs. Elle s'interrompt, veut garder endormis les secrets pesants, amers, qui l'habitent. Mais les mots, malgré elle, se pressent sur ses lèvres. Impossible de les retenir. Ses yeux noirs reflètent une extrême tension. Elle se souvient de chaque seconde du matin affreux où la mère supérieure les a appelés tous les trois au dortoir, elle, sa sœur, son petit frère, et leur a annoncé : « Votre mère est partie. » « C'est pas vrai, elle nous a toujours dit qu'elle reviendrait ! » a crié Jocelyne.

Clovis et Claude, les vieux frères inséparables, les planteurs de vétiver des Lianes, sont inconsolables. Ils n'ont jamais revu leur neveu Jean-Michel, l'enfant d'Eliette, qu'ils avaient recueilli au décès de sa mère. On le leur a enlevé, ils croyaient bien faire en le plaçant, on les a bernés. Ils sont allés le voir un dimanche au foyer de Bellepierre. Quand ils sont retournés à Saint-Denis, le dimanche suivant, il était parti en France. Clovis et Claude ont écrit à la DDASS, à Debré, à Messmer. On leur a répondu que leur neveu était placé dans les Hautes-Pyrénées, adopté, qu'il suivait des études et s'épanouissait. Point final. Ils ont vendu le bout de terrain qu'ils lui destinaient, ont retiré quelques économies et lui ont expédié un mandat. Aux lettres qu'ils envoyaient, la mère adoptive répondait et Jean-Michel signait. La fois où ils l'ont appelé au téléphone, il leur a fait des reproches : « Mais pourquoi vous m'avez abandonné ? » Depuis lors, ils n'ont plus de nouvelles.

Les enfants perdus s'accrochent à des miettes de nuages, des fantômes de vent, des illusions. Et le temps lustre ces perles précieuses qui ne sont que les mensonges du désespoir. Un jour, ils ouvrent des yeux en colère.

Michel s'est réveillé en sursaut d'un long sommeil. Lui, qui était seul au monde, a découvert des pans de sa vie à la dérive. Il se croyait orphelin. Il a débarqué à Saint-André, s'est retrouvé une mère, Alice, un frère, François, une sœur, Isabelle, la famille qu'on lui a cachée durant plus de trente ans. Il les a serrés dans ses bras. On lui avait fabriqué ailleurs une vie artificielle. Tout était faux, programmé, organisé. Il croyait à la fatalité, aux hasards ou à la liberté qui dirigent les pas des hommes, quand des apprentis sorciers traçaient son chemin en effaçant toutes les empreintes de sa vie véritable. Il s'est rebellé, le premier, et en a entraîné d'autres.

A son retour de La Réunion, il a saisi le tribunal administratif de Montpellier, déposé un recours contre l'Etat français et réclamé en réparation une somme d'un milliard d'euros. Le prix d'une vie, estime-t-il. Une succession d'irrégularités entache sa procédure d'adoption : le pouce encré du père, certes, consent à l'abandon, mais aucune trace de signature de la mère ne figure, et aucun jugement du tribunal ne valide la procédure. Michel, n'étant pas orphelin, n'était pas, en droit, adoptable. Pourtant, des fonctionnaires ont passé outre et lui ont trouvé une famille. Dernière faute de l'administration, l'adoption est accomplie par le seul mari, son épouse ne le pouvant pas car ne remplissant pas les conditions requises.

S'agit-il d'un extraordinaire enchaînement d'erreurs et de légèretés, ou bien alors de falsifications préméditées et de la volonté de grossir coûte que coûte les quotas de migration ? Le cas de Michel n'est pas unique, loin de là.

Bientôt, vient le jour des retrouvailles, inéluctables, tant attendues et tant redoutées, cent fois vécues en rêve. Très lentement, pour ne pas abîmer le présent et ne pas effrayer les rêves, ils ont tiré un fil où s'accrochent des noms, des adresses, imprimés sur des formulaires. Puis ils se sont élancés dans le grand voyage vers l'inconnu, la quête de soi. Un moment nécessaire pour apaiser peut-être la brûlure des absences.

Armand ne cherchait rien. Jusqu'à ce qu'une nièce oubliée de La Réunion, une infirmière, ne l'entraîne dans son jeu de piste. Venue en France, elle l'a cherché et débusqué à Aubusson. Un Noël, elle lui a apporté dans sa hotte des nouvelles de toute la famille, les adresses de Michel et de la grande Gisèle, les copies de parents, du petit Jacques, son frère préféré, et des autres.

Jacques vit en Picardie et travaille dans une sucrerie, les autres habitent à La Réunion. Armand lui a écrit, Jacques a répondu : « Maintenant qu'on s'est retrouvés, on n'est pas près de se quitter. » Chaque semaine, il y avait une lettre dans la boîte. Armand a fait le premier pas ! Jacques n'osait pas, il avait trop peur. A la gare d'Austerlitz, ils se sont serré la main, se sont regardés de la tête aux pieds, cachant leur gêne sous des mots passe-partout. Ils auraient voulu sauter de joie, s'embrasser, mais rien n'arrivait à sortir. Armand est resté cinq jours chez son petit frère. Des souvenirs se sont échappés, allumant des feux follets dans les yeux. Puis le silence. Armand est reparti, malheureux. Ils s'ignorent à présent. Il a refait le voyage de Paris à une autre occasion, une de ses sœurs y était de passage. « Je ne l'avais jamais vue, ça ne m'a pas fait grand-chose », se désole-t-il. Avec Michel, ils se sont écrit au Nouvel An, plusieurs années de suite, puis les lettres se sont arrêtées. La gentille nièce infirmière a disparu elle aussi. « Je veux retourner à La Réunion, dit Armand, j'ai fait quelques économies, j'attends la retraite, et alors j'abandonne la boulangerie, j'abandonne tout et je pars. »

Jocelyne a trouvé un père. Elle n'en avait jamais eu. Elle a attendu longtemps avant de se décider à le chercher et à aller récupérer son dossier classé à la DDASS. A quoi bon déranger le vide du rien ? Sa famille, ses enfants, son joli pavillon à Limoges lui suffisaient, et sa sœur, son frère habitent à côté. Ensemble et épars à la fois, ils ont traversé l'enfance qu'on leur a donnée. Elle a trouvé son père, un toit entre eux trois. Elle lui téléphone à Terre-Sainte. Il a tout oublié, tout ce qu'elle réclame. Il s'excuse, s'esquive quand elle insiste et finit par bégayer, piteux de maladresse : « Je voulais vous reprendre. Elle ne voulait pas que je vous voie. Quand je vous croisais dans la rue, elle disait : “ Ne vous retournez pas. ” » Jocelyne serre les dents : « Maman ne peut plus dire le contraire depuis longtemps. » Son père restera un fantôme. Et qu'est devenue Nicolette, la jolie poupée aux boucles blondes qu'elle cajolait autrefois ? Son nom est inscrit dans le dossier de la DDASS, mais, malgré toutes les démarches elle ne la retrouve pas.

Jean-Yves est rentré à La Réunion en 1988. Peu auparavant, par hasard, son père était allé à la mairie du Tampon se procurer une fiche d'état civil. Elle mentionnait son fils perdu de vue et le mariage de celui-ci, à Toulon. Il en prévient sa fille, qui déniche son frère sur le Bottin, et tous deux se revoient, vingt-cinq ans après. Jean-Yves éprouve des sentiments confus. Un grand saut l'a transporté ailleurs, le temps s'est compressé et accéléré. La fillette qu'il gardait en mémoire est une mère de famille, elle joue un étrange rôle de maîtresse de maison prévenante. Mais, progressivement, sa voix, des expressions, sa façon d'être, des petits riens sur son visage, tout redevient familier. Le temps se distend. Ses marmailles appellent « tonton » l'oncle de retour, sautent sur ses genoux et lui ressemblent. Il a chaud au cœur et chaud au ventre du cari qu'elle lui a mitonné. « Et Arlette ? Et la bande des sœurs ? » Par petites touches de couleur, elle esquisse des portraits, des paysages qui s'animent joyeusement.

Quand il retourne à La Réunion, Jean-Yves a encore une fois l'impression d'arriver nulle part. Son père est malade, un cancer le ronge, il mourra un an après. Cet homme lui fait pitié, il ne sait pas quoi faire, quoi dire pour se faire pardonner et refuse de parler d'autrefois, il ne peut pas. Jean-Yves n'insiste pas, il s'en moque et il se sent honteux de son indifférence. Alors, ils s'amusent de vieux souvenirs – la correction qu'il a prise quand il a arraché les fils électriques du Berliet pour tresser des scoubidous, et d'autres bêtises encore. Sa mère n'est pas venue l'accueillir à l'aéroport. Il la retrouve dans sa pauvre case, assise sur un tabouret, clouée de stupeur, abattue et silencieuse. Elle le regarde fixement et détourne les yeux. Son fils, ce gars qui débarque à l'improviste ? Jean-Yves aurait voulu lui sauter au cou, l'embrasser, il croyait que ce serait comme avant.

Quant à Etienne, c'est l'armée qui lui a donné sa chance. Aux trois jours du service militaire, le sergent lui fait l'article. La bonne aubaine ! Il n'hésite pas. Adieu la boulangerie, marre d'enfourner les pains et de compter les heures à l'envers. Il s'engage dans les troupes de marine. Tout larguer, aller voir ailleurs, l'Afrique, les déserts et la forêt vierge... Le Tchad, pour commencer deux ans à N'Djamena, puis retour à Vannes, le port d'attache du régiment, puis la Nouvelle-Calédonie, le Sénégal, la Côte-d'Ivoire, le Cameroun, le Kenya, l'Egypte et La Réunion. Courir le globe ! Enfin, après vingt-cinq ans de carrière, la quille, le retour au pays, la retraite en poche avec les galons d'adjudant. La fratrie, les treize enfants de Renée et de Klébert se saluent quand ils se croisent, « bonjour, bonsoir », un point c'est tout. « On a tous vécu comme des loups solitaires, on n'a plus rien en commun », regrette Etienne. L'Afrique a rempli la malle aux souvenirs, chassant tous les autres.

Avant de rentrer chez lui, Jean-Yves, comme Etienne, a longtemps bourlingué de quais en ports, sur les mers chaudes. Cap au sud, comme une fugue dans le grand large. Se laver dans les embruns, se rassasier d'alizé, le ventre repu de soleil, la joue contre la lune. Il a connu des îles, des cailloux et des montagnes parsemés dans les grandes plaines bleues, les ébouriffées de Méditerranée, les transparentes de Polynésie, les voluptueuses de la mer des Antilles. La maudite Réunion, engloutie dans l'océan. Mais elle resurgit un jour, le matelot errant a économisé l'argent d'un billet d'avion. Le matin du nouveau monde va se lever. Désillusions.

« Ma vie avant n'était qu'une tromperie, dit Jean-Yves, un mauvais rêve. On découvre aujourd'hui le mal qu'on nous a fait. Seulement maintenant, parce qu'on s'est parlé entre nous. On s'aperçoit qu'on a tous vécu la même histoire. On était des enfants à l'époque, on acceptait notre sort, bon gré, mal gré. On ne gueulait pas. Un enfant, même au fond d'un trou, il rêve. On connaît aujourd'hui toute l'organisation qui était derrière l'opération, on était loin de l'imaginer. On nous dit que c'était pour notre bien. Debré croyait bien faire. Mais il a sacrifié des enfants pour offrir un avenir meilleur à d'autres enfants. Quel gâchis ! »

Véronique, la fille de La Brionne, est allée quatre fois à La Réunion. Pour ses dix-huit ans, sa mère, Denise, lui avait offert le voyage avec Sylvie, sa grande sœur. Elle est revenue épouvantée de ce qu'elle a vu à Saint-Paul où elle est née, les cases en tôle rouillée, en planches moisies, les pièces en terre battue, la pauvreté abîmant les visages. « J'ai remercié le bon Dieu de m'avoir envoyée en France », soupire-t-elle. A Saint-Paul, elle a trouvé une tante, des cousins, récupéré une photo de sa mère, quelques histoires qui ont piqué sa curiosité. Elle est y retournée, elle y retournera. Elle a envie de connaître ce bout d'elle qui lui manque.

« Si on était tous restés à La Réunion, on aurait connu la misère, mais au moins on aurait été ensemble, peut-être heureux », pense-t-elle sans y croire. Pour fêter ses quarante ans, Denise lui a réservé une surprise : elle a réuni ses frères et sœurs de Creuse, femmes, maris et enfants. Ils étaient une cinquantaine autour du gâteau et des quarante bougies ! Christophe, Sylvie, Inès, Nadine sont devenus des amis chers, et même bien plus que cela, mais pas tout à fait des frères et des sœurs. Il y a, entre eux, des années en friche où ils se sont perdus. Toutefois, au bout des hésitations, une évidence s'impose : « J'aurais du mal à partir et à laisser ma mère toute seule, ça c'est sûr ! », conclut Véronique après réflexion.

Philippe s'est fabriqué une île dans les champs. Il a construit de ses mains sa maisonnette à La Souterraine. Les enfants grandissent. Le dimanche, jour sacré du foot, il mouille son maillot sur le terrain pelé de ses débuts à Bénévent. Tous les étés, au match des vétérans du village, ils courent comme des dératés : le vaurien devenu avocat, le filou devenu banquier, le fils des fermiers de La Garenne, arrière-centre, un mur de muscles, et Philippe, le numéro 9 qui dribble encore comme un Brésilien, certifient les équipiers, connaisseurs.

Sa Réunion, Philippe l'avait oubliée. Elle est revenue à vingt ans, repartie à trente, revenue à quarante. Elle va, elle vient, comme ça lui chante. Il ne fréquente guère les Réunionnais du coin, question de fierté : « Quand vous ne parlez pas créole, ils vous ignorent. » Ses proches, ce sont les copains du régiment, les collègues du travail, sa vieille mère, les oncles, les tantes et les cousins. Pourquoi chercher plus loin ? On lui a toujours répété qu'il était orphelin, sans famille là-bas, il est tombé dans une famille d'ici, c'est la sienne et elle s'est agrandie. Avant de mourir, son père lui a dit : « Je n'ai personne d'autre que toi. A qui je donnerais mes biens ? Alors, on va t'adopter et tu hériteras. » Le dernier jour, il l'a appelé auprès de lui, l'a prié : « Promets-moi de porter mon nom, ça me ferait plaisir, mon fils. » Philippe a juré, lui a dit adieu, et son père s'est éteint dans la nuit.

La Réunion revient comme une tentation. « Des fois, j'ai envie de savoir. Le lendemain je n'y pense plus », avoue Philippe. Derrière le sourire fanfaron, une fêlure. « Elle ne m'a jamais manquée, assure-t-il. Je n'irai pas finir ma vie à La Réunion. » Mais il a fixé la date du voyage, dans deux ans, car l'envie d'aller voir commence à se faire pressante.

Jean-Pierre, Christian, Jean-Maurice et bien d'autres ont poussé en Creuse. Ils se sont métissés d'accents graves, enjolivés d'enfants creusois, sans oublier leur île et sans pleurer. Ils sont une centaine aujourd'hui dans le département, une quarantaine de familles. Au fil des ans, au lieu de rester chacun échoué dans son coin, renfermé dans sa peine, ils se sont regroupés. Tous ensemble auprès de leur île, entre frères et sœurs, l'exil peut être joyeux. En 1988, ils ont fondé le Cercle des amitiés créoles de la Creuse, un trait d'union entre Creuse et Réunion, entre la génération abandonnée et leurs hôtes d'occasion. Ils seront des ambassadeurs de la culture créole, pour qu'on ne les oublie pas. Dans les écoles, les bals, les salles de fêtes, de village en village, ils sèment leur joie de vivre faite de musique rythmée et de cuisine épicée.

En 1991, on découvre leur existence. FR3-Limousin tourne un reportage à Guéret, la réalisatrice, Lise Deramond, la première, leur donne la parole. Ils se délivrent, confient ce qu'ils n'avaient jamais osé dire, ou que personne n'avait jamais écouté. Alléchée par le scandale, la presse se bouscule et s'émeut jusqu'à l'indigestion du sort « des Réunionnais parachutés en Creuse ». En 1997, le Cercle organise le voyage du retour à La Réunion grâce à l'appui du département. Les régions Réunion et Limousin se rapprochent, signent des conventions de coopération, organisent des stages de formation de jeunes Réunionnais, des voyages d'enfants aux vacances et des échanges culturels.

L'été, un festival de musique, Kreuzéol, mêle joyeusement maloya de l'océan Indien et bourrées limousines, vielles à roue, cornemuses, et ti' bois, kayamb, djimbé, bambous, calebasses. Echanges des différences, contrastes des rythmes, collisions des mélodies, et la gaieté partagée de la musique et des danses. Sur la scène, Jean-Pierre, Jean-Maurice, Christian, les copains pupilles se déchaînent avec leur orchestre qu'ils ont baptisé Faham, du nom de la petite orchidée fragile de La Réunion.

Un soir de blues, Jean Pierre a composé *Réunion sur Creuse*, un air mélancolique.

Zordi kant mi repens
Zistoir la ariv a nou
Nous gaïn nout revens
Si domoun la decid pou nou
Ni dia zot sélemen : pa bon

Davoir fé mal nout momon
Le kou kli la ramasé
Nou la pa l'droi oublié

Aujourd'hui quand je repense
A l'histoire qui nous est arrivée
Nous avons pris notre revanche
Sur ceux qui ont décidé pour nous
Je leur dis seulement : c'est pas bien
D'avoir fait du mal à nos mères
Pour les peines qu'elle ont eues
Nous n'avons pas le droit d'oublier

ANNEXES

Grand-mère Kalle
(conte traditionnel de La Réunion)

L'histoire de Grand-mère Kalle est souvent évoquée par les nenènes [1] pour faire peur aux enfants turbulents. A minuit, racontent-elles, Grand-mère Kalle vient manger les petits enfants.

La famille Hibon de Frohen faisait partie des pionniers du quartier de la rivière d'Abord. Elle possédait sur la rive gauche une splendide habitation où, paraît-il, les champs de maïs étaient les plus beaux de la région.

Monsieur Hibon avait quelques esclaves qui travaillent durement et, parmi eux, l'une qui s'appelait Kalle, une fidèle servante, travailleuse et dévouée. Elle élevait depuis tout petit un garçon qui avait un sale caractère, tout le contraire d'elle, paresseux, rebelle et insolent. Mais Kalle avait un grand cœur, elle aimait beaucoup ce petit Nègre et faisait tout pour qu'il change en mieux.

1. Nenènes : nourrices.

Un jour, certainement après une bêtise du gamin, Monsieur Hibon se fâcha tout rouge et partit chercher le fouet. Le jeune esclave s'enfuit en courant et se jeta dans la mer. Il ne savait pas nager. Kalle, voyant la scène, dans un élan maternel, courut derrière lui et se jeta dans l'eau, pour le sauver. Ils disparurent à jamais dans les flots. Depuis ce jour, on entend grand-mère Kalle dans le chant d'un oiseau de nuit, qu'on ne voit jamais, qu'on appelle tuit-tuit [1]. Elle vient annoncer, aux abords des maisons, un malheur prochain. Entendre la « toute-toute », c'est un mauvais présage.

Une autre version du conte dit qu'un esclave de la ravine des Caffres s'enfuit de la plantation de son maître, si précipitamment qu'il ne put emporter avec lui sa petite fille, encore bébé. Elle s'appelait Kalle. Elle fut élevée par ses maîtres comme leur propre fille. Le jour de ses vingt ans, elle disparut mystérieusement. On dit que son père, jaloux et furieux de voir sa fille élevée comme une Blanche, était venu la reprendre. On ne la revit jamais. Depuis, elle pleure son chagrin dans les forêts par le chant du tuit-tuit.

1. Tuit-tuit (*Coracina newtoni*) : oiseau en voie de disparition de La Réunion, habitant des forêts sur les plateaux des Hauts de Saint-Denis.

Dr. MG/DJ

MINISTERE DE LA SANTE

DIRECTION GENERALE DE LA SANTE

Sous-Direction de la Protection Sanitaire

D.G.S./2484/M.S.1

2185

REPUBLIQUE FRANÇAISE

PARIS, le - 3 SEP 1975 19

LE MINISTRE DE LA SANTE

à 59

Monsieur le Préfet de la Réunion

- CABINET -

SAINT-DENIS

PREFECTURE DE LA REUNION
- 9 SEP. 1975
COURRIER - CABINET

Vu par le Préfet

OBJET.- Centre Sanitaire et Scolaire de Saint-Clar (Gers).

A l'occasion d'un rapport établi par Mme le Médecin Inspecteur Départemental de la Santé sur le fonctionnement du Centre Sanitaire et Scolaire de Saint-Clar, dans le département du Gers, mon attention a été appelée sur la présence dans cet établissement de pupilles de l'Ile-de-la-Réunion.

Malgré le renforcement des actions préventives à la Réunion, le recrutement par la Direction Départementale de l'action Sanitaire et Sociale de travailleurs sociaux, d'éducateurs spécialisés notamment, qui a permis de diminuer nettement depuis 3 ans, le nombre des recueils, il n'en reste pas moins qu'un certain nombre d'enfants sont encore placés dans divers départements métropolitains.

Me référant aux travaux du groupe de psychiatrie infanto-juvénile de la Commission des maladies mentales, il me paraît souhaitable qu'il soit mis fin à de telles pratiques qui me paraissent aller à l'encontre d'une politique de prévention des troubles mentaux, les jeunes ainsi écartés de leur milieu naturel étant placés dans des conditions psycho-sociales propres à favoriser leur inadaptation. Ces "déportations" d'enfants ne suffiront d'ailleurs, probablement pas à résoudre le problème de l'emploi dans les Départements d'Outre-Mer que l'on met en avant pour les justifier.

Je vous saurai gré de me tenir informé de la suite que vous comptez donner à cette affaire.

Denoix

Le Directeur Général de la Santé

Professeur Pierre DENOIX

CHEL DEBRÉ

Saint-Denis de la Réunion, le 25 septembre 1975

Monsieur le Directeur,

Je vous adresse ci-joint, pour votre information, copie de la lettre que j'envoie à M. le Professeur Pierre Denoix, Directeur Général de la Santé, au sujet des "déportations" d'enfants réunionnais dans le département du Gers.

Croyez je vous prie, Monsieur le Directeur, à mes sentiments les meilleurs.

Debré

Saint-Denis de la Réunion, le 25 septembre 1975

Monsieur le Professeur,

La lettre que je vous adresse a un caractère strictement personnel. Elle est destinée à attirer votre attention sur une instruction que vous avez donnée et qui provoque, dans les milieux intéressés, une assez vive émotion.

En arrivant ici et en m'informant, comme je le fais plusieurs fois chaque année, du rythme des voyages d'adultes et de jeunes, j'ai trouvé, sur un point particulier, des visages préoccupés. Renseignements pris, j'ai appris qu'au début de ce mois était parvenue, sous votre signature, une circulaire qui intimait l'ordre d'arrêter l'envoi en métropole, et plus particulièrement dans le Gers, de pupilles de la Réunion.

Certes, dans l'ensemble des orientations destinées à améliorer l'avenir de cette île, l'envoi de pupilles est une action marginale. Elle n'en est pas moins fort utile pour des enfants dont le moins que l'on puisse dire est que l'avenir, dans cette île au très fort peuplement, serait incertain - et elle a donné, au cours de ces récentes années, les meilleurs résultats. En ma qualité de président du Comité d'accueil des réunionnais en métropole, je me suis efforcé, au cours des années passées (et maintenant plus facilement) de trouver le temps nécessaire pour suivre les problèmes que posent l'éducation et le placement de ces jeunes enfants. Des difficultés ont existé, existent encore. De grands dévouements permettent de les surmonter.

Puis-je vous dire qu'en ce qui me concerne c'est avec une stupeur mêlée à la fois d'ironie et d'indignation que j'ai appris qu'un groupe de psychiatres spécialisés dans les maladies mentales infanto-juvéniles avaient condamné cette "déportation" ? Ce mot incroyable est, paraît-il, dans la circulaire. Quoi que fort occupé, j'aimerais connaître ces psychiatres, pour leur demander en vertu de quels critères, au vu de quels résultats ils ont abouti à une conclusion qui peut, chaque année, condamner des dizaines d'enfants - c'est-à-dire, en quelques années, des centaines - à vivre difficilement, alors que des chances leur sont données d'une insertion en France même, dans des conditions qui ont fait leurs preuves. Quand j'évoque telle orpheline, au mariage de laquelle j'ai assisté, ou tel garçon abandonné, qui vient de réussir brillamment un C.A.P. dans une spécialité difficile (électro-magnétique) pour ne prendre que deux exemples des trois derniers mois, j'éprouve une

Monsieur le Professeur Pierre Denoix
Directeur Général de la Santé
Ministère de la Santé
8 - 10, Avenue de Ségur - 75007 PARIS

amertume. J'ai appris, comme vous-même, qu'un médecin digne de ce nom ne statuait qu'après examen clinique. Quels enfants réunionnais ont examiné/ces psychiatres "infanto-juvéniles" ?

Il est bien évident que je ne tiens pas à mettre ce débat sur la place publique. L'effort entrepris par la Direction de l'action sanitaire et sociale, à tous égards et notamment du point de vue humain, mérite compliments et encouragements que, pour ce qui me concerne je ne ménage pas. S'il apparaissait que la position de votre ministère et de votre ministre était bien celle que parait avoir inspiré ce "groupe de psychiatres", alors je serais amené à poser la question devant l'Assemblée Nationale.

Mais je suis persuadé qu'il vous suffira d'examiner personnellement cette affaire pour constater avec stupeur que ces "déportations" sont l'expression de vues irréelles dont les conséquences seraient néfastes pour de jeunes êtres et que l'entreprise doit être poursuivie avec d'autant plus de constance qu'elle peut être combinée avec un admirable mouvement d'adoption que nous n'arrivons pas toujours à satisfaire.

Recevez je vous prie, Monsieur le Professeur, l'expression de mes sentiments les plus distingués.

P.S. - Il n'empêche, Monsieur le Professeur, quel dommage que ne vive pas de nos jours un nouveau Molière pour nous dépeindre ce groupe de psychiatrie infanto-juvénile !

Sources

Témoignages

• *A la Réunion :*

Les enfants de la Creuse : José, Alain, Jean-Philippe, Jean-Hugues, Arlette, Nadine, Paul, Daniel. Les frères Clovis et Claude Fontaine, Mme Clotilde Maillot, Jules Bénard, intarissable encyclopédie de son île, le père Rigollet, Yves Barrau, mémoire d'une plantation, et Bruny Payet, mémoire des luttes du Parti, Jean-Marcel Courtaud, Charles Koehler, Suzelle Grondin Pilou, et Margie Sudre, pour m'avoir permis ces rencontres.

• *A Guéret :*

Les exilés de La Réunion : Simon, Michel, Marie-Josée, Jean-Didier, Yvon, Jean-Charles, Jean-Maurice, Marie-Louise, Christian, Valérie et sa mère Simone, Jean-Pierre du Cercle des amitiés créoles de la

Creuse, Eliane Cousty, Mme Boucher, Alix Hoair, André Mavignier, Michel Debellut, Sylviane André, André Chandernagor, Michel Moreigne, André Lajoignie.

Bibliographie

Collectif, *Ile de La Réunion, mémoire et témoignages*, Azalée, 1997.

Debré Michel, *Combattre toujours*, Albin Michel, 1994.

Debré Michel, *Une politique pour La Réunion*, Plon, 1974.

Gauvin Gilles, *Michel Debré et l'île de La Réunion*, L'Harmattan, 1996.

Grondin-Pilou Suzel, *Les Lianes*, Joëlle Losfeld, 2002.

Naves Pierre et Gal Christian, *Rapport sur la situation d'enfants réunionnais placés en métropole dans les années 1960 et 1970*, IGAS, octobre 2002.

Rivière Père Félix, *En mémoire des migrants*, Alfran, 2003.

Rockel Enis Omar, *La Réunion : Suivez le guide*, Orphie, 1998.

Rousse Eugène, *Combat des Réunionnais pour la liberté*, CNH, 1994.

Vaxelaire Daniel, *Le Grand Livre de l'histoire de La Réunion*, Orphie, 1999.

Archives

• *Archives départementales de La Réunion :*

— DDASS (Direction départementale de l'action sanitaire et sociale) :

1140W48 (1961-1963), 1140W113 (1964-1970), 1140W124 (1974-1977)

Rapports annuels, PV de conseils d'administration, personnel.

— BUMIDOM (Bureau des migrations de l'outre-mer) :

1138B331, 1072B896 (1962-1980), 517W41, 1072W57, 1138W297, 1138W318

Enquêtes adoption, agenda mise en route, correspondance préfet et Bumidom.

— Préfecture, service de l'Aide à l'enfance : SGAE 517-B

• *Service de documentation du conseil général de La Réunion*

Procès verbaux des délibérations : 1158W (W113 à W124 : 1960 à 1970)

• DRASS de La Réunion : Notes, rapports et courriers.

• *Archives départementales de la Creuse*

— Procès verbaux des sessions du conseil général : 1960/1970

— Correspondances : 999W1

• *Direction de la Solidarité de la Creuse* : Notes de service, rapports et courriers.

Achevé d'imprimer par N.I.I.A.G.
en Mars 2005
pour le compte de France Loisirs, Paris

N° d'éditeur : 42497
Dépôt légal : mars 2005
Imprimé en Italie